南京森林警察学院中央高校基本科研业务费专项资金资助

自杀性恐怖犯罪论

臧建国　著

东南大学出版社
·南京·

内 容 简 介

自杀性恐怖犯罪是一种极其严重的暴力犯罪，也是现代恐怖犯罪的最主要的形式之一。这类犯罪不仅会造成大量的人员伤亡和财产损失，危害公共安全，而且极易造成社会恐慌，对所在国家乃至整个国际社会的安全与稳定构成严重的威胁与挑战。本书在借鉴国内外关于自杀性恐怖犯罪研究成果的基础上，以美国、中东等地区为例，从自杀性恐怖犯罪概念、类型、恐怖分子和恐怖组织、根源、影响、理论诠释、特征与态势、治理对策等方面进行系统的理论与实践探讨。

图书在版编目(CIP)数据

自杀性恐怖犯罪论/臧建国著. —南京：东南大学出版社，2013.11(2014.10重印)
ISBN 978-7-5641-4582-8

Ⅰ.①自… Ⅱ.①臧… Ⅲ.①恐怖主义—刑事犯罪—研究 Ⅳ.①D914.04

中国版本图书馆 CIP 数据核字(2013)第 246085 号

自杀性恐怖犯罪论

出版发行	东南大学出版社
社　　址	南京市四牌楼 2 号　　邮编　210096
出 版 人	江建中
网　　址	http://www.seupress.com
经　　销	全国各地新华书店
印　　刷	兴化印刷有限责任公司
开　　本	700mm×1000mm　1/16
印　　张	14.25
字　　数	240 千
版　　次	2013 年 11 月第 1 版
印　　次	2014 年 10 月第 2 次印刷
书　　号	ISBN 978-7-5641-4582-8
定　　价	32.00 元

本社图书若有印装质量问题，请直接与营销部联系。电话(传真)：025-83791830

前　言

弹指一挥间,“9·11”事件已过了十二年,但其危害全球,给人类社会带来巨大灾难的阴影仍将存在。恐怖主义犯罪活动尽管遇到世界各国的联合抵制和打击,但其发展态势在世界范围内并没有从根本上得到抑制或扭转,在某些国家和地区还不断呈现猖獗之势,其主要表现之一是自杀性恐怖犯罪活动被频频使用。这类犯罪能够最大限度地杀伤民众和造成财产损失,不仅能让人们关注受害者,而且将更多地关注恐怖分子自身,从而给公众心理造成最强烈的冲击。

在自杀性恐怖犯罪活动中尤以自杀性恐怖爆炸犯罪活动更为剧烈,造成的心理和政治影响也更大。这类犯罪活动已成为当今恐怖分子最流行的形式。根据美国芝加哥自杀式恐怖主义项目(Chicago Project on Suicide Terrorism)的统计,从 1982 年 11 月到 2008 年,全世界共发生了 1 730 起自杀式恐怖事件,造成 25 886 人死亡,58 824 人受伤。① 另据不完全统计,从 2008 年到 2009 年底,伊拉克、阿富汗发生的自杀式袭击超过 540 起。2011 年巴基斯坦共有 51 名自杀式袭击者发动了 41 起炸弹袭击,造成至少 606 人丧生,1 002 人受伤。② 2012 年巴基斯坦发生 36 起自杀式炸弹袭击,已致 306 人死亡,559 人受伤。③ 近年来,我国边疆某地区也出现了这类恐怖犯罪活动。

反恐怖犯罪研究属于新兴学科研究领域。国内外关于恐怖主义犯罪的书籍较多,但就自杀性恐怖犯罪方面的书籍较少;已有成果对自杀性恐怖犯罪对策方面从微观领域分析较多;已有成果从理论研究的较少。

笔者自 2003 年开始关注反恐怖研究。自杀性恐怖犯罪是为了达成某种目标或恐怖效果而经常采取的一种主动攻击型犯罪方式,是所有恐怖犯罪活动中最难防范的。本书运用相关理论来系统分析自杀性恐怖犯罪相关问题;从治理的角度,宏观、微观的层面阐述应对自杀性恐怖犯罪的措施。本书所

---

① Chicago Project on Security and Terrorism(CPOST),http://cpost.uchicago.edu/search_results.php,2011-1-5.

② 2011 年自杀式袭击至少造成巴基斯坦 606 人丧生。2012 年 1 月 2 日,新华网,http://news.xinhuanet.com/world/2012-01/02/c_111357761.htm

③ 2012 年巴基斯坦自杀式炸弹袭击已致 306 人死亡。http://www.S1979.com/news/china/lanzhou/201212/2568445925.shtml.

侧重的研究，属于新兴学科领域的前瞻性研究，也属于法学、国际政治与国际关系等学科交叉领域研究的内容。

本书的研究内容分为八章：

其一，对国际社会、外国学者及词典、中国学者及词典关于恐怖主义概念做了综述，就恐怖主义概念做了界定；就恐怖主义与政治暴力形式、犯罪形式及恐怖主义与宗教、民族问题的关系作出阐释。

其二，对自杀性恐怖犯罪的概念进行界定；对其犯罪历史、犯罪类型进行阐述。

其三，就自杀性恐怖分子、自杀性恐怖组织进行分析；对当今世界主要自杀性恐怖组织活动概况做一介绍；对自杀性恐怖犯罪活动的组织过程做一小结。

其四，以中东自杀性恐怖犯罪为例，分析自杀性恐怖犯罪产生的社会根源与犯罪个体心理根源。

其五，以“9·11”事件为例，阐释作为自杀性恐怖犯罪之“最”对政治安全、经济安全、公民生命安全、心理安全、日常生活、反恐形势等带来的深刻影响。

其六，用相关的理论体系（自杀论、挫折—攻击理论、越轨（失范）理论、模仿与传染理论、文明冲突论、亚文化理论、冲突功能论、大众传媒效应论等）来理性认识自杀性恐怖犯罪。

其七，对当今世界自杀性恐怖犯罪特征、发展态势进行理论与实证分析。

其八，借鉴国外防范打击自杀性恐怖犯罪有益经验的基础上，针对恐怖主义犯罪的应对模式问题，从治理的角度，阐释自杀性恐怖犯罪的宏观、微观治理策略。

本书出版后可为从事国际政治、反恐怖理论与实践研究的领导、专家、学者，政府、政法机关、民族、宗教等部门工作人员及国际关系、军事、政法、公安类院校教师、学员提供相关的借鉴与参考。

本书在撰写过程中，参考了大量文献、书籍、期刊、内部资料等，在此向各位作者表示谢意。由于时间仓促，作者水平所限，书中存在一些商榷之处，恳请读者指正。

臧建国

癸巳年庚申月于南京仙林大学城

目　录

第一章

导　论

2001年9月11日，历史将永远铭记。作为纽约之骄傲的世界贸易大厦轰然倒塌，数千生灵灰飞烟灭于短短几十分钟之内。从那一时刻起，"9·11"这个黑色的日子所制造的毁灭给我们生活的世界带来了巨大的震撼与惊恐。这种自杀性恐怖犯罪事件带来的深刻影响前古未有。在此之后，美国几乎所有的政治、经济、军事、外交等活动都不同程度地与这一恐怖袭击事件相关联。凶残无比、杀人如麻的恐怖分子那种对于无辜生命的漠视与屠戮，已经被永远钉在历史的耻辱柱上。正是这种不仅仅是针对某一政府而是针对人类文明和价值的疯狂挑战，使得恐怖主义自身成为整个文明世界的敌人[1]。对"9·11"事件的反思，对恐怖活动的理论公式进行研读，会发现一些值得思考的历史线索①。

自从第一次世界大战以来（我国其时正处于民国期间），人类社会发生了巨大的变化。在这个历史的进程中，恐怖活动作为一种消极的社会现象给社会带来了极大的影响，反映出民族矛盾、种族矛盾、宗教矛盾以及利益集团矛盾等的不可调和性，缘由的深刻性表现为一种安全的危机。为了解决潜在的重大危机，国际社会与各国政府针对日益高涨的恐怖主义、恐怖活动，都全力以赴地采取有力措施来解决相关问题，对恐怖主义进行分析与研究，寻找反

---

① 纵览历史，"9·11"绝不是没有来龙去脉的偶然、孤立事件。上个世纪两大对立阵营持续达五十余年的冷战与对抗，因之曾被长期掩盖的民族矛盾、种族矛盾、宗教矛盾及利益集团矛盾在后冷战时代的凸现与激烈，新世纪来临之后全球化进程的日趋加速，都蕴含着诱发对立、冲突乃至恐怖的种子。在"9·11"事件的前四天，俄罗斯历史学家拉达曾经发出如下警告：由于"贫穷的南方"同"富有的北方"的对立已经达到白热化的程度，"冷战"之后的"第四次世界大战""很可能成为21世纪头二十五年的主要内容，甚至头五至五十年的主要内容！"四天之后的事实似乎在证明这条不幸而言中的预言。

恐怖的对策与法律制度①，但学术界重视恐怖主义与恐怖活动的研究也只是最近十余年的事情。

从我国现代恐怖主义活动的情况来看，其主要表现为民族分裂势力、宗教极端势力、暴力恐怖势力进行的分裂国家、颠覆国家政权为目的的恐怖活动，包括新疆地区的“东突”、西藏地区“藏独”等分裂势力、宗教极端势力的活动，而“东突”的历史可以追溯到民国时期②。因此，恐怖活动有历史的“传承”，经历了萌芽、孕育、发展、高潮、蛰伏等阶段，具体的形成态势、规模、结构、理论公式等都是非常复杂的。同时，自 20 世纪 70 年代以来，我国开始遭受劫机等恐怖活动的危害。第一起劫机到国外的案件发生于 1983 年 5 月 5 日。在沈阳起飞的民航 296 号班机被国内 6 名恐怖分子劫机到韩国。6 名恐怖分子在韩国被判 5 至 6 年徒刑。台湾当局以“反共义士”、“反共英雄”的名义把他们接到台湾，并封为“英雄”。台湾当局这种公然鼓励劫机的行为，使得社会各类不法分子受到精神上的鼓励，纷纷劫机逃往台湾。在 1993 年至 1994 年两年间，出现了劫机的高潮，仅 1993 年共发生了 15 起劫机事件。迫于世界舆论的压力，台湾当局最终放弃将劫机者视为“英雄”对待的政策，为此国内劫机案件明显减少。

针对恐怖犯罪活动的研究是一个新兴的课题。1997 年，新疆公安、检察、法院、安全部门与中国犯罪学研究会联合召开“恐怖犯罪研讨会”。这次研讨会是 90 年代以来国内规模最大的一次专题研讨恐怖犯罪的学术会议。会议收到研讨论文 80 余篇，涉及恐怖犯罪概念、特点、形式、手段、恐怖犯罪成因的挖掘、恐怖犯罪现状与发展态势③等等。参会人员都是新疆公安、检察、法院、安全部门等实务部门及政法院校的领导、专家、学者，研究内容主要是针对新疆地区的“东突”问题，实际上主要是对恐怖犯罪的认识以及针对“东突”问题

① 针对恐怖活动最早立法可以追溯到 1937 年。1934 年 10 月，法国外交部长巴都和南斯拉夫国王亚历山大一世在马赛被纳粹匪徒暗杀后，法国政府向国联行政院建议缔结反恐行为公约。于是，一部实体性国际公约——《防止和惩治恐怖主义公约》产生了。成员国有二十多个国家。但公约一直未能生效。近些年来，恐怖活动异常活跃，联合国为此制定许多决议与公约，美国、英国、俄罗斯与独联体、欧盟、日本、澳大利亚、新西兰、南亚、阿拉伯-伊斯兰国家、非洲与拉美都制定了反恐政策与措施。

② “东突”的全称是“东突厥斯坦”。它是 20 世纪初，由土耳其人艾买提·卡马尔和从土耳其留学归来的维吾尔人麦斯武德带入新疆的政治概念。“东突”势力是宗教极端主义和极端民族主义的结合体，一般称为“三位一体”的政治势力，即“以分裂为目标、以宗教为外衣、以恐怖为手段”。其核心思想是“东突厥斯坦独立论”，企图通过制造讲突厥语的、信仰伊斯兰教的民族同其他民族的相互独立，把新疆分裂出去，建立所谓的“东突厥斯坦国”。

③ 对“东突”的恐怖活动的发展态势的考察，应从其起源阶段（1949 年以前）、全面准备阶段（1949—1989 年）、恶性膨胀阶段（1990 年—2001 年）、“9·11”事件后至今（2002 年—）等四个阶段来考察恐怖活动的由来和演变历史。

出谋划策、采取措施。2002 年美国刚刚经历了“9·11”事件的巨大悲痛，美国政府、民众对恐怖主义具有强烈的恐惧心理。政府随即加强了对重点部门与政要的要害安全保卫，特别是对来美外国人进行了严格的安全检查。政府工作的重点之一是反恐，民间最关心的事情也是反恐，所以，“布什政府”被称作“反恐政府”。之后，英国政府、学术界同样相当重视“反恐”研究。当今社会无疑正步入一个充满诸多复杂化问题的时代，但“和平与发展”的问题事实上就是“安全与发展”问题[2]，因为“安全”概念包括了稳定、安定、和平、安宁、生存、保全、平安等概念。安全与和平成为国际化时代世界文明之两大基本问题。为了最大限度减少或避免世界、人类、国家、民族、家庭、个人遭受伤害或毁灭之危险概率和危险程度，其中最重要的就是防范恐怖活动这一影响安全的最大隐患。

近年来我国刑事案件发案率上升很快，一些地方政府穷于应付、防范与遏止这种过于迅猛的上升态势。但是，我国正处于一个制度转型、体制新旧交替之际，人口流动、失业问题、住房问题、医疗问题、教育问题等都呈现出各种新的情况，城市的“痛苦指标”增加，不可避免带来“社会震荡”。有时在采取预防措施时，必须要有良好的心态及容忍度。只要不超越一定合理界限，群众也是可以忍受的。但是如果哪个城市发生了如“9·11”事件一样的惨状，那么民众将无法忍受。就这一点而言，对付恐怖活动比对付一般犯罪案件更为重要。同时，反恐也是一个涉及“大安全”的理念问题。试想，一个城市如果发生纽约“9·11”式的自杀性恐怖犯罪事件，那么这个城市就会遭受毁灭性的打击，给城市的经济、安全与社会发展带来不可估量的负面影响。所以，对自杀性恐怖犯罪活动进行研究，寻找治理方略至关重要。笔者先从自杀性恐怖犯罪相关概念的研究谈起。

第一节　恐怖主义概念综述

联合国《恐怖主义问题宣言》宣称：“一切形式的恐怖主义，无论何时、何处、何人所为，均是不容辩解的犯罪行为。”由此可见，讲恐怖主义，也就是指恐怖主义犯罪。基于这种认识，本书从恐怖主义概念入手，根据行文需要将恐怖主义与恐怖主义犯罪两者等同。

要研究自杀性恐怖犯罪问题，首先要科学界定恐怖主义犯罪的定义。科学界定恐怖主义犯罪的定义是研究自杀性恐怖犯罪问题的逻辑起点，也是防范与控制此类恐怖主义犯罪活动的前提。人类认识恐怖主义是为了消灭恐怖主义。何为恐怖主义？恐怖主义一词，英文是 terrorism。就像中世纪瘟疫一样，让当权者抓耳挠腮，让老百姓异常惊恐。但对恐怖主义的定义，百人白说，千人千论。对恐怖主义概念的不同定义，一些西方学者解释说，因为"恐怖行为特别难用中立态度进行研究"[3]，甚至有些学者预言，一个被普遍接受的全面的恐怖主义概念现在不存在，而且将来也不会存在。

一、国际社会关于恐怖主义犯罪的概念

(一) 国际联盟的恐怖主义犯罪概念

1937 年 11 月 16 日在日内瓦签订的《防止和惩治恐怖主义公约》的第一条规定："本公约'恐怖行为'一词是指直接反对一个国家，而其目的和性质是在个别人士、个别团体或公众中制造恐怖的犯罪行为。"

(二) 联合国的恐怖主义犯罪概念

联合国有关组织把恐怖犯罪定义为"破坏人权、基本自由和民主，威胁主权国家的领土完整和安全，动摇依法组成的政府，破坏多元文明社会，并对经济、社会发展产生不利后果的罪行"。

1996 年联合国大会决议通过的《消除国际恐怖主义的措施》规定"重申为了政治目的而企图或蓄意在一般公众、某一群人同特定的人之中引起恐怖状态的犯罪行为，不论引用何种政治、思想、意识形态、种族、人种、宗教或其他性质的考虑作为理由，在任何情况下都是无可辩护的"。

2001 年 10 月，联合国第六委员会在《关于国际恐怖主义的全面公约草案》的第 2 条中规定"本公约所称的犯罪，是指任何人以任何手段非法和故意致使：(A)任何人死亡或重伤；或(B)公共或私人财产，包括公用场所、国家或政府设施、公共运输系统、基础设施或环境严重受损，而此种损害造成或可能造成重大经济损失，而且根据行为的性质和背景，其目的是恐吓某一人口，或迫使某国政府或某一国际组织从事或不从事某种行为"。

(三) 欧盟的恐怖主义犯罪概念

2001 年 9 月 19 日，欧盟执行机构欧盟委员会通过两项法案，其中《反对恐怖主义法案》明确规定：恐怖犯罪是指"个人或组织故意针对一个和多个国家，或针对被侵犯国家的机构和人民进行旨在威胁、严重破坏甚至摧毁政治、经济和社会组织及其建筑物的行为"。

(四) 国际刑警组织的恐怖主义犯罪概念

1986 年国际刑警组织在前南斯拉夫召开的会议上给恐怖犯罪下的定义

是:有组织的团体或小组为达到某种政治目的,制造恐怖及不安全因素,并进行暴力犯罪的活动。[4]

(五)上海合作组织的恐怖主义犯罪概念

在2001年6月中国与中亚国家及俄罗斯签署的《打击恐怖主义、分裂主义和极端主义上海公约》中,将恐怖主义定义为:致使平民或武装冲突情况下未参与军事行动的任何其他人员死亡或对其造成重大人身伤害、对物质目标造成重大损失的任何行为,以及组织、策划、共谋、教唆上述活动的行为,而此类行为因其性质或背景可认定为恐吓居民、破坏公共安全或强制政权机关或国际组织以实施或不实施某种行为,并且是依各方国内法应追究刑事责任的任何行为。[5]

二、外国学者及词典的概念

首先,关于恐怖主义概念的研究。主要研究活动开始于60年代末,到80年代、90年代直至21世纪,有关的学术研究更加活跃,专家、学者都形成了自己的观点。至今,国内外关于恐怖主义的概念有几百种之多,下面介绍国外专家对1981年前109个概念的分析结果,而且应用结构式内容分析法对检索到的1982年后的50多个概念进行了内容分析,具体结果见表1和表2[6]3-5:

表1 关于109个恐怖主义概念(1981年以前)的内容分析

要 素	出现频率
暴力、武力	83.5%
政治性	65%
恐惧、恐怖	51%
威胁	47%
心理效果和反应	41.5%
(直接)受害者与打击目标的(分别)	37.5%
有目的的、有计划的、系统化的、有组织的行为	32%
战斗(斗争)、战略或战术的方式	30.5%
非常性、违背社会普遍接受的规则、不受人性约束	30%
强迫、强求、使(对方)屈服	28%
宣传性	21.5%
任意性、随机性、无选择性	21%
受害者是市民目标、非战斗目标、中立目标或旁观者	17.5%

（续表）

要　　素	出现频率
恫吓	17%
强调受害者的无辜性	15.5%
肇事者是团伙、(社会)运动或组织(及其成员)	14%
象征性、表演性	13.5%
暴力发生的难以预测性或不可预知性、突发性	9%
隐蔽性、秘密性	9%
重复性、暴力的连续性或暴力性	7%
犯罪性	6%

表 2　笔者对 50 个恐怖主义概念(1982 年后)的内容分析

要　　素	出现频率
暴力、武力	92%
威胁(使用暴力)	54%
政治性(目标)	90%
社会性(目标)	32%
恐惧(恐怖)及心理影响	54%
恫吓、强迫、强求、使屈服	34%
有计划的、系统化的、有组织的行为	40%
受害者是市民目标等无辜目标	20%
(直接)受害者与打击目标的分别(不同)	20%
犯罪性	16%
宣传性	14%
象征性	12%
(使用或威胁使用暴力)非法性	12%
暴力发生的难以预测性、不确定性、突发性	6%
目标随机性、无选择性	6%
非正义性	2%

这里还可举一些具有代表性的关于恐怖主义犯罪的观点：

恐怖问题专家 R. P. 霍夫曼(1984 年)在其关于恐怖主义概念界定的博士

论文中所给出的定义是:“恐怖主义是指人的一种有目的的政治活动,它旨在通过制造恐怖气氛,达到按照(事件)领导者的意愿对其他人施加影响,以及通过他们对事件的发展施加影响的目的。”[6]2

曾任美国中央情报局局长和国防部副部长约翰·多伊切认为,对恐怖主义的最佳解释是:对无辜百姓或非战斗人员实施暴力,以恐怖和胁迫手段力图达到政治目的的一种行为。

美国学者艾德华·密克鲁斯认为,恐怖主义是一种蓄意的、有组织的谋杀行为,旨在威胁和残害无辜者,使其感到恐惧,以此达到自己的政治图谋。

美国兰德公司的詹金斯则简单地将恐怖主义定义为:“个人或团体为了达到其政治目的而使用的一种国际暴力。”

英国学者庄·B.沃尔夫索提出,恐怖主义是在和平状态而非战争或内战情形之下的,出于某种政治目的而采取的个别暴力行为。

以色列前总理内塔尼亚胡号称是“反恐怖主义大师”,他在《与恐怖主义战斗》一书中提出:恐怖主义是精心策划的、有系统地对公民的攻击,是为了政治目的制造恐怖气氛。他在这个界定之外还提出了一个鉴别恐怖主义的特性,即恐怖分子的攻击目标与其不满越少联系,其行为就越具有恐怖主义性质[7]。

以色列反恐国际政策研究所所长鲍兹·加纳提出:“恐怖主义是一种故意使用和威胁使用暴力,袭击平民或民用目标,以达到政治目的的行为。”

以色列教授O.金斯英认为:恐怖主义的实质体现在混乱的暴力之中,不分青红皂白地侵犯他人(无辜的目睹者),目的在于制造恐怖感,向社会显示残忍性。

前苏联著名犯罪学家NN·卡尔贝茨认为:恐怖主义是特殊形式的国际性犯罪,恐怖主义的目的是破坏民主和进步的社会变革,侵犯组织、企业、个人财产,恐吓人们,暴力伤害群众,以宣扬法西斯主义、无政府主义、沙文主义、军事官僚主义的反动现象,恐怖主义行为具有刑事犯罪的要件[8]。

德国著名犯罪学家汉斯·施奈德认为:恐怖主义是指为了某个政府目的对个人和事物施以暴力或以暴力相威胁。实施暴力的可能是某个人或某一组织,他们受命于某个政府或者是反对某个政府的组织,恐怖主义者通过对某个受害者的伤害实现对另一个目标(一个间接的,或者是真正的受害者)的打击,进而迫使对方做出有利于他们的(并正如他们坚决要求的)行动[9]。

印度学者C.阿格拉瓦尔教授主张恐怖主义概念的综合定义包括概括释义和犯罪的基本要件。恐怖主义犯罪的必备要件是:以暴力相威胁或实施暴力,给无辜的人们或居民制造危险环境。恐怖主义在一定程度上破坏国际关系,它不仅威胁本国利益,而且威胁国际安全、秩序。

日本国际法学会编写的国际法词典对恐怖主义条目的解释说:"恐怖主义是指为了达到一定目的特别是政治目的而对他人的生命、自由、财产等使用强迫手段,引起像暴力、胁迫等造成社会恐怖的犯罪行为的总称。"

澳大利亚恐怖主义专家哈维·库什纳认为,恐怖主义是个人或者集团对政府或者平民使用武力或者暴力,引起恐惧已造成政治(或者社会)的变革。

美国联邦调查局(1983年)认为:恐怖主义是非法采用暴力侵犯他人人身或财产,目的在于恐吓或给政府、公民施加压力,以实现政治或社会目的。美国司法部(1984年)指出,恐怖主义犯罪是以刑事暴力形式指向公民,采取恐吓或施加压力作用于政府的行为,采取谋害或劫持人质作用于政府的行为。

在《国际恐怖活动与全球安全》的论文集里,各国学者认为:恐怖主义是为了制造恐怖,而以暴力相威胁,实施特别暴力行动或暴力运动[10]。

《布莱克维尔政治学百科全书》对恐怖主义的定义是:"恐怖主义可以简洁地定义为强制性恐吓,或者更全面地定义为系统地使用暗杀、伤害和破坏,或者通过威胁使用上述手段,以制造恐怖气氛,宣传某种事业,以及强迫更多的人服从于它的目标。国际恐怖主义是指跨越国界的恐怖主义"。[11]

《简明不列颠百科全书》对恐怖主义的解释是:"恐怖主义是对各国政府、公众或个人使用令人莫测的暴力、讹诈或威胁,以达到某种特定目的的政治手段。各种政治组织、民族团体、宗教狂热者、革命者和求社会正义者,以及军队和秘密警察都可以利用恐怖主义。"[12]

美国国防部对恐怖主义的定义是:通常为实现政治、宗教或意识态的目的,对个人或财物非法使用或威胁使用武力或暴力,以强制胁迫政府及社会。美国国务院的定义是:由组织或代理人为了政治目的有预谋地针对非战斗人员(除公民外,也包括事件发生时未武装的或非岗位上的军事人员)使用或威胁使用暴力,通常这种行为是试图对他人产生影响。[13]

据统计,仅1936—1983年间,各国政府、学者们就提出了一百多种恐怖主义的定义。美国著名学者亚历克斯·施米德在其专著《政治恐怖主义》中,用了100多页的篇幅,分析了这些定义的内容,提出一个详细的定义:"恐怖主义是一个令人不安的、重复暴力行为的方法,由(准)秘密的个人、团体或者国家行为者为了特殊的、犯罪的或者政治原因而使用,它不同于暗杀,直接的施暴对象并非其主要目标。暴力的直接牺牲者一般是任意选择的(随机的目标),或者从目标人群有代表性或者象征性的目标中挑选的并作为一个消息的发生器。在恐怖主义者(组织)、(危险中的)被害人和主要的目标(观众)之间基于威胁和暴力的信息传递过程,被用于操纵主要目标(受众),将其变为恐怖的目标、需要的目标,或者注意的目标,这取决于威胁、胁迫或者宣传是否是其主要追求的目的。"从学术方面来说,这是一个逻辑严密的详尽定义,但是这种详尽性泯灭了恐怖主义的最根本特性,让人产生困惑,在判断时反而无所适从。

三、中国学者及词典的概念

国内专家学者对恐怖主义犯罪的研究起步较晚,但大多注意到了西方学者定义中比较注重恐怖主义内涵要素。国内学者则重视强调恐怖和暴力以及恐怖手段方式的特点。

从下面各位学者及词典等下的定义中可看出一斑。

学者张穹的定义是:"恐怖主义是指为一定的政治或其他目的而经常进行的暴力恐怖行为,具有对公共安全构成严重危险或者危害的特点。"[14]

陈兴良的定义是:"恐怖主义即对公民的人身或重大公私财物采用非法暴力或暴力相威胁,用以威胁、恐吓政府、公众或上述两者的某一部分达到政治或社会目的之行为。"[15]

胡联合的定义是:"一种旨在通过制造恐怖气氛、引起社会注意以威胁有关政府或社会,为达到某种政治或社会目的服务的,无论弱者或强者都可以采用的,针对非战斗目标(特别是无辜平民目标)的暗杀、爆炸、绑架与劫持人质、劫持交通工具、施毒、危害计算机系统以及其他形式的违法或刑事犯罪性质的暴力、暴力威胁或非暴力破坏活动。"[6]28

俞正梁的定义是:"为了改变某一政治进程和达到某些政治目标而对个人、集团采取的一种极端的行动。国际恐怖主义是指国际社会中某些组织和个人采取绑架、暗杀、空中劫持、扣押人质等恐怖手段,企求实现其政治目标或某项具体要求的主张和行动。"[16]

白桂梅的定义是:"恐怖主义行为的目的应该是,使用一种难以让人接受的形式使他针对的目标(如政府、一国元首等等)感到特别害怕和恐怖或如内疚等的其他感觉。最后使其改变现在的政策,或者使其从事恐怖主义者希望的行为。"[17]

秦晖的定义是:“恐怖主义一是令人莫测的暗中行动,二是打破任何规则的、不择手段的超限暴力。”[18]

阎学通的定义是:“具有下列四个特点的我们称之为恐怖主义:一是以平民和民用设施为攻击对象,二是通过攻击达到制造一种恐怖气氛,三是具有政治目的,四是在和平状态下而不是在战争状态下。”[19]

覃珠坚的定义是:“某些组织、团体或其中的个别人,出于某种政治目的,蓄意制造恐怖气氛,运用暴力或使用暴力相威胁的极端手段,针对政府和无辜平民目标而实施的破坏活动。”[20]

李湛军的定义是:“恐怖主义指的是使用或主张使用无规则的暴力或技术手段,或是袭击平民或是袭击公用设施,以图达到政治目的的一种行为与社会思潮。”[21]

张家栋的定义是:“恐怖主义就是试图以制造或威胁制造暴力的方式,有系统有计划的针对敌对方的不设防或难以设防目标(包括平民、标志性建筑和名人等),积极利用公众舆论效应,以使敌对方民众产生恐怖心理,迫使敌对方政府作出妥协或让步,最终实现自身公共目标的思想、逻辑和行动。”[22]433

朱威烈的定义是:“恐怖主义是在某种极端信念或意识形态理论驱使下的社会组织或群体,用暴力和威胁等非法手段袭击非战斗目标特别是平民及民用目标,以其产生恐惧的社会心理,借此达到特定目的的犯罪行为。”[23]14

王逸舟的定义是:“恐怖主义是暴力实施者基于政治目的对非武装人员(包括军队非战斗人员)有组织地使用暴力或以暴力相威胁的行为,其目的是以特殊的手段把一定的对象置于恐怖之中,逼迫其做原本不会做的事情。”[24]10

王伟光的定义是:“恐怖主义是指:(a)次国家行为体蓄意造成并未直接介入冲突的非战斗人员或非军事目标伤亡或严重毁损的行为;或(b)国家行为体用武装部队以外的人员,蓄意造成他国并未直接介入冲突的非战斗人员或非军事目标伤亡或严重毁损的行为;或(c)将采取上述行为的可信威胁或企图。”[25]

《辞海》的定义是:“主要通过对无辜平民采取暴力手段已达到一定的政治和宗教目的的犯罪行为的总称。较多采用制造爆炸事件、劫机、扣押或屠杀人质等方式造成社会恐怖,打击有关政府和组织,以满足其某些要求或扩大其影响。”[26]

《世界知识大辞典》的定义是:为了达到一定目的,特别是政治目的而对他人的生命、自由、财产等使用强迫手段，引起如暴力、胁迫等造成社会恐怖的犯罪行为的总称。[27]

中国现代国际关系研究所反恐怖研究中心下的定义是："只要是为达到某种政治目的，对第三者使用或威胁使用暴力的行为，就属于恐怖主义的范畴。"[28]

我国刑法(1997 年)及后面出台的修正案虽然并未单列恐怖主义犯罪，也未采用恐怖主义的称谓，而是采用"恐怖活动"的称谓，将有关的恐怖活动犯罪行为分列在组织领导参加恐怖组织罪、爆炸罪、放火罪、故意杀人罪、劫持航空器罪、劫持船只、汽车罪，投放虚假的危险物质罪、资助恐怖活动罪等罪名中。2011 年 10 月 29 日，十一届全国人大常委会第二十三次会议表决通过了《全国人大常委会关于加强反恐怖工作有关问题的决定》。该决定规定，恐怖活动是指以制造社会恐慌、危害公共安全或者胁迫国家机关、国际组织为目的，采取暴力、破坏、恐吓等手段，造成或者意图造成人员伤亡、重大财产损失、公共设施损坏、社会秩序混乱等严重社会危害的行为，以及煽动、资助或者以其他方式协助实施上述活动的行为。

归根结底，恐怖主义定义的分歧是由于对恐怖主义所隐含的价值判断和利益争夺的差异所致的。不同立场、利益和文化的各个国家和学者对恐怖主义的定义，无外乎都带有感情或意识形态的倾向。1990 年，第八届联合国预防犯罪和罪犯待遇大会制定的《打击国际恐怖主义的措施》指出：自从 1972 年联合国首次研究国际恐怖主义以来，国际社会一直未能就"国际恐怖主义"一词的含义达成普遍一致的看法，也未能就预防恐怖主义暴力行为的有害表现所必须采取的措施达成充分的一般意见。

由此可见，短期内期望达成恐怖主义定义的共识是不现实的，现实的做法是对它有一个共同认可的大致范围。然而，没有一个综合性的定义并不妨碍对具体的恐怖主义行为进行打击，其理由在于：其一，国际恐怖主义行为极强的政治性决定了界定者不可避免地带有不同程度的主观性甚或偏见性。国际法不是国际政治，在国际公约中的法律概念如果有太多的主观因素，必将导致不确定性，带来混乱和不公。其二，目前已经制定了 12 个与恐怖主义的具体行为有关的国际公约，这些公约虽然没有包含综合性定义，但是并没有影响它们在打击相关形式的恐怖主义方面发挥的作用，这种具体问题具体解决的方式是有效的，应该继续。其三，国际社会也应该是法治的社会。不应该根据政治的需要来界定一个法律概念或者把政治概念当作法律概念来使用。[29]

第二节 恐怖主义概念之我见

中外专家学者关于恐怖主义概念方面的研究成果很多，从不同视角看出了恐怖主义具有的共性及相关规律，对笔者启发很大，但仔细斟酌，仍觉得意犹未尽。

一、国际社会、专家学者、词典对恐怖主义概念达成的一些共识

纵观国际社会、中外专家学者、词典对恐怖主义概念的认识，虽不尽相同，但构成这一概念的基本要素却是一致认同的：

(1) 恐怖主义具有政治目的(政治目的可以是民族分离、分立、分裂，或宗教极端，或对政府不满，极端地反现政府、反社会等)。作为一种有组织的犯罪行为，恐怖主义的特殊性在于其具有政治性的根本动机，是一种政治行为。

(2) 恐怖主义涉及暴力使用或暴力威胁，即其使用暴力是蓄意的、有组织的，通过暴力事件，将其主张和意图传达给特定的社会群体。暴力主要形式包括爆炸、暗杀、绑架、纵火、投毒、恐吓、劫持人质、武装袭击、制造暴乱等。胡联合博士对 1982 年以后出现的 50 个恐怖主义定义内容的分析，92%的定义都认为恐怖主义是一种暴力行为。[6]17 恐怖组织与一般的刑事犯罪不同，他们不仅注重策划暴力事件活动，更注重这种暴力事件所形成的社会影响。

(3) 恐怖主义打击或伤害的对象主要是民用目标和非武装人员。统计显示，无辜平民阶层现已成为恐怖主义实施恐怖活动的主要对象。恐怖主义通过暴力手段袭击包括妇女、老人、儿童在内的平民及政府的行政、执法机关，来营造大规模的恐怖气氛。

(4) 恐怖分子希望引起公众注意。恐怖行为的实施也只是恐怖分子达到某种目的的手段，恐怖活动不仅仅是为了恐吓或杀害直接受害者，其更重要的是让更多的人受到影响，产生恐慌，感到恐惧。一旦他们得以成为公众注意的中心，就会公开宣传自己的主张，对政府施加压力，以实现其邪恶的政治目标。

(5) 恐怖活动是一种不可预测的、具有严重社会危害性的行为。虽然恐怖犯罪有时针对特定的目标进行袭击，但其造成的危害却是社会性的，它不仅给执政的当局造成危害，威胁其政治统治地位，而且直接给普通百姓的生命财产安全带来了损害。这种恐怖活动具有隐蔽性和突发性，何时何地会再

发生都是未知数。这种不可预测性使得人们对恐怖主义产生了巨大的恐惧心理。

上述对恐怖主义概念作出的界定，是很有启示意义的，但也存在一些不尽完善的地方。一些概念界定存在内容不够严谨的问题。如有的将一切革命暴力如争取本民族解放的反殖民主义的暴力斗争或一切有政治目的的政府或非政府暴力都认为是恐怖主义；有的仅将极左或左派组织的暴力活动看作是恐怖主义；有的概念界定存在袭击对象、侵害目标等概括不完整的问题；有的将无辜的平民百姓、非战斗人员列入鉴别恐怖主义的一个重要标准等等。还有的概念界定用词过于冗长。有的句子太长，长达150字，没有将事物表象和内涵提炼到最简洁的语句上来。

二、恐怖主义概念的界定

笔者结合上面所列国际社会、中外学者、词典关于恐怖主义概念的界定，尝试着给恐怖主义做出这样的界定：恐怖主义是在某些极端信念或意识形态支配下的组织或个人对不特定的对象使用暴力或非暴力威胁，用以恐吓政府、要挟社会，制造恐慌，以达到政治或社会目的的行为或理论体系。

这一概念有如下理解：

（ ）恐怖主义是某些极端信念或意识形态支配下的“组织”或个人所为

恐怖主义类型包括极端民族主义型恐怖主义、宗教极端型恐怖主义、邪教型恐怖主义、极右型恐怖主义、极左型恐怖主义等。这些恐怖主义类型的组织都有自己的信念与意识形态。极端民族主义型恐怖主义组织主张建立一个独立的本民族国家(或完全自治)；宗教极端型恐怖主义组织主张宗教信仰高于一切，反对异教徒，主张政教合一，驱使他们从事恐怖活动的是精神而非世俗因素；邪教型恐怖主义组织以残害无辜生命为己任，披着宗教外衣从事反宗教活动；极右型恐怖主义组织认为社会变化对他们生活方式和价值观构成威胁，于是使用暴力或威胁使用暴力来反抗；极左型恐怖主义组织对当时的社会政治制度不满，通过爆炸、暗杀等恐怖活动来改变社会政治进程，直至夺取政权等等。

当然，一直存在个人由于极端信念或在意识形态支配下制造的恐怖主义事件。2011年7月22日挪威“超级杀手”安德斯·贝林·布雷维克一人制造的奥斯陆爆炸事件和于特岛枪击事件共造成92人死亡，近百人受伤。布雷维克是一个极端主义分子，对现实社会和外来移民怀有强烈的仇恨，有着极右主义和反伊斯兰思想。布雷维克来自挪威反对移民的极右翼组织“挪威人保卫联盟”,但他并不代表该组织。恐怖袭击事件发生后,布雷维克被他所在的“挪威人保卫联盟”开除。

当然,这种“组织”也包括国家、政府,即“国家恐怖主义”。它是由政府实施或政府支持的恐怖主义。一些处于弱势地位的国际政治行为体,以及为他们辩护的专家学者,反复提醒世界注意,国家机器同样可以施暴,政府同样可以不顾法律的束缚和道德的规范,对平民百姓和民用设施进行有意的攻击与滥杀。20 世纪 80 年代美国里根政府时期击落伊朗民航客机事件;利比亚特工制造的洛克比空难事件;美国发动阿富汗战争、伊拉克战争后,近几年频繁报道的美国军队对当地平民和穆斯林的杀戮;巴以冲突中以色列军队和警察实施的“定点清除”,常常造成巴勒斯坦平民居住区的大面积伤亡。这些都可称之为“国家恐怖主义”。

(二)恐怖主义袭击目标是特定的,但侵害对象却是不特定的

这些袭击目标包括组织、个人、场所、设施及标志性建筑物等等。如“9·11”恐怖袭击选择的是世贸双子楼和白宫、五角大楼,黎巴嫩真主党 80 年代针对英法军营自杀式恐怖袭击,泰米尔猛虎组织利用人体炸弹对印度前总理拉吉夫·甘地和斯里兰卡总统拉纳辛哈·普雷马达萨的暗杀等等。尽管恐怖主义犯罪对于袭击目标是有所选择的,但是他们并不考虑其恐怖行为带来的巨大的杀伤力和广泛的危害性,相反他们追求或者放任这种危害。所以恐怖主义犯罪即使针对的是特定目标,而结果受到伤害的并不限于特定目标,往往殃及到广大的无辜者。而恐怖组织制造的恐怖事件主要伤害的则是非武装人员,以无辜民众作为袭击的主要目标,同时也包括政府机构、政治人物、使领馆甚至联合国机构等非军事目标。此外还有军事人员和军事设施。

所以,准确地说,随心所欲、滥伤无辜是恐怖主义犯罪的特征。正如意大利法学家隆尔巴迪所指出的那样:“恐怖主义是不分青红皂白的行为,它并不旨在打击那些被视为敌手的人,而是谋略制造动乱和恐惧,至于受害者是谁,它漠不关心。”

(三)恐怖主义使用暴力或非暴力相威胁的手段

恐怖主义在本质上就是一种暴力活动,其行为方式是蓄意实施暴力或者以暴力相威胁。但是与一般暴力行为不同的是,一般暴力行为追求的是暴力行为结果本身,即非法剥夺他人生命或伤害他人身体。而恐怖暴力行为则是一种追求目的的手段行为,实施恐怖暴力行为,旨在强迫第三方为或者不为某种行为,具有要挟性质。恐怖分子实施暴力行为意在将其主张或者意图传达给政府、国际组织或者其他人群,为此他们不仅注重实施暴力行为,而且更加注重这种暴力行为所产生的社会影响。在这个意义上，恐怖主义犯罪实质上展示的是一种“暴力表演”，是一种追求轰动效应的极端表现。

非暴力手段包括恐怖意识形态的扩散、技术手段等。恐怖主义训练营是“培养”恐怖袭击分子的重要方式，其中最重要的一环是对受训者进行“洗脑”。美国在阿富汗摧毁“基地”恐怖训练营时，缴获了大量文件资料，其中就有训练手册。训练手册分两大类，一类用来灌输恐怖理念，一类用来传授恐怖袭击的技能，而前一类的训练远比后一类更为重要。越来越多的恐怖分子采取自杀式袭击的前提就是经过“洗脑”，使其非常“坚定”牺牲自我的“信念”。由于这种恐怖意识形态的扩散，才不断有新的恐怖分子产生，使得国际反恐怖斗争难以“斩草除根”。在恐怖主义扩散过程中，因特网同时也逐渐成为恐怖组织招募人员、策划袭击的场所。恐怖分子往往利用微博、加密聊天室，以特殊的语言形式，讨论如何进行恐怖袭击。美国胡德堡陆军基地的军医哈桑，就是通过网上接受恐怖理念的培训而成为一名“独狼”式恐怖分子。

(四) 恐怖主义的危害结果特征是造成一种恐怖气氛，以图恐吓政府、要挟社会，制造恐慌

由于恐怖主义犯罪旨在威胁要挟政府，所以，恐怖主义犯罪中的暴力要比一般刑事犯罪中的暴力来得凶狠残暴，充满血腥，甚至耸人听闻。所以往往造成大规模的破坏和大面积的杀伤的结果。例如，1995 年 3 月，“奥姆真理教”成员在东京地铁车站释放沙林神经毒气，造成 5 500 人中毒，12 人死亡；又如，2001 年 9 月，恐怖分子劫持民航客机撞击美国世界贸易中心大楼，造成数千人死亡。这种犯罪危害结果往往使整个社会笼罩在恐怖的阴影中，广大公众丧失安全感和信心。对此，有的学者分析“恐怖主义犯罪是指恐怖分子预谋制造绝望或恐怖的气氛，动摇公众对其政府的信任，从而选择杀害、绑架、暗杀、强盗和爆炸，他们毫不关心法律和道德的标准，却想从这些标准中获得特别豁免，他们确信无辜者的死难可以证明其事业的正当性”。还有学者指出“对于某些人民来说，恐怖主义意味着直接或间接地令被劫持人品尝恐怖主义噩梦，而对于其他人，恐怖主义则意味着通过其行为导致人们每天与身体、精神和金融障碍作斗争”。

社会的良性运行是建立在一定秩序基础之上的。一切事物按照相互依存的功能关系存在并相互作用，就可以建立一种稳定的社会秩序。在一个具有良好秩序的社会当中，人们的行为是可以预期的。但是，由于恐怖主义对现存的结构和秩序怀有强烈的不满，它要按照自己理解的逻辑创建一种新的秩序与结构，因此，恐怖主义就要实施恐怖行为打破旧的秩序，在社会上制造混乱局面，在人们心理上制造恐惧感，从而为秩序的重新建构和人们心理的重新定位创造条件。

当然，恐怖行为要达到上述目的，必须具有以下两个基本条件：一是恐怖行为所使用的暴力或非暴力将指向何方是不可预测的；二是让人们感到国家或其他组织和群体难以给自己提供安全保护。恐怖行为是以暴力为基础的，这种暴力与一般暴力的最大不同在于它的不可预测性。人们不能知道自己会不会成为恐怖行为的攻击对象，甚至不知道这种恐怖行为在什么具体时间发生。恐怖行为暴力的这种不可预测性可能会使人们陷入巨大的恐慌之中。

（五）恐怖主义目的的政治性

目前几乎所有国际条约、国内法和学者观点都认为恐怖主义具有政治目的。恐怖主义在主观上的政治目的包括打击一个国家、一个政府、一个民族、一个种族、一个教派、一个团体或其他个体等不特定对象，从而实现自己在政治上的愿望。有的学者认为，“恐怖主义是一种政治现象和非理性的政治斗争、社会斗争的手段，因而可归属于政治性的范畴。”[30]例如前联邦德国的“红军派”、意大利的“红色旅”、法国的“直接行动”、日本的“赤军”乃至“基地”组织制造恐怖主义事件的目的是为了打击资本主义的社会制度；英国的“北爱尔兰共和军”、西班牙的“埃塔”、中国的“东突”和俄罗斯的车臣恐怖分子等制造恐怖主义事件的目的是为了独立建国；巴勒斯坦的一些激进组织和现在伊拉克的一些武装组织制造恐怖主义事件的目的是为了反抗外来侵略或实现民族自决。因此有的学者认为，“离开政治目标而谈恐怖主义，在传统意义上讲是不成其为恐怖主义的。”[6]16-17

目前国内的一些学者在肯定恐怖主义在主观上一般具有政治目的的同时，将社会性目的也作为恐怖主义的目的之一。[31]有的学者认为，当前一些恐怖主义事件表现出的低政治性目的，特别是新出现的一些恐怖主义组织并不像传统的恐怖主义组织一样具有推翻现行社会制度、颠覆政权、制造分裂、反抗侵略、实现民族自决等严格意义上的政治目的，而只是希望改变某些微观的社会政策。[6]16-17例如美国出现的反堕胎的激进组织针对医院、诊所进行的爆炸活动，其目的仅仅是威胁政府改变堕胎政策；而一些激进的环境保护组织，如“大地第一”、“大地解放阵线”、“动物解放阵线”等不断制造针对美国大工业公司的纵火、爆炸事件，其目的仅仅是威胁政府采取切实有效的环境保护政策。而有的学者则用“其他非纯利己目标”来表述这种目的。[32]对于这种区分，作者认为实际上是没有必要的。由于这种“低政治性”恐怖主义虽然不以夺取政权为目的，但的确是干涉政府的政治行为，迫使政府违背自己意愿实施某种社会政策，因此依然属于“政治目的”范畴。

有的专家认为：并不是所有具有政治性的恐怖活动都可定性为恐怖主义，因为“主义”应是指某种系统的、持续的或有组织的行为。在这层意义上，恐怖主义实际上与“恐怖的体系”（a system of terror）是相对应的。在这里，system 有“制度”、“组织”、“主义”等含义。因此，孤立、偶然的行动，即使带有政治性，也不是恐怖主义，只能算是恐怖活动。只有具有组织性与系统性的恐怖活动才是恐怖主义。在美国“9·11”事件中，恐怖分子的行为就充分表明了这点，为了实施劫持多架客机并撞向不同的既定目标的计划，恐怖分子作了长期的策划和准备，他们的行为非常周密。[24]6

恐怖主义的政治目的对于合理界定什么是恐怖主义具有十分重要的意义，它是区分恐怖主义与采取恐怖手段的普通犯罪的重要依据。如果一个行为没有政治目的，而仅仅是为了报复他人、发泄私愤、获取经济利益等，那么即使行为人采用了爆炸、绑架、暗杀、劫机等恐怖性暴力手段，这种行为也不应被认定为恐怖主义。例如 2001 年 3 月 16 日石家庄发生的恐怖爆炸事件中，犯罪分子靳如超制造爆炸事件仅仅是为了发泄长期以来对邻居、继母、前妻及前妻亲属的不满，并不具有政治性，因此只能认定为采取恐怖手段的严重刑事犯罪。当然，在很多情况下，恐怖主义事件表面上也是为了报复他人、发泄私愤或获取经济利益，但这仅仅是恐怖分子行为的直接目的，而这些直接目的的背后还隐藏着根本性的政治目的。例如在伊拉克发生的一些绑架人质索取赎金的行为，其直接目的固然是为了获取经济利益，但获取经济利益是为了支持恐怖主义组织的运作，从而支持其政治目的的最终实现。因此，我们要正确判断一个行为是否存在政治性目的，就需要透过现象看本质，去寻求这个行为的根本目的。正如英国学者戴维特·卡尔顿所说的：“恐怖主义是达到目的的一种手段，而不是目的本身。”[33]

（六）恐怖主义既是一种暴力或非暴力行为，也是一种理论体系

恐怖是恐惧和害怕，由恐吓和威胁产生的极度紧张心理；主义则是理论、体系、制度和运动等等[34]。前文所述中外专家学者、词典将恐怖主义定义多为行动、行为、活动、思潮等，较少涉及其理论、体系、制度等，即“主义”的特性。南非恐怖主义问题研究专家格尔克教授认为，恐怖主义的“主义”清楚地表明，存在着所有恐怖主义分子共享的暴力哲学或心理，尽管他们有不同的政治哲学。

不少宗教极端主义组织的恐怖主义活动，都有类似的以极端主义信念为基础的理论体系和政治路线。扎瓦赫里的“基地”组织便是一个典型的恐怖

主义组织,由于他宣布了向西方和犹太人发动圣战的理论体系,按照这种体系,对西方和犹太人发动的袭击,包括生物武器、劫机、绑架和炸弹爆炸等恐怖主义手段,“乃是每一个穆斯林的神圣职责,是建立全世界的一个统一的伊斯兰国家的唯一途径”。境内外“东突”恐怖势力在发展过程中,注重借用网络等现代传播媒介进行传播民族分裂、宗教极端思想理论,特别是“世维会”等“东突”恐怖组织已把网络作为其传播扩张势力的重要渠道和活动方式。据有关部门掌握,由“东突”势力公开开设的宣传网站多达数百个,主要有“东突信息中心”、“清风网”、美国“自由亚洲”网站、哈萨克斯坦“解放电台”网站等。利用网站在新疆等地区极力宣扬伊斯兰极端思想,声称要用伊斯兰教消灭马列主义、消灭异教徒,用“圣战”推翻汉人统治,建立以伊斯兰教法为基础的政教合一的所谓“东突厥斯坦共和国”。更有甚者,他们特别注重向青少年灌输极端伊斯兰宗教思想,鼓动青少年参加所谓的“圣战”。

第三节　恐怖主义与政治暴力形式、犯罪形式

为了科学认识恐怖主义概念,把握恐怖主义的本质或核心,我们来看看恐怖主义与政治暴力形式、犯罪形式的相互关系。

一、恐怖主义与种种政治暴力形式

恐怖主义是一种政治暴力。但并非任何政治暴力都是恐怖主义。从现实性看,革命暴力、战争暴力与国家暴力是政治暴力的三种基本形式,它们相互交叉,部分重叠。革命暴力一旦采取战争形式,也是战争暴力;战争,如果发生在国家之间,亦是国家暴力。恐怖主义暴力,则可以被前三种暴力中的任何一种使用。但却不能由此将恐怖主义与革命暴力、战争暴力和国家暴力的任何一种形式混为一谈。

(一) 恐怖主义与革命暴力

革命暴力是革命阶级为推翻反动阶级的统治而实施的暴力。历史上,革命阶级在推翻反动阶级统治的过程中往往运用暴力。这种暴力,在历史上是新社会的“助产婆”,是应该肯定的。但在这个过程中,革命暴力只限于用公开的形式推翻统治阶级的国家机器——军队、警察、法庭、监狱等等,而不能扩大范围和限度,即不能“屠杀无辜”;一旦扩大了范围和限度,即一旦“屠杀无辜”,那么,无论是哪个阶级的革命,这种“屠杀无辜”的行为就是恐怖主义,

就不属于“革命暴力”的范畴,就应该坚决反对。

19 世纪中叶以后,为推翻资本主义的统治和帝国主义的压迫,一些无政府主义者和民族主义者诉诸恐怖主义,意图刺杀欧洲所有君主。马克思、恩格斯、列宁严厉批判这种激进的、绝望的、病态的、幼稚的行为,坚决反对把恐怖主义作为无产阶级革命的手段和方法。

(二) 恐怖主义与战争暴力

战争是武装的集团、民族、国家之间公开的冲突,是公开的、系统的、大规模的暴力。战争,无论是阶级战争、民族战争乃至国家与国家之间、国际集团与国际集团之间的战争,都有限定的打击目标。这种目标,一般是战争状态下的敌方的武装力量,即战争状态下敌方的军事人员和军事设施,而不是非战争状态下的军事人员和军事设施,更不是非军事人员和非军事设施。国际法对战争暴力打击目标作了明确的限制,1977 年的《日内瓦公约》第一附加议定书明确提出:“禁止不分皂白的攻击”,并且对“不分皂白的攻击”作了具体的界定:所谓“不分皂白的攻击”是指“‘不’以特定军事目标为对象的攻击;使用不是以特定军事目标为对象的作战方法和手段;使用任何将平民或民用物体集中的城镇、乡村或其他地区内许多分散前独立的军事目标视为单一的军事目标的方法或手段进行袭击或攻击;可能附带使平民生命受损失、平民受伤害、平民物体受损害,或三种情况均有而且与预期的具体和直接军事利益相比损害过分的攻击”。这里所指的“不分皂白的攻击”目标,概括起来就是我们所说的“无辜”。任何“不分皂白的攻击”都是“屠杀无辜”,任何战争——包括革命战争和民族解放战争,都不得“屠杀无辜”;任何战争只要“屠杀无辜”,这种“屠杀无辜”的行为就是恐怖主义。战争权,包括革命战争权、民族战争权,都是有限的。在战争攻击目标上的限制,就是不得“不分皂白的攻击”。第二次世界大战中,德国法西斯和日本法西斯不仅犯下了侵略战争罪,而且犯下了恐怖主义罪。侵略者所到之处,大批屠杀平民,甚至将整个村庄毁灭。他们将大量平民关进集中营,滥施酷刑,折磨至死。在欧洲,在纳粹的死亡营有 1 000 万人丧生。600 万犹太人被有计划地杀害。在中国,日本法西斯在其“杀光、抢光、烧光”的三光政策下所杀害的“无辜”,不计其数。南京城里的 30 多万人遭到日本法西斯屠杀,还有像平顶山、潘家峪那样的许许多多的集体屠杀。这不但是侵略战争罪行,而且也是恐怖主义罪行。

有时,在冲突中也会出现战争行为与恐怖主义行为交织在一起的情况,或是两种属性难以进行判断的情况。就前者而言,是指行为者的行为包括两部分，既有战争的部分，也有恐怖主义的部分；后者是指行为者的行为难以进行明确的分类，既带有恐怖主义的特点，又带有战争的特点。在黎以冲突和巴以冲突中就存在这样的复杂情况，既包括针对军队的游击战和正规战，也包括针对平民或国家领导人的恐怖主义活动。

概而论之，侵略战争中的“屠杀无辜”是恐怖主义。反侵略战争中的“屠杀无辜”也是恐怖主义。第二次世界大战后期，盟军战略家放弃对德军的定点轰炸，实施向整座城市进行夜间轰炸的所谓“战略轰炸”和“饱和轰炸”，致使大量无辜平民死亡。毫无疑问这也是恐怖主义。

可见，战争暴力与恐怖主义的根本区别仍然在于是不是“屠杀无辜”，战争暴力不蓄意“屠杀无辜”，恐怖主义专门“屠杀无辜”。战争，即使是使用现代武器的现代战争，只要蓄意“屠杀无辜”，这种行为就是恐怖主义。

在战争暴力与恐怖主义的关系问题上，有两种错误的观点，应该澄清。

第一种观点，认为只要是反侵略、反压迫，就可以采取一切暴力，包括恐怖主义；或者说反侵略、反压迫的战争权力能够不受限制地采取一切暴力手段，包括恐怖主义。这一观点是1972年9月德国慕尼黑奥运会恐怖事件后一些第三世界国家提出的。当年9月5日，8名巴勒斯坦“黑九月”恐怖分子袭击了奥运村，打死两名参加奥运会的以色列运动员，将9名以色列运动员劫为人质，要求以色列政府释放在押的230名巴勒斯坦战俘。未达目的，将9名以色列运动员全部杀害。事后，联合国秘书长瓦尔德海姆提议联合国应采取实际的步骤以防止更多的流血，并组织西方国家和第三世界国家的代表在联合国举行了关于恐怖主义的激烈辩论。大多数西方国家支持这个提议，但遭到许多第三世界国家的反对。他们的观点是，恐怖主义暴力，是苦难、挫折、愤恨和绝望的产物。恐怖主义一词不能适用于那些反对外国占领的国家的被剥夺了最基本的人权、尊严、自由和独立的人们。反侵略、反占领的斗争可以采取一切暴力，包括恐怖主义；反侵略、反占领的战争权力可以不受任何限制，直至实行恐怖主义。这种观点的固执，使得联合国旨在促进国际反恐合作的努力由于未能取得一致意见而毫无实质性进展。从现在的研究看，上述观点是错误的。因为按照这种观点，只要是为了反侵略、反占领，就可以实行“不分皂白的攻击”，就可以“屠杀无辜”。这从根本上是反人道的。从实践上看，它刺激了一些地区极端民族型恐怖主义的滋生和蔓延，加剧了地区的冲突和动荡，阻碍了这些地区的和平进程。

第二种观点，是在一些西方人中，把一切反对民族压迫和阶级压迫的斗争，只要是采取了暴力，就都称之为恐怖主义，甚至把阿尔及利亚、越南、柬埔寨的争取民族独立的民族解放战争以及中国人民的抗日战争和解放战争，一律视为恐怖主义。这种观点混淆了战争暴力与恐怖主义的关系，是错误的。

(三) 恐怖主义与国家暴力

国家暴力是国家或政府实施的暴力，其作用是对外抵御武装侵略，对内维护社会秩序稳定。因此，武装侵略者和危害社会治安、破坏社会稳定的罪犯，是国家暴力打击的主要目标。任何国家暴力，只要它没有扩大打击目标，没有“屠杀无辜”，那么它就是正常使用的国家暴力，而不是恐怖主义；反之，任何国家暴力，只要它扩大了打击目标，即只要“屠杀无辜”，它这种屠杀无辜的行为就是恐怖主义。国家暴力与恐怖主义的根本区别，不在于是不是使用暴力，而在于这种暴力是不是“屠杀无辜”。法国雅各宾派的专制时期的某些阶段的某些做法，之所以称之为恐怖主义，不是在于它对封建主的反叛进行了暴力镇压，而是在于它扩大了镇压范围而“屠杀无辜”。

在国家暴力与恐怖主义的关系问题上，有两种极端的错误观点。

第一种观点，把国家运用的一切暴力都视为恐怖主义。例如西方资产阶级的一些学者把列宁领导的苏维埃打击敌人的一切暴力都斥之为恐怖主义。这种观点在政治上是反动的，是资产阶级出于反对无产阶级的政治需要提出的，在理论上是荒谬的，因为它把国家暴力与恐怖主义混为一谈。

第二种观点，用国家政权的性质决定恐怖主义的性质。所谓“白色恐怖”、“红色恐怖”的概念就是这种观点的反映。按照这种观点，“白色恐怖”是反动的国家政权实施的，是反动的，因此是应该反对的；“红色恐怖”是革命的国家政权实施的，是进步的，因此是应该坚持的，至少是可以理解、可以容忍的。这种观点在理论上是错误的。即使是革命的国家政权，只要“屠杀无辜”，这种行为就是丑陋的、卑鄙的恐怖主义，就是非人道的。这种性质决不会因为冠之以“革命”或“红色”的字眼就改变了它的卑鄙；丑陋的性质而成为“革命恐怖主义”或“红色恐怖主义”。1793 年法国雅各宾派的罗伯斯庇尔由于实行所谓的“红色恐怖”而被钉在了历史的耻辱柱上。历史已经证明；恐怖主义有它自身的规定性，这种规定性是不能由实施它的主体的性质而改变的[35]。

二、恐怖主义与种种犯罪形式

与恐怖主义相近或类似的犯罪，主要有黑社会犯罪和邪教犯罪。它们之间既有联系，也有区别。

(一) 恐怖主义与黑社会犯罪

黑社会是中国关于地下社会的特定概念,类属于国际上的“有组织犯罪集团”。中国最早的黑社会可追溯到清朝的帮会。19 世纪中叶以后,在中国陆续出现了“黑社会”一词,并用这个词取代了“帮会”。

黑社会是一种相对于传统社会的“有组织犯罪集团”。传统社会是指国家建立和保护的、上等的、公开的、合法的、守法公民的社会。黑社会则是国家打击和取缔的、下等的、地下的、非法的、罪犯的社会组织。因此,黑社会就是罪犯社会组织或有组织犯罪社会。

恐怖主义和黑社会犯罪都使用暴力进行有组织的犯罪。但它们又有严格的区别:恐怖主义是通过残害无辜达到某种政治或社会目的,黑社会犯罪组织一般情况下并不伤害无辜,也不是为实现某种政治或社会目的,而是通过走私、开设赌场、妓院、贩毒、贩卖军火、贿赂官员等非法犯罪活动获得非法经济利益,扩大势力范围,提高社会地位;恐怖主义是以暴力为主要的手段,恐怖主义的暴力是政治暴力,黑社会则只在一定条件下使用暴力,黑社会的暴力一般情况下是非政治暴力。国际大毒枭坤沙,在金三角建立了一支30 000多人的武装部队。但他主要的犯罪是经营毒品,而不是恐怖主义。他通常只对危及自身利益的特定对象使用暴力,而不是蓄意“屠杀无辜”,一般说来,他的一切活动都是为了提高经济地位,扩大势力范围,并不是为了推翻和夺取哪个国家的政权。2011 年湄公河惨案的制造者糯康集团亦是如此。因而,这类组织在一定条件下,是黑社会犯罪组织,而不是恐怖主义犯罪组织;实施的犯罪是黑社会犯罪,而不是恐怖主义犯罪。

由此可见,黑社会犯罪与恐怖主义有共性的东西,但黑社会犯罪又不同于恐怖主义。

(二) 恐怖主义与邪教犯罪

邪教,是一种邪恶的宗教。邪教之“邪”在于它与传统宗教不同的“新”特点:一是不同于传统宗教的所谓新教义;二是不像传统宗教那样崇拜神而是崇拜教主;三是不像传统宗教那样宣扬抽象的世界末日论,而是宣扬具体的世界末日论;四是用神秘主义和神灵疗法对教徒实行精神控制等等。总之,邪教之“邪”就在于教主为达到个人目的把这些“新”特点极端化,用以毒害群众、残害生灵、危害社会,从而蜕变为反人性、反社会、反人类的非法组织。目前,全世界有邪教组织 3 300 多个,教徒数千万人,给人类社会带来了极大的灾难。

恐怖主义和邪教犯罪都是使用暴力进行的有组织的犯罪。但恐怖主义与邪教犯罪又有区别:恐怖主义主要是残害恐怖主义组织之外的无辜,邪教则主要是残害组织内部的教徒;恐怖主义以暴力作为主要的手段,邪教则以神秘主义、神灵疗法等精神控制为主要手段。因此,邪教犯罪不一定是恐怖主义,即使邪教使用了暴力并且客观上造成了恐怖,也不一定是恐怖主义。例如 2000 年 3 月 17 日,乌干达首都坎帕拉西南约 450 公里的卜农古镇的一个教堂里,邪教组织"恢复上帝十戒运动"的 530 名信徒在教堂内集体遭到焚烧,"教堂中因烧焦而无法辨认的尸体堆积如山,其中有老人也有孩子,有男人也有妇女。经过一昼夜的燃烧后,有尸体还冒着烟。念珠、十字架和神像的碎片散落一地。"这种事件不可谓不令人恐怖。但作为一个邪教组织,它用纵火这一暴力手段残害的是组织内部成员,而不是残害组织之外的"无辜",它的目的,是为了实现某种宗教的信仰。因而,这是邪教首领有组织、有计划地屠杀教徒的谋杀事件,而不是恐怖主义事件;这种犯罪是邪教犯罪,而不是恐怖主义。再例如 1978 年美国邪教组织"人民圣殿教"教徒的自杀事件;1993 年 4 月 19 日,在韦科骆驼山庄,美国邪教组织"大卫教支派"近 100 名教徒在美国警方包围中的自焚事件;1997 年 3 月 22 日,美国邪教组织"天堂之门"的包括教主普尔怀特在内的 39 名成员,为了"升华到更高的源泉之中",为了达到"一个更高层次的生命形态",分批集体服用镇静剂自杀事件,以及"太阳圣殿教"教徒为"体验升天的幸福"而发生的多起自杀事件等等。另外,"法轮功"组织号召成员实施的自焚等自杀事件。尽管无不令人恐怖,但因为它们都是在组织内部杀戮,而不是在组织之外"屠杀无辜",因此它们都属于邪教犯罪,而不是恐怖主义。

邪教组织,只有它为了某种政治或社会目的、在组织之外"残害无辜"时,它的行为才是恐怖主义,它所制造的事件才是恐怖主义事件。如 1995 年 3 月 20 日,日本奥姆真理教教徒在东京地铁投放沙林毒气,致死 12 人,伤 5 500 人。教主麻原彰晃长期致力于建立政治、神权一体化的奥姆帝国,指使教徒施放毒气,旨在让人们误以为是美国军人所为从而激起日美战争,残害的又是组织之外的"无辜",为此这种行为无可非议的是恐怖主义,这种事件无可非议的是恐怖主义事件。即使如此,日本奥姆真理教在性质上仍然是邪教组织,而不是恐怖主义组织。因为它的邪教活动是主要的、长期的,恐怖主义行为是次要的、短暂的。一个组织的性质不能以它的一次恐怖主义行为来确定。

综上所述,具备"政治或社会目的"和"屠杀无辜"这两个方面的统一,才能使恐怖主义与其他种种暴力形式区别开来,才能使恐怖主义与其他种种犯罪形式区别开来,使恐怖主义成为它自身而不是别的什么。具备了这两者的统一，就是恐怖主义；不具备这两者的统一，就不是恐怖主义。因此，“政治或社会目的”和“屠杀无辜”的统一，即“为了达到某种政治或社会目的而残害无辜”，是一切形式的恐怖主义的本质或核心。把握恐怖主义就要把握这种本质或核心。这样有利于澄清恐怖与反恐怖问题上的种种混乱，有利于纠正反恐理论和实践上的种种偏颇。

第四节　恐怖主义与宗教、民族问题的关系

“9・11”事件发生后，江泽民主席即与美、俄、法、英等国元首通电话，就反对各种形式的恐怖主义、维护世界和平等问题交换意见。9 月 26 日，“江泽民主席应约与埃及总统穆巴拉克通电话，江泽民再次重申了中国关于反恐怖主义的基本立场，并指出中埃两国都认为反对恐怖主义、维护世界和平应加强国际合作，应充分发挥联合国的作用，都反对把恐怖主义与宗教或民族问题挂钩。”[36] 自此之后，反对把恐怖主义与特定的宗教或民族问题挂钩一直是中国反恐政策的重要组成部分。因此，从理论上厘清恐怖主义与宗教、民族等问题的关系，不仅因为这是基于历史事实的客观认知，而且在当前反对国际恐怖主义特别是在对自杀性恐怖主义活动多发、频发的中东地区的研究中，更是具有突出的现实意义。

一、恐怖主义与宗教的关系

当代恐怖主义的组织和活动，有许多打着宗教的旗号，或带有狂热的宗教色彩，从而产生“宗教恐怖主义”、“伊斯兰恐怖主义”等似是而非的观点。这些相关的看法，在一定程度上会模糊或误导人们对恐怖主义与宗教关系问题的深入分析，容易产生偏见和错误倾向。伊斯兰世界恐怖主义活动比较活跃，也由于西方长期以来将伊斯兰复兴主义视为威胁，伊斯兰教受到的误解更为普遍和严重。

美国学者埃斯波西托指出，由于这种倾向的长期存在，“结果伊斯兰教和伊斯兰复兴主义被化约为反西方的伊斯兰的原型，化约为伊斯兰教向现代性开战，或穆斯林的愤怒、极端主义、狂热主义和恐怖主义。在许多人的脑海中，原教旨主义和恐怖主义结下了不解之缘。选择性的因而也是偏颇的分析，增加了我们的愚昧而非知识，狭窄了我们的视野而非拓宽了我们的理解，加剧了问题而非为新的答案开辟了道路”。[37]

(一) 宗教组织为恐怖活动提供组织形式

在很多国家,特别是西方世界和伊斯兰世界,宗教组织是仅次于国家结构的重要社会组织形式。在国家组织不能满足需要或者是失效的情况下,各种活动,不论其是合法的还是非法的,都可能以宗教形式组织起来。宗教组织在民众中有深厚的社会基础,具有文化的包容能力和强大的动员能力。在世界上特别是在亚洲,拥有大量的宗教资源。亚洲拥有近 11 亿伊斯兰教徒,8 亿佛教徒。所以,宗教身份往往成为民众比国家身份更为重要的认同标签。在这种背景下,巴以冲突、印巴冲突,虽然在本质上是民族利益间的冲突,但是不可避免地带有宗教冲突的色彩;而俄罗斯——车臣冲突,这个从帝俄时期继承下来的民族矛盾,也自然地披上宗教的外衣;同样,阿富汗战争、伊拉克战争以及“基地”组织在世界各地制造的暴力活动,其背景也离不开宗教方面的因素。

但是,宗教外衣与宗教因素并不意味着宗教即是恐怖主义的根源。即使是原教旨主义者们所发动的恐怖活动,宗教极端主义者和一些国家内的“鹰派”一样,都是利用现成的秩序和组织结构,并且它们也具有类似的危险性。

(二) 宗教为恐怖活动提供借口和旗帜

在很多时候,宗教既非恐怖主义的根源,也非恐怖主义的动机,只是恐怖主义活动的借口,用以掩饰一些不适宜于公开表达的目标。在这种情况下,不仅“宗教型”恐怖主义这一词汇不能成立,暴力也失去了作为仪式性行动的意义。巴以冲突的主要根源是巴勒斯坦人与犹太人对生存领土的争夺,这一点对于双方都非常明确。而在斯里兰卡,僧伽罗人和泰米尔人之间的冲突,也可以以佛教和印度教之间的分歧来划分界线,但是大规模的民族冲突却是由于主体民族的僧伽罗人企图垄断国家事务、排斥泰米尔人的正当利益引起,而非已经持续千年的宗教矛盾。当然,这种认识并不排除在冲突中的某些个体,可能真正地怀着纯正的宗教动机和情感,可以无视世俗的利益动机。但是,这种个体特征并不能从根本上改变冲突背后的利益动机。

事实上,当代各种不同的原教旨主义,主要产生于一神论宗教之中。基督教、伊斯兰教、犹太教都具有一定程度的排他性,如果再加上原教旨主义思想,很可能会成为暴力的思想基础。但是很多东方宗教,特别是中国的道教和佛教等,属于多神论宗教,排他性较弱,能够容忍其他宗教的存在,不容易形成原教旨主义,更不容易成为暴力行为的思想基础。所以,宗教本身并非暴力和恐怖主义的根源,也不是其目标,问题常常出在宗教的组织形式上。原教旨主义与暴力和恐怖主义的结合,原因在于其按现代性话语表达和宣扬其独特的思想，并且以政治行动来重建人格，建构个体认同和集体认同，确立一种新的身份。这样，原教旨主义激进、好战和倾向于恐怖主义的性质，并非来源于宗教本身，反而源于其吸收了现代文明的结果，与现代性对暴力思维和实践的固化作用联系在一起。[22]359

当然，当代世界中的冲突，从东欧、中东、非洲、南亚到东南亚地区，似乎所有冲突地带都是宗教边缘地带，所有冲突都源于宗教间的冲突。在东欧，乌克兰与俄罗斯的冲突，被认为是天主教与东正教的冲突；波希米亚和科索沃发生的是东正教与伊斯兰教的冲突。在中亚的亚美尼亚和阿塞拜疆发生的是基督教与伊斯兰教的冲突。在中东地区，阿拉伯国家与以色列的冲突被认为是伊斯兰教与犹太教的冲突。在非洲的卢旺达，图西族与胡图族的相互屠杀也被认为源于部落信仰冲突。在南亚地区，巴基斯坦与印度之间被认为正在进行着伊斯兰教与印度教的冲突。而在东南亚地区，马来西亚和菲律宾、印尼等国家，宗教冲突也在继续。

尽管上述地区的冲突往往与宗教边界相吻合，经常有着宗教文化的背景，但各种原教旨主义的兴起，往往是西方现代化的反应或反动，经常是以恢复传统教义为旗号，以寻找自身或本民族的其他发展道路。所以，虽然宗教使得政治、经济方面的矛盾与冲突被经常夸大，容易导致政治、经济冲突暴力化，但是其本身却是对社会矛盾的反映，而不是社会矛盾本身。

美国前总统富兰克林・罗斯福曾认为：虽然有些沙特人是伊斯兰极端主义者，但是他们是我们的极端主义者。所以，一方面，伊斯兰极端主义可能成为强权和霸权的盟友；另一方面，也可能起到与欧洲清教徒改革一样的积极的政治作用。这样，宗教与恐怖主义，与其他任何相关事物一样，其作用或潜在作用都具有多种可能性，绝非一种简单推理或诊断可以了事。

（三）宗教可以为恐怖活动提供精神和物质支持

由于宗教本身所具有的强大影响和实力，可以为很多活动提供精神和物质方面的支持。特别是原教旨主义，由于其激进的、具有煽动性的宣传功能，更成为很多革命性、暴力性活动和运动的思想基础。

美国著名的宗教原教旨主义学者马丁・马蒂(Martin E. Marty)认为，宗教原教旨主义的主要主张如下：原教旨主义通常产生于传统文化土壤之中，要求简单地保守与继承既有的世界观与生活方式；原教旨主义者经常面对一种模糊的威胁感和失败感，可能是感到“西化”、“现代化”，或是外来侵略和多元主义与世俗主义相结合产生的威胁；当原教旨主义都面对外来挑战和敌人的时候，经常会产生焦虑不满和恐惧；原教旨主义者具有各种反应，包括反抗、革新、防御或是发现新方法，并不仅仅是简单地使用暴力；针对不同的宗教内容，原教旨主义者会采取不同的措施；原教旨主义者为了实现目标，会追求权力或权威，这种权力或权威一般只能在宗教内容中去寻找；原教旨主义的主要内容包括对一些宗教教义、行为的坚持；原教旨主义采取是非分明、敌我明确对立的认识方式；原教旨主义与种族主义、血缘原则等相互联系，使用“上帝党”、“上帝选民”等煽动性词汇；原教旨主义具有侵略性，其成员可能会将这种侵略性演变为暴力甚至是恐怖主义活动；最后，原教旨主义是一种历史哲学，可能是进步的，但也可能是退步的。

从认识论的角度看，人类对世界的认识是建立在实践的基础之上的。通过实践，人类对世界的认识不断深入。因此，人类的实践活动是人类知识的源泉，但是，宗教把人类知识的来源限于上帝的启示。例如，基督教就把《圣经》作为上帝对人类的直接明示，作为认识世界和解释世界的唯一依据。毫无疑问，这种做法会限制人类的思想。宗教在认识论上的缺陷被恐怖分子所利用。恐怖分子不仅利用宗教限制成员的思想，更为甚者是要控制他们的思想。在“奥姆真理教”、“人民圣殿教”、“上帝之子”等各种教派中，控制成员思想的做法表现得最为明显。邪教恐怖组织控制成员思想的手法一般包括：

(1) 对成员进行隔离并操纵他们的环境。

(2) 控制成员与外界沟通及获得信息的渠道。

(3) 贬损成员的自我。

(4) 制造不安与恐惧，同时，当成员归依组织的时候给予安全感。

(5) 开展各种仪式性的活动，通过群体压力让成员对自己的过去产生罪孽感。

(6) 由内部权威性的头目强调成员精神与肉体上的存在依赖于对组织的认同。

(7) 通过唱圣歌、研读经书等简单枯燥的活动来强化对组织命令的遵从。

(8) 举行宗教受浸之类的仪式，扩大并强化个人心理上与以前生活方式之间的距离。从社会学角度分析，恐怖组织利用宗教对其成员进行的思想控制手法实际上属于一种再社会化的过程。

宗教成为恐怖主义的重要思想动力（不是根源），原因还在于当代恐怖活动的“非理性”特征。现代社会的主要原则就是经济学关于“经济人”概念的假设，就是每个人都是关心自己利益的，否则现代社会的大厦就会倒塌。而在当代恐怖活动中，恐怖主义者为了一个并不具体、实在的目标，可以主动地、几乎没有价值地牺牲个体的生命。如自杀性恐怖活动。通行的现代社会原则在恐怖主义问题上失去了解释能力，宗教就成为一种必然的替代。所以，宗教也许不是恐怖主义的根源，但是它一定是恐怖主义的力量来源和重要的构成因素之一[22]358。

二、恐怖主义与民族的关系

冷战结束后，一位日本学者即指出“苏联的崩溃引起了民族问题的大爆发”，“民族问题作为未解决的大问题骤然上升到突出的地位。至今也没有人能够否定，民族问题已和环境污染、资源分配等问题一起，成为本世纪迈向21世纪的最大问题”。[38]目前世界上绝大多数国家是多民族国家，各民族在种族、语言、文化传统、社会经济发展程度方面存在差别，彼此间难免发生错综复杂的矛盾。所谓民族问题：一是政府在处理民族问题时出现严重失误导致民族矛盾加剧；二是由历史和外部因素导致民族分裂主义势力急剧膨胀[23]17。冷战尾声，“苏东剧变前后，西方国家从其‘和平演变’的战略目标出发，对这些国家的民族主义势力极尽诱导、怂恿之能事，加剧其民族危机和国家分裂。而非洲部族纷争的不息战乱，例如卢旺达的部族残杀，背后也有前宗主国的阴影。”[39]

我们坚持不把恐怖主义与民族问题挂钩，中亚、西亚、东南亚、北非等地区恐怖主义活动绝不能与信仰伊斯兰教的民族混为一谈。但又必须重视这样的事实，在特定时期和特定环境下，某一民族中的分裂主义势力确实在不断地进行恐怖主义活动。据不完全统计，目前世界上的恐怖主义组织约有1/3是极端民族主义或民族分裂主义的恐怖组织，如俄罗斯的“车臣”非法武装，斯里兰卡的“泰米尔猛虎解放组织”，英国“北爱尔兰共和军”、西班牙的巴斯克民族解放运动“埃塔”、法国“科西嘉民族解放阵线”、菲律宾“阿布·萨亚夫组织”和“摩洛民族解放阵线”等。中国在打击以“东突”为代表的恐怖组织中，把这股民族分裂主义势力与恐怖主义、宗教极端主义并列为“三股势力”。由于民族分裂主义在具有政治目的、采用暴力手段和伤害平民及民用目标等方面，都符合国际社会对恐怖主义基本要素构成的共识，其残忍性、破坏性和祸害性也丝毫不亚于恐怖主义的行为方式和后果。

在涉及民族问题的时候，不应忽视种族主义与恐怖主义之间的关联性，如二战期间德国法西斯对犹太人的种族清洗，美国三K党白人种族主义者对黑人的恐怖主义袭击，以及近年来欧洲出现的“光头党”对非白人移民的某些恐怖主义行为等。这些种族主义政党或组织往往鼓吹民族生来就分为优等、劣等的种族主义理论，为压迫和残害其他种族或有色人种的恐怖行为作辩护。但是，在当前国际体系转型与重建阶段，我们对某些西方大国通过指责别国搞“种族清洗”而直接进行“人道主义干预”，以颠覆其政权，肢解其领土的情况，则要保持清醒的认识，并坚持独立自主的判断。比如，1999 年以美国为首的北约在未得到联合国安理会授权的情况下，悍然向主权独立的南联盟发动大规模的军事行动，2001 年 6 月 29 日南联盟前总统米洛舍维奇被秘密引渡到海牙国际法庭，理由就是“犯有种族清洗罪”。在中东，2008 年 7 月 14 日国际刑事法院(ICC)最高检察官要求法庭向苏丹总统巴希尔发出逮捕令，罪名是巴希尔在达尔富尔犯有大屠杀罪、反人类罪和战争罪。2011 年 6 月 27 日 7 时 30 分，位于荷兰海牙的国际刑事法院(ICC)宣布，正式对利比亚领导人卡扎菲发出国际逮捕令，罪名是谋杀罪、迫害罪、反人道主义罪等。国际刑事法院指出卡扎菲从 2011 年 2 月中旬开始，对其反对者犯下“反人类罪”。事实上，这些“种族清洗”案例的背景很复杂，西方国家的一些政界人士、非政府组织和媒体从他们的标准、意识形态和价值观出发，别有用心地大肆鼓噪宣传，既不尊重当事国的稳定和人民的根本利益，也并未获得国际社会的确认，因而也不适宜用作种族主义与恐怖主义关联性的佐证。

参考文献

[1] [德]《明镜》周刊. 9·11 恐怖背后的历史. 金浩，等，译. 上海：上海远东出版社，2002：1

[2] 霍宪丹，常远，等. 世界化时代之安全问题与安全系统工程：兼论科学的安全与发展观. 全国部分城市“平安建设”研讨会论文集，2004

[3] [美]杰克·D. 道格拉斯. 越轨社会学概论. 石家庄：河北人民出版社，1987：276

[4] 赵秉志，钱毅，赫兴旺. 跨国跨地区犯罪的惩治与防范. 北京：中国方正出版社，1996：6

[5] 张洁. 中国的反恐政策：原则、内容与措施. 当代亚太，2005(11)

[6] 胡联合. 第三只眼看恐怖主义. 北京：世界知识出版社，2002

[7] 王逸舟. 恐怖主义溯源. 北京：社会科学文献出版社，2002：8

[8] [俄]NN·卡尔贝茨. 国际性犯罪. 莫斯科国际关系出版社，2002：64-98

[9] [德]汉斯·约阿西姆·施奈德. 犯罪学. 吴鑫涛，马君玉，译. 北京：中国人民公安大学出版社，1996：949

[10] 莫洪宪. 有组织犯罪研究. 武汉：湖北人民出版社，1998：223-235

[11] 戴维·米勒，等. 布莱克维尔政治学百科全书. 中国问题研究所和中日农村发展信托公司组织，译. 北京：中国政法大学出版社，1997：757

[12] 简明不列颠百科全书(第 4 卷). 北京：中国大百科全书出版社，1985：817

[13] 金卫星. 国际恐怖主义的历史演变与界定. 苏州科技学院学报，2003(8)：111

[14] 张穹. 修改刑法条文实用解说. 北京:中国检察出版社,1997:137-138
[15] 陈兴良,刘树德. 犯罪概念的形式化与实质化辨正. 法律科学,1999(6):63
[16] 俞正梁. 全球化时代的国际关系. 上海:复旦大学出版社,2000:157
[17] 白桂梅. "9·11"事件前后美国与伊斯兰世界的关系. 北大论坛网页 http://bbs.pkv.edv.cn/,2001
[18] 秦晖. "恐怖主义是人类公敌",2002 年 9 月 11 日转载财经杂志文章,香港凤凰网 http://www.ifeng.com
[19] 阎学通. 评述伊拉克战事. 中央电视台第四频道,http://www.cctv.com/ 2003 年 4 月 7 日"专家分析伊拉克战事"
[20] 覃珠坚,等. 恐怖犯罪防范控制与法律适用. 北京:中国人民公安大学出版社,2006:23
[21] 李湛军. 恐怖主义与国际治理. 北京:中国经济出版社,2006:21
[22] 张家栋. 恐怖主义论. 北京:时事出版社,2007
[23] 朱威烈,等. 中东反恐怖主义研究. 北京:时事出版社,2010
[24] 王逸舟. 恐怖主义溯源(修订版). 北京:社会科学文献出版社,2010
[25] 王伟光. 恐怖主义·国家安全与反恐战略. 北京:时事出版社,2011:59
[26] 辞海(1999 年版缩印本). 上海:上海译文出版社,2000:1931
[27] 世界知识大辞典(修订版). 北京:世界知识出版社,1998:835
[28] 中国现代国际关系研究所反恐怖研究中心. 国际恐怖主义与反恐怖斗争. 北京:时事出版社,2001:4
[29] 白桂柳. 从国际法角度看国际恐怖主义的界定问题. 现代国际关系,2002(10):4
[30] 许民发. 论恐怖主义的认定. 河南师范大学学报(哲学社会科学版),2005(2):71
[31] 刘德斌. 国际关系史. 北京:高等教育出版社,2003:531
[32] 杨洁勉. 国际反恐合作:超越地缘政治的思考. 北京:时事出版社,2003:17
[33] David Calton, Carlo Schaerf. International Terrorism and World Security. London: Croom Helm Ltd.. 1975
[34] 现代汉语词典. 北京:商务印书馆,2001:1643
[35] 何秉松. 恐怖主义·邪教·黑社会. 北京:群众出版社,2001:66-86
[36] 上海国际问题研究所. 国际形势年鉴(2002). 上海:上海教育出版社,2002:363
[37] [美]埃斯波西托. 伊斯兰威胁——神话还是现实? 东方晓,译. 北京:社会科学文献出版社,1999:257
[38] [日]宇多文雄. 关于"民族问题"的几点思考. 民族译丛,1994(1)
[39] 余建华. 民族主义、国家结构与国际化——南斯拉夫民族问题研究. 北京:民族出版社,2004:312

第二章

自杀性恐怖犯罪概述

自“9·11事件”发生以来，自杀性恐怖犯罪活动开始被大量使用。近年来，我国也出现了这类犯罪活动。自杀性恐怖犯罪是体现恐怖活动最极端的一种极其严重的暴力犯罪，其对公众心理的冲突也最强烈，它亦是现代恐怖犯罪的最主要的形式之一。本章从自杀性恐怖犯罪概念、发展历史、犯罪类型等方面做些研讨。

第一节　自杀性恐怖犯罪的概念

一、自杀行为的认识

要了解自杀性恐怖犯罪，先要了解什么是自杀。自杀通常是指个体故意或自愿采取手段结束自己生命的行为。或者说，人们把任何由死者自己完成并知道会产生这种结果的某种积极或消极的行动直接或间接地引起的死亡叫做自杀。[1]

世界卫生组织的统计数据显示，全球每年约有100万人死于自杀，每40秒就有一人自杀。目前，自杀现象在全球仍呈逐步上升的趋势。近半个世纪以来，全球自杀率上升了60%。虽然老年男性是自杀最容易发生的群体，但在10至24岁的年轻人中，自杀已成为第二大死因。

世界卫生组织指出，一个人自杀平均会使6名家人和朋友的生活深受影响，而每一名自杀身亡者的背后，可能是20名以上的自杀未遂者。

为引起公众对自杀问题的关注，从2003年起，世界卫生组织和国际自杀预防协会将每年 9 月 10 日确定为“世界预防自杀日”，旨在引导人们关注心理健康，普及精神卫生知识，提高人们预防与控制自杀的意识和能力。

2013 年 1 月 5 日，美国“policymic”新闻网报道，2012 年度美军中自杀者超过战场阵亡人员，尤其以陆军的情况最为严重。报道显示，2012 年度美军（包括陆军、海军、空军、海军陆战队、海岸警卫队和国民警卫队）总共有 482 名官兵自杀，同年美军在阿富汗的阵亡人数则是 310 人。美陆军已成为自杀的“重灾区”，2012 年度陆军有 177 名现役军人自杀身亡，几乎每隔一天就有一人自杀。数据显示，2011 年有 165 名陆军现役军人自杀；2010 年为 156 人。如果算上后备役军人（陆军国民警卫队和陆军后备队），2012 年度总共有 303 名陆军军人自杀，差不多每天都有一人自杀。

美国《时代》周刊分析称，美军的自杀率正在逐步上升，尤其是陆军。官员和议员们认为，军队中的高自杀率是旷日持久的海外战争带来的综合后果。美军官兵自杀率攀升可以归咎为战斗压力、创伤后压力心理障碍症、滥用处方药和个人财政问题等。创伤后压力心理障碍症国家中心报告说，参加过伊拉克战争和阿富汗战争的老兵中 11%～20%左右都会患上这类病症。美联社表示，尽管自杀情况同战斗压力联系在一起，但自杀的官兵中有些人从未上过战场，健康、婚姻或财政问题也是相关因素。

2013 年 9 月 10 日，《中国新闻网》报道：最新调查显示，全国每年约有 25 万人死于自杀，自杀已成为我国 15 岁到 34 岁青壮年人群的首位死因，自杀人群中一半以上患有抑郁症，但更值得关注的是，性格开朗派也会“中招”抑郁症，抑郁症后期自杀风险更高。

二、关于“自杀性恐怖犯罪”定义的文献综述

关于自杀性恐怖犯罪的定义，国外学者提出的较多，国内较少。这些观点大多从行为、形式、战术手段等方面阐释：

（一）行为说

行为说认为自杀性恐怖主义犯罪是一种行为。以色列学者肖尔·谢伊定义为：“一种出于政治动机，在理智的情况下主动实施的预谋暴力行为。实施者或是一个人或是几个人。他们在实施行动过程中与选定的目标同归于尽。实施者事先计划的死亡，是行动取得成功的一个先决条件。”[2]有学者提出自杀式恐怖袭击是指事前不做逃生准备，采用危害巨大的手段进行攻击，制造恐怖气氛的行为。[3]有学者指出自杀式恐怖主义活动是一种具有政治动机的极端暴力行为，通常的方式是，攻击者引爆捆绑在自己身上的爆炸物，

或者驾驶汽车炸弹冲向袭击目标，偶尔也用自行车、手推车或动物驮载等交通工具携带炸弹搞爆炸。[4]有学者认为这种恐怖袭击是受意识形态或宗教原因驱使的、有预谋的暴力行为，其恐怖袭击的成功性很大程度上取决于实施者的自我残杀。[5]有学者将其定义为一种具有政治动机的暴力袭击活动，攻击者自己意识到，并故意通过杀死自己的方式来达到成功袭击所选目标的目的。攻击者是以自己的死亡为前提来确保自己所担负的使命的顺利和成功完成。[6]还有学者认为自杀性恐怖主义指的是一种用与他人同归于尽的暴力方式，袭击平民或公用设施，以图达到政治目的的行为。[7]101

（二）形式说

形式说认为自杀性恐怖主义犯罪是一种形式。国际反恐政策研究所主任伯兹·加纳的定义是：自杀性恐怖主义是一种“依靠袭击者自身的死亡来运作的一种非常规的暴力袭击形式”。[8]有学者将其表述为为了引起目标对象或公众的注意并散播恐怖气氛，而自愿采取与选定目标同归于尽的方式残害无辜，自愿牺牲自己的生命去换取任务的成功，从而达到某种宗教、政治或社会目的，其行为方式包括汽车炸弹、人肉炸弹和撞机等。[9]

（三）战术说

战术说认为自杀性恐怖主义犯罪是一种战术。有学者认为自杀式恐怖活动为敌对双方中处于弱势的一方所采用的一种战术手段，意在达到某种效果或实现既定目标。[10]约伦·施韦第的定义是：“我们将现代的自杀性袭击定义为，它是一种暴力和具有政治动机的袭击，攻击者是在了解后果，并在深思熟虑的状态下将自己和选定的目标一并炸掉。事前设定或预谋攻击者的死亡，是这种袭击成功的前提。”[11]

上述几个定义虽文字表述各有不同，但都比较准确地概括了自杀性恐怖主义犯罪的主要特征。为便于更准确和更明了地揭示这一概念，下面分析对此存在的三个误区：

误区之一：所有的自杀性暴力恐怖行为或存在巨大生命危险的暴力恐怖活动，都能称其为“自杀性恐怖主义犯罪”。

恐怖主义活动首先必须是一种政治行为，然后才是一种犯罪行为；没有政治目的的自杀性暴力行为我们不能称其为自杀性恐怖主义活动，实际上更确切地说，他们应该还是属于一般的社会刑事案件。如 2012 年除夕，湖南涟源市七星街镇铁炉村一农户家里发生一起爆炸案件。犯罪嫌疑人廖某与受害人家庭在数年前因宅基地问题引发矛盾，犯罪嫌疑人闯进受害人家中，引爆了绑在自己身上的爆炸品。廖某和受害人家里 2 人当场死亡，8 人受伤。2

名重伤者送医院后，经抢救无效死亡。这只能是一起危害巨大的刑事案件，不能称之为自杀性恐怖犯罪。

误区之二：不具有政治目的的采取自杀方式的暴力恐怖行为，针对的是军事目标，也是自杀性恐怖犯罪。

笔者认为这只能称为自杀性军事行动。如二战时日本神风特工队全部由十六七岁的青少年组成的自杀性质的敢死队，生还的几率很渺茫。1939 年日军北上，企图占领西伯利亚，连连受挫后使用了神风特工队。太平洋战争中，面对盟军的最后进攻，一批又一批日本青少年，在空战中高呼“效忠天皇”的口号，驾驶飞机冲向对方与之同归于尽。这是典型的自杀性军事行动。

误区之三：无论自杀袭击的恐怖分子知不知道自己会面临死亡，更不知道自己死亡是实施袭击的必需条件与否，都是自杀性恐怖犯罪。

目前已有许多案例表明，相当多的所谓“自杀恐怖袭击”分子事先受到了蒙骗，被告知只是携运一些遥控爆炸装置而已，结果自己沦为自杀炸弹手。然而，这种情况很可能并没有被人发现，因而也就被打上了自杀恐怖袭击的烙印。[5]需要注意的是，这种情况并不属于我们所要研究的那种有准备的自杀性恐怖犯罪行为。

在一些暴力恐怖袭击事件中，恐怖分子持有武装或自身捆绑有能够随时引爆的爆炸物，进行劫持人质、劫持车辆、飞机等，后来遭遇反抗，后者被冲进来的军警人员制服，结果恐怖袭击失败，恐怖后果没有发生。或是恐怖分子在逃跑的过程中被迫引爆身上的炸弹，或是恐怖分子在采取袭击行动前作了非常仔细的死亡准备，写有遗嘱，举行了宗教形式的死前净化形式等等。这些行动都不能称之为自杀性恐怖主义犯罪活动。

三、“自杀性恐怖主义犯罪”的界定

何为自杀性恐怖主义犯罪？首先必须具备第一章所述恐怖主义定义中所概括的基本内涵。作为一种暴力或非暴力行为，也是一种理论体系。其次，必须采取的是自杀这种极端的方式，制造恐怖袭击的行为人是否被自己所策划的袭击活动一同杀死。否则这种行为就无法完成，那就不能算是自杀性恐怖犯罪。行为人的死亡是这种活动成功的必要过程，而且行为人实现也知道此行为的成功要依赖于他的死亡。这是自杀式恐怖主义犯罪区别于其他形式的恐怖犯罪活动的最重要之点。

笔者尝试着给它下定义：在某些极端信念或意识形态支配下的组织或个人对不特定的对象使用同归于尽的方式相威胁，用以恐吓政府、要挟社会，制造恐慌，以达到政治或社会目的的犯罪行为或理论体系。

它的主要特征是，除具有一般恐怖主义的特征外，它是通过杀死攻击者自身的方式来达到接近或成功袭击所选目标的目的。攻击者事先将自己的躯体和死亡设计成一件“组合”爆炸装置的“定时和启动部件”，只有“启动”攻击者自己的躯体和死亡这个“定时和启动部件”，才能成功引爆“组合的”爆炸装置，并准确击中袭击目标。[7]101 或者说，这种自杀活动是实施恐怖活动过程中必经的程序，即完成了任务，袭击了目标，而且自己生命也结束了。

当然，这种自杀性恐怖主义犯罪活动看重的是身体伤害和秩序混乱，但是它要通过对袭击目标的伤害给整个民众带来深远的恐惧和焦虑。在民众当中产生最恐惧、最负面的心理效应，而不仅仅是袭击受害者。

据相关资料统计，平均而言，世界范围内的自杀性行动所造成的杀戮人数是其他恐怖袭击的 4 倍。平均每起自杀性恐怖袭击造成 29 人死亡(包括美国“9・11”事件)。根据美国兰德公司的数据，“在 2005 年有 35 个恐怖组织运用自杀性策略，其中 86%(即 31 个)是伊斯兰宗教恐怖组织。此外，这些组织要对‘9・11’事件后进行的所有自杀性恐怖活动中的 81%负责。”[12] 一旦自杀性恐怖主义犯罪与现代化的公用设施(如飞机、汽车、地铁、电站、水坝、输油管道等)或是大规模杀伤性武器结合起来使用，那后果对一个城市、一个国家或是全球，都将可能是灾难性的。自杀性恐怖主义犯罪是体现恐怖主义活动的最极端、对公众心理冲击最强烈的一种外在表现形式。因此，科学认识自杀性恐怖主义犯罪现象，不仅对我们的学术研究而且对于国际间有效地开展反恐怖合作，均具有重要的理论和现实指导意义。

第二节　自杀性恐怖犯罪的历史

自杀性恐怖活动由来已久，可以说一直是人类进行战争的一种特殊方式；但自杀性恐怖主义犯罪却是 20 世纪 80 年代以后出现的行为现象，与以往自杀性恐怖活动不同之处在于，除了使用现代爆炸性武器之外，越来越多地关注对平民的攻击而不是利益相关者。

一、自杀性恐怖活动历史悠久

公元一世纪，为了反抗罗马帝国的入侵，犹太狂热党人曾经在罗马帝国的食用水中下毒，暗杀与罗马人合作的犹太贵族；而11世纪居住在波斯、叙利亚相关地区的伊斯兰伊斯瓦伊什叶派“阿加汗”也搞恐怖活动，并对恐怖分子灌输极端思想，为他们举行行刺训练。[7]90 这两个宗教教派因使用这种方式而后来声名狼藉。中国战国时期荆轲刺杀秦王的故事，集中体现为“图穷匕见”。属于中国古代自杀性恐怖袭击的典型案例。

菲律宾南部的棉兰老岛和苏禄群岛、印尼苏门答腊岛北部地区的亚齐、印度西南部沿海地区的马拉巴尔海岸一带地区，在18世纪以后，自杀性恐怖袭击策略被广泛使用。当时在与西方霸权和殖民统治者作斗争中，这些地方的穆斯林民众不得不用这种自杀性袭击的方式来与比他们实力强大得多的对手作斗争。这一时期的自杀性袭击方式主要是攻击者乔装打扮，怀揣短刀，以平民身份方式接近袭击目标，杀害对手后再将自己刺死；或是以敬茶和敬酒的方式将下有毒药的茶水或酒水与准备行刺的目标一同饮下。

第二次世界大战之后，自杀性恐怖主义作为一种思潮和势力开始真正形成。当时，争取民族解放的斗争风起云涌。在这场解放运动中，由于实力悬殊太大，一些殖民地国家的民族解放组织在无法与对方发生正面战争的情况下，被迫主张少数人使用自杀性恐怖手段打击殖民者。在这种情况下，袭击殖民地宗主国的事件屡屡发生。

20世纪50年代至60年代以后，巴勒斯坦一些反对以色列占领军的武装组织和其他一些地区的极左派组织，包括希腊的“11·7”和意大利的“红色旅”等组织，热衷于搞一些高风险的爆炸偷袭和暗杀活动。他们在执行攻击任务时经常身缚炸弹和携带剧毒药物，如果被俘便引爆炸弹或者服毒自尽。这些恐怖犯罪活动虽然不是自杀性恐怖犯罪，却已经接近了自杀性恐怖犯罪的边缘。虽然这些攻击者们处境危险，还抱有不怕死的念头，但都具有能够逃过一死的极小空间或可能。与自杀性恐怖犯罪不同的是，他们不是将死亡设计在攻击的过程中必经的程序，而是把死亡设计在攻击整个过程的程序之外。结果，这些组织的自杀性恐怖活动依然让许多国家和政府谈之色变。

二、现代自杀性恐怖犯罪的出现

20世纪80年代，现代自杀性恐怖主义犯罪开始形成。1981年12月，当时伊斯兰达瓦党对伊拉克驻黎巴嫩大使馆实施了爆炸袭击。黎巴嫩真主党是最早实施这种恐怖主义犯罪的组织之一。作为什叶派代表的恐怖组织，真主党在80年代初几乎无人知晓。为提高国际和国内的知名度，该组织1983年策划和实施了一系列人体炸弹恐怖犯罪事件。他们袭击了美国驻贝鲁特大使馆，接着两次袭击美驻黎巴嫩海军陆战队军营和法国驻黎维和部队。这几次恐怖袭击事件导致300多人死亡，数十人受伤的惨剧。为此美法军队被迫撤出黎巴嫩。此类犯罪给国际社会和广大公众留下了对自杀性恐怖主义犯罪难以抹去的伤痛记忆。黎巴嫩真主党这种以自己的死亡为前提来确保自己所担负使命的顺利完成而制造的恐怖袭击事件，在引起众多媒体的关注和报道下，该组织从此臭名远扬，无人不晓。从此之后，许多国际恐怖主义组织包括斯里兰卡泰米尔猛虎解放组织等在内，纷纷效仿黎巴嫩真主党的同时，在战略和战术方面逐步完善了自杀式爆炸恐怖活动。

20世纪90年代，虽然这种手段仍然有人在使用，但一度处于下降趋势，到了今天，这种犯罪在发源地地区发生的频率也不高了。从20世纪90年代至今，黎巴嫩的自杀式恐怖犯罪活动总数不到50起，半数是真主党和阿迈勒游击队两个组织所为，其余的则是一些极左派的意识形态恐怖主义组织或极端民族主义组织所为，其中包括黎巴嫩共产党、社会主义-纳赛尔主义组织、叙利亚的复兴社会党(Ba'ath)和the P. P. S[7]92。

世界进入21世纪以后，这种极端恐怖暴力形式在经过一段沉寂之后，又有抬头和复苏之势。当今国际上采用自杀性恐怖犯罪方式较多的恐怖组织主要有“基地”组织、阿富汗塔利班、车臣非法武装、巴勒斯坦的“哈马斯”、“吉哈德”、斯里兰卡“泰米尔”猛虎解放组织、土耳其库尔德工人党、阿克萨烈士旅和其他组织等等。“9·11”事件使得这一犯罪方式达到了登峰造极的地步。仅2001年上半年统计，这一期间全世界共有14个国家遭到了17个恐怖组织发动的300起自杀性恐怖犯罪活动。

2001年9月11日，纽约世界贸易中心和华盛顿五角大楼等地遭到恐怖袭击后，本·拉登领导的基地组织成为美国头号敌人。近10年间，美国先后以反恐名义出兵阿富汗和伊拉克，推翻塔利班与萨达姆政权，同时也给这两个国家带去深重的灾难。自从阿富汗战争与伊拉克战争之后，在阿富汗与伊拉克滋生了越来越多的恐怖组织的同时，自杀性恐怖犯罪活动也越来越猖獗。如今，伊拉克、阿富汗、巴基斯坦等相关国家与地区，已成为世界上自杀性恐怖犯罪活动发生率最高的地方。

第三节　自杀性恐怖犯罪的类型

一般而论，自杀性恐怖犯罪多采取的是自我爆炸的方式，即袭击者使用炸药、炸弹等爆炸物以及其他易爆物品与被袭击目标同归于尽。近年来发生在中东、高加索和南亚等地区的恐怖犯罪活动均属于此类。如加以区分的话，大体可分为以下四种类型：

一、“航空器炸弹”

“航空器炸弹”即通过劫持航空器直接袭击有关目标或携带炸弹、易燃物质引爆飞机。如“1988 年洛克比空难”、2001 年“9・11 事件”、2001 年“鞋底炸弹”炸机未遂事件①、2004 年“8・24”炸机事件②、2008 年新疆“3・7”炸机未遂事件、2009 年“内裤炸弹”圣诞炸机未遂事件③、2010 年“墨盒炸弹”炸机未遂事件④等。从已发生的利用民航飞机进行的恐怖活动中看，此类恶性事件尚不多见，多数属于通过劫持飞机人质以达到某种目标的恐怖犯罪活动。由于劫持人质一般包括在必要时引爆航空器的自杀性活动设计，因此将这类恐怖犯罪活动归于自杀性恐怖犯罪的范畴。

二、“车辆炸弹”

“车辆炸弹”是以车辆（包括轿车、卡车、摩托车等机动车、电瓶车、三轮车、自行车、手推车、马车等非机动车）为爆炸物载体，对政府要员、要害部门、政治敏感区域以及火车站、飞机场、购物市场、交通工具等人员集中的公共场所进行出其不意的恐怖爆炸袭击，造成大规模的人员伤亡、财产损失，引起极大社会恐慌的犯罪行为。

在车辆炸弹中，尤以汽车炸弹最为恐怖组织所欢迎。在汽车炸弹中，汽车一方面是爆炸物的载体，另一方面汽车的冲击力、金属部件和燃油等也使

---

① “9・11”发生仅 3 个月后，一名英国籍恐怖分子试图通过“鞋底炸弹”炸毁飞往美国迈阿密的飞机，当时这名恐怖分子经过改装，把 100 多克强力烈性炸药藏在了鞋后跟里。

② 2004 年 8 月 24 日，两名车臣女恐怖分子分别在莫斯科飞往俄罗斯南方城市索契和伏尔加格勒飞机上引爆炸弹，导致两架民航客机被炸毁。

③ 2009 年 12 月 25 日，一名尼日利亚籍男子试图在一架即将在底特律降落的客机上引爆内裤中的炸弹。由于引爆装置失灵，炸弹没有完全爆炸。

④ 2010 年 10 月 29 日，来自也门，发往美国的货机上的两个可疑包裹（被改装的打印机墨盒）分别在英国、迪拜机场中转时被拦截，内藏相似的爆炸装置。“基地”组织阿拉伯半岛分支被指是幕后指使。

得汽车炸弹杀伤力大,危害性强。

以车辆炸弹为例,自杀式车辆炸弹犯罪包括三种:

一种是车载炸药实施攻击。恐怖分子驾驶装有炸药的车辆直接撞向目标并引爆炸药实施攻击,常表现为正常行驶的车辆突然加速冲向目标。这是一种自杀性的攻击。

20 世纪 80 年代,黎巴嫩真主党掀起的针对美国驻黎大使馆、驻黎多国维和部队军营等目标的自杀性汽车炸弹恐怖犯罪浪潮,是二战结束以来使用"机动车炸弹"进行的最为严重的自杀性恐怖犯罪事件。并且成为美、法等多国部队最终撤出黎巴嫩的重要因素之一。这两起爆炸事件,造成 241 名美国军人和 58 名法国军人死亡。这次爆炸事件发生后,中东地区一时形成了自杀性恐怖犯罪袭击的高潮。

1993 年 5 月,泰米尔猛虎解放组织一成员骑一辆携带炸弹的自行车靠近参加游行的斯里兰卡总统普雷马达萨身边后发生爆炸,总统和他的保镖至少 25 人死亡。

1998 年 8 月 7 日,美国驻肯尼亚和坦桑尼亚首都的大使馆,几乎同时遭到载有 300 公斤 TNT 的汽车炸弹的袭击,造成 300 人死亡,5 000 多人受伤。

2011 年 5 月 1 日,美国宣布打死"基地"组织头目本·拉登后,5 月 5 日上午,自杀式袭击者驾驶一辆满载炸药的汽车冲向伊拉克南部城市希拉城内一所警察局引爆炸药,爆炸造成至少 21 人死亡,75 人受伤。

2008 年 8 月 10 日凌晨,中国西部某县城发生系列爆炸案,与以往发生在中国境内的暴力恐怖事件不同,此次恐怖事件是以自杀式袭击为主。不法分子先在公共场所制造混乱,就在公安民警接警后从县公安局赶往多个出事地点时,两名恐怖分子乘乱驾驶机动三轮车冲进县公安局大门,并引爆了车上的一瓶液化气罐,当场炸毁两辆警车,造成 1 名保安人员死亡,1 名警察受伤,2 名恐怖分子被炸身亡的后果。

2010 年 8 月 19 日,中国西部某城市一派出所巡逻队 16 名联防队员巡逻至一"T"字路口整队时,恐怖分子驾驶三轮摩托车闯入队伍当中,引爆车内爆炸装置,造成死亡 8 人,16 人受伤,2 名恐怖分子当场被炸死,1 名恐怖分子受伤的惨剧。

一种是恐怖分子驾驶装载炸药的汽车停在目标附近,另一名恐怖分子用遥控装置引爆炸药。

2009 年 10 月 28 日,巴基斯坦西北边境省首府白沙瓦一个市场发生爆炸。恐怖分子利用遥控装置在市场引爆事先放置在一辆汽车内约 150 公斤炸药,造成 80 人死亡,200 多人受伤。

2013 年 2 月 21 日上午 11 时,一辆载有炸弹的汽车在叙利亚首都大马士革的玛兹拉区索拉大街一路口被遥控爆炸,附近不仅有复兴党党部,还有一座清真寺以及一所学校。爆炸威力巨大,地上被炸出一个近两米深的坑,附近数十辆汽车被毁,部分楼房和商店也受到波及。造成 70 多人死亡,近 300 人受伤。

一种是袭击者将爆炸装置捆绑在身上或放在车厢里面,在目标汽车旁或车里引爆爆炸装置,导致汽车爆炸。

2007 年 12 月 27 日,巴基斯坦前总理、人民党领导人贝・布托在伊斯兰堡邻近的拉瓦尔品第市举行的竞选集会上被开枪击中颈部和胸部,袭击者随后引爆了身上的炸弹,将其乘坐的汽车引爆炸毁。

2011 年 5 月 10 日,俄罗斯达吉斯坦共和国首府马哈奇卡拉市中心地带发生自杀式汽车炸弹爆炸事件,造成 2 人死亡,1 人受伤。2 名死者中的一名是自杀式袭击者。袭击者将爆炸装置捆绑在身上,在一辆丰田汽车旁引爆了爆炸装置。

三、"船舶炸弹"

"船舶炸弹"以船舶携带爆炸物为载体,对对方船舶实施自杀式攻击。2000 年 10 月,基地组织策划使用一艘摩托艇装载炸弹对美军一艘正在加油的"科尔号"驱逐舰实施自杀式攻击,导致该舰体被炸出一个大洞,17 名美军死亡,38 人受伤。斯里兰卡泰米尔猛虎组织也曾经多次对斯里兰卡海军舰只从事类似袭击活动。

2010 年 12 月,据英国媒体报道,一位叛逃的伊朗前军方工程师向外界披露,伊朗正在组建一只由 15 000 艘"自杀船"组成的"自杀舰队"。据英国《太阳报》12 月 7 日消息,这位工程师称,他曾受邀参与这支舰队的建设。他介绍说,"自杀船"长约 6 米,携带大量的 C4 炸药,行动非常灵活。它们可从侧面撞击敌船,使其无法正常行驶,然后引爆炸弹,将敌船龙骨处撕开 7 米口子。报道称,伊朗目前已建成 9 000 多艘"自杀船",并对 3 万多名船员进行了培训。舰队建成后将在由英国军队控制的波斯湾进行巡逻。[13]

四、"人体炸弹"

"人体炸弹"是袭击者通常将炸药藏在自己的身上或身体内部或随身携带的物品当中,如"腰间"、"乳房"、"肛门"、"头巾"、"手包"、"背包"中,并掺杂大量的钢珠或铁钉，以加强杀伤力。袭击者在接近目标时引爆炸药，与目标同归于尽。

2005年发生在约旦首都安曼酒店的人体炸弹爆炸案造成至少56人遇难，300多人受伤，其中造成中国国防大学代表团成员2死1伤，事后一名参与者被捕，安曼警方在她身上发现了未引爆的炸药和引线等。

2010年3月29日，位于莫斯科市中心的卢比扬卡地铁站和文化公园地铁站接连发生自杀式爆炸袭击。恐怖分子将随身携带的炸弹引爆，造成39人死亡，70余人受伤。

英国军情六处2010年曾透露，"基地"组织正图谋以"乳房炸弹"发动恐怖袭击。由于这种"乳房炸弹"极其隐蔽，目前世界最先进的机场安检仪也无法识别。英国军情六处为此在其网站上发布广告招募秘密特工组建一支"拆弹部队"，施展"美男计"来色诱那些女恐怖分子并拆除这些"乳房炸弹"。

2012年5月7日，美国官员证实，情报和安全人员查获关联"基地"组织也门分支的新型"内衣炸弹"("乳房炸弹")，挫败恐怖分子针对民航航班的袭击阴谋。这种炸弹不含金属部件，可以通过机场金属探测装置；同时，设计者改进了引爆系统。多名官员说，美方情报和安全人员10多天前查获这枚炸弹，抓获一名来自也门的自杀式爆炸袭击嫌疑者。

2009年8月27日晚，"基地"组织23岁的沙特恐怖分子达利·艾·阿西里将炸弹藏在肛门中。阿西里以"投诚"为名，与沙特内政部次大臣纳伊夫王子会谈。随后，阿西里拨打他的电话联系其中一名身在也门的反政府武装人员。就在电话接通的一刹那，阿西里的同伙通过远程遥控引爆了他身上的炸弹，阿西里当场被炸死，沙特王子仅受轻伤。

2011年9月20日，阿富汗前总统、阿富汗高级和平委员会主席布尔汉丁·拉巴尼在首都喀布尔家中遭遇自杀式爆炸袭击身亡。当时，两名塔利班称有重要信息要转告拉巴尼，其中一人在与拉巴尼拥抱时引爆炸弹。据报道，该名袭击者将炸弹隐藏在头巾里。

2012年5月21日上午，在也门萨那市中心的阿萨比广场，当安全部队阅兵仪式排练刚刚开始时，一名混入阅兵队伍的武装分子在方阵中央引爆了随身携带的炸弹，造成90人死亡，222人受伤，由于多人伤势严重，死亡数字可能进一步上升。此次袭击是哈迪总统2012年2月上任以来也门境内发生的最为严重的自杀式爆炸袭击。盘踞在也门南部地区的"基地"组织阿拉伯半岛分支已宣布对爆炸事件负责。

比较而言，"航空器炸弹"和"车辆炸弹"爆炸当量高、破坏力大，恐怖组织主要将其用于攻击具有象征意义的军事设施、重要建筑物等“硬目标”。“9・11事件”便将袭击目标对准了纽约世贸大楼、五角大楼等；而“人体炸弹”爆炸当量低，破坏力较小，但隐蔽性更强，更容易成功。恐怖组织主要将其用于袭击象征性意义略低，但人员更加密集的地铁、车站、超市、广场等“软目标”。如2010年莫斯科地铁爆炸事件等。恐怖组织还经常将“人体炸弹”和“车辆炸弹”等结合在一起，形成连环式爆炸，以加强其攻击力，带来最大的危害后果。

参考文献

[1] 埃米尔・迪尔凯姆. 自杀论. 北京：商务印书馆，1996：11

[2] Colum Lynch. Volunteers Swell a Reviving Qaeda, UN Warns. International Herald Tribune, 2002：3

[3] 江涌. 论我国对自杀性恐怖袭击的法律预防. 武汉公安干部学院学报，2006(2)：61

[4] Yoram Schweitzer. lecture at. ICT Conference: Suicide Bombings The Ultimate Weapon? August 7, 2001：2

[5] 王新建. 自杀恐怖袭击研究. 福建警察学院学报，2004(4)：22

[6] J-L Mart, lecture at. ICT Conference: Bomb attacks as an Example of Terrorist Techniques, March 27,2002：5

[7] 李湛军. 恐怖主义与国际治理. 北京：中国经济出版社，2006

[8] Boaz Ganor (ICT Executive Director). Suicide Terrorism: an Overview February 15, 2000：1

[9] 石伟，贾凤翔. 自杀性恐怖主义的心理学述评. 心理科学进展，2011(19)：1379

[10] 朱素梅. 对自杀式恐怖活动的初步分析. 世界经济与政治论坛，2002(3)：67

[11] 方金英. 当今自杀性恐怖主义活动态势及危害. 现代国际关系，2001(3)：48

[12] Bruce Hoffman. Inside Terrorism, Revised and Expanded ed. New York: Columbia University Press, 2006：131

[13] 伊朗被曝正在组建15 000艘自杀船舰队. 2010年12月8日腾讯网. http://news.qq.com/a/20101208/001690.htm

第三章

自杀性恐怖分子及组织

恐怖分子是恐怖主义犯罪的外在主体与客观表现，是恐怖主义犯罪的物质载体。离开了恐怖分子，恐怖主义犯罪至多只是思想外壳。为此，研究恐怖主义就必须研究恐怖分子，不仅要研究恐怖分子本身，而且要研究恐怖分子的组织形态，即恐怖组织，同时还要研究恐怖分子的暴力恐怖犯罪行为。而研究自杀性恐怖主义犯罪活动就必须研究自杀性恐怖分子及其组织形态。

第一节　自杀性恐怖分子

一、恐怖分子

恐怖分子都是一些什么人？他们就像有些传媒描写的那样都是一群疯子、傻子吗？或者是专门喜欢从事冒险刺激行为的杀人恶魔？研究恐怖分子，首先就从人们的日常认识与理解谈起。

（一）对恐怖分子认识的误区

由于恐怖主义离我们绝大多数人的日常生活非常遥远，因此，我们对恐怖分子的认识往往是从间接渠道获得的。而影视作品、报刊、网络等传媒渠道是大多数人间接获得对恐怖分子认识的主要渠道。因此，很多人对恐怖分子存在如下认识误区：

1. 多数恐怖分子都是疯子，精神不正常

这种看法不但表现在影视作品或杂志、网络等文章中，在很多普通人的思想认识上，甚至在美国政府文件上也有类似的看法。很多人认为只有疯子才会去做恐怖分子做的那些看上去没脑子或脑子进水的事情。一位专栏作家曾经说："可以放心接受的看法就是他们都是一些失去了爱和温暖的人，被仇恨与挫折所扭曲。他们也许并不比危险的精神病人更好。"甚至在美国议院的听证会上，美国政府的官员也很愿意接受下列存在偏见的论断：

"如果我们要发现恐怖主义的有效驱动力或动机，我们就不得不深入地分析其中的问题。有些动机并不是很容易理解的。恐怖主义有四种动机值得引起特别的关注。这点我们在恐怖分子个人身上可以找到。这四点是：(1)对男人气质的追求(对女恐怖分子来说就是对女性主义的追求)。(2)作为长期低自尊的结果，存在摆脱自我或人格重整的愿望。(3)追求亲密关系。(4)信仰暴力或血腥行为的神奇力量。"

实际上，并没有足够的证据显示大多数恐怖分子是精神不正常的人。虽然不排除极少数恐怖分子具有病态人格，但大多数恐怖分子的人格状态是正常的，他们都表现出高于正常水平的智力与能力。如果没有这些基本的素质，他们难以在群体性行动中为了政治性的目标协同作战，也难以胜任工作并取得预期效果。[1]47

尽管认为恐怖分子几乎与痴呆者的看法相一致是缺乏根据的，但专家们的研究也发现恐怖分子往往表现出偏执狂的症状。这种症状使得恐怖分子对自己从事的"事业"充满了非常强烈的使命感。有的恐怖分子身上也表现出精神分裂的人格特征。例如，1974 年至 1975 年的 10 个月间，恐怖分子在日本炸毁 11 家工厂，致使 8 人死亡，300 多人受伤。这些恐怖分子温和、友善、勤奋、守时、整洁，甚至给邻居家的小孩子烘烤点心，邻居描述他们为非常不错的年轻人。在他们被捕后，很多邻居们都不相信他们的朋友竟然就是实施了那些犯罪行为的冷血杀手。再比如，一位参与恐怖组织的知情者这样描述西德"红军派"骨干人物布里姬特·蒙浩特的性格特征："最糟糕的是她的强烈的偏执狂性格。当她给监狱中的同伙写纸条(这些纸条可以通过有些律师携带进监狱)的时候，她只肯在碎纸机旁边写。不止一次当她在车上认为我们被跟踪了的时候她就在车上点火烧随身带的文件。而结果往往是我们的车都快着火了，而被她认为是跟踪我们的人会把车停下来问我们是否需要叫消防部门来。"

2. 恐怖分子都是追求冒险刺激的狂热分子

有许多人认为恐怖分子鄙弃日常单调的生活，追求冒险，喜欢刺激。这些人格特征使他们愿意从事恐怖主义行为。甚至有些学者也假定西方恐怖主义的出现与人们努力摆脱单调的生活状态有关。毫无疑问，西方社会的性放纵、毒品问题、邪教等问题都代表着后现代社会许多人们追求超越、寻求解脱的种种挣扎。但如果说恐怖分子仅仅是为了冒险而从事恐怖主义行为，那就太简单化了。的确，在美国、西欧有一些从学生转变而来的恐怖分子追求恐怖主义是为了体验对力量、权力和危险的神秘好奇，但世界上大多数的恐怖分子从事恐怖主义并非是因为他们心理上存在着强烈的追求冒险与好奇的冲动，而是其他种种环境因素造成的结果。[1]47

实际上，就刺激性而言，恐怖分子的生活被影视作品夸大了、被浪漫化了。对于一般恐怖分子来说，他们的生活只不过是一种非但不刺激反而还充满艰辛的日子。一个恐怖分子在他的职业生涯中也许只有一两次执行任务的机会，也许只有实施几次攻击的机会。除此之外的大部分时间，他们只是生活在单调乏味的生活中为将来的行动而准备和等待。如果说恐怖分子是杀手的话，那么同时他们也是被人追杀的人。他们时刻保持警惕，不断地迁移住所。据说中东地区有些恐怖组织领导人为了躲避追杀，在同一间房子很少睡一个晚上以上，更多时候，他们一个晚上不得不换两个地方睡觉。此外，恐怖分子也没有什么太多的个人财富，没有亲密的朋友。在一些恐怖分子看来，爱情与友谊被认为是不利于恐怖主义的。尼加拉瓜的一位恐怖分子首领曾经说："革命者首先牺牲的是我们的女人，最后牺牲的是我们的生命。在我们的女人与生命之间，我们失去的是我们的自由、幸福与物质手段。"

3. 恐怖分子都是来自社会上层的人物

与前面认为恐怖分子都是精神不正常的人相比，有些人认为恐怖分子都是一些来自社会上层的人物。的确，有不少恐怖分子来自上层社会。例如，中东一些恐怖组织的领导人出身富裕之家，受过良好的教育，具有医学或其他的专业背景，甚至获得过博士学位。参与"9・11"恐怖袭击事件的恐怖分子中就有德国汉堡科技大学的大学生。在意大利的"红色旅"、德国的"红军派"(RAF)、日本的赤军(JRA)等西方恐怖组织中，很少有来自蓝领阶层的恐怖分子，他们中多数人来自中产阶级。所以瓦尔特・拉夸尔说过："恐怖分子并不相信自由、平等与友好。从历史上看，他们是精英主义者。他们鄙视大众，相信一小撮人的历史使命。"

尽管如此，从历史上看，一些恐怖组织的主要成员并非来自社会上层，而是来自蓝领阶层。例如，北爱尔兰共和军(IRA)和魁北克解放阵线(FLQ)等组织的主要恐怖分子就来自于蓝领阶层。所以,认为恐怖分子来自社会上层的看法就像认为恐怖分子都是精神病人的看法一样是片面的。

(二)误区可以造成的后果

上述认识误区可能导致的后果就是:

1. 从理论上,既然把恐怖主义的暴力行为归结为恐怖分子的病态人格,那么,从一定意义上就否认了恐怖主义背后所存在的更深的社会政治原因

恐怖主义作为一种复杂的国际或国内现象,它的存在毫无疑问具有许多复杂的政治、经济、社会、历史、文化等原因,简单地把它归结为恐怖分子个人人格上的原因,这种做法根本无助于认识恐怖主义问题的关键症结,无助于找到防治恐怖主义的有效对策。

2. 从实践上,把恐怖分子简单地描述为疯子,这样从前提上为动用武力手段解决问题打下了基础,并为消除反恐斗争中的风险准备好了托词

如果把恐怖分子看成是一些丧心病狂的变态杀手,那么解决问题的希望就不是别的非暴力形式,而是用武力制服恐怖分子。对于决策者来说,使用武力手段打击恐怖分子并非完全不可取,但应当在其他手段无法奏效的时候才可以运用武力手段。一旦一开始就毫不犹豫地动用武力解决恐怖分子,那么在有些情况下会产生难以接受的消极后果。例如,心理学家米勒经过研究发现:在挟持人质的恐怖主义场景中,运用武力攻击恐怖分子导致的人质死亡多于由恐怖分子直接杀害的人质数量。在这样的情景中,如果由经过专业培训的警察采取谈判等非暴力手段,解决问题的后果可能会更令人满意。例如,在20世纪70年代美国纽约发生的400多起挟持人质的恐怖犯罪中,纽约警察局谈判小组利用心理学家提供的谈判技术很好地解决了与恐怖分子的对峙,既没有牺牲一个人质,又生擒了恐怖分子。

当然,用武力手段解决与恐怖分子的对峙会导致流血,这是斗争的风险。从一定程度上讲,由于把恐怖分子描述为精神变态的杀手。这样,因此化解了流血给警察或军队等反恐机构造成的压力,虽然这种压力的消除是以流血为代价取得的。

二、自杀性恐怖分子

(一)"英雄"与"黑寡妇"

我们来看看被誉为巴勒斯坦约旦河西岸的"英雄"萨伊德·霍塔利的事件。

2009年6月1日午夜11时26分，在以色列特拉维夫人气最旺的“海豚”迪斯科舞厅内，一名现年22岁的巴勒斯坦青年将一种混有炸药和几千枚轴承钢珠的自制炸弹捆绑在了自己的身上，引爆了炸药，一声巨响过后，刚才还歌舞升平的舞厅立即成了人间地狱。不仅恐怖分子霍塔利自己被炸得粉身碎骨，舞厅内的21名少男少女也搭上了自己无辜的生命，其中大多数死亡者是正当妙龄的少女。据了解，这次自杀性爆炸是以色列有史以来最为骇人听闻的爆炸案。

在美国和以色列等西方国家，霍塔利被诅咒为罪孽深重的恐怖炸弹自杀者，残害无辜平民的杀人狂；而在其约旦河西岸的卡尔基利亚家乡，人们却视他为“英雄”，受到家乡父老的尊敬和崇拜，并祝愿他在天国过上“美满”的生活。

人们不禁要问，究竟是什么动力驱使恐怖分子不顾自己的生命制造了一起又一起的令人毛骨悚然的血腥爆炸案呢？记者约翰·奎伊旺通过对熟悉霍塔利的亲戚和他的家乡居民的深入调查后，终于解开了一些令人费解的谜团。[2]

在卡尔基利亚，当地的巴勒斯坦居民都将霍塔利当作“英雄”一样来供奉。他们指着停放在街头的以色列坦克和家中布满弹痕的墙壁对记者说：“如果换了你，你会怎么做？”他们谴责以色列横行霸道的行径，指责美国包庇纵容以色列人。居民们说，这是一种绝望、走投无路，无可奈何的感情才给炸弹自杀者燃起了复仇之欲火。

“一种神圣的使命感赋予他一项艰巨的任务。”埃亚德·萨拉杰医生说。他是巴勒斯坦最有名的精神病学家，也是世界上研究有关自杀爆炸者现象最有名望的专家之一。“他与自己的人民持有相同的看法，即只有去实施自杀爆炸行动才能摆脱无穷无尽的痛苦，摆脱绝望无边的困境。”

美国华盛顿的乔治·华盛顿大学的心理学家杰拉尔德·波斯特曾完成了一部采访35名被囚禁的巴勒斯坦恐怖分子的手稿后说，一些自杀爆炸者专门受过培训，使得他们的受训者成了没有人性的人。“他们认为这并非是在滥杀无辜的受害者，”他说，“这是在杀掉敌人。即使有儿童，待他们长大后的某一天，他们也会变成敌人。”

“天堂有70名处女等着他”

霍塔利的自杀性爆炸行为“给他的家庭带来了前所未有的最高的荣誉地位，”萨拉杰说，“他的名字成了永垂不朽的东西。”那次自杀性爆炸事件发生后，霍塔利的父亲哈桑受到了周围居民的热烈祝贺。“我感到很骄傲，我到生活的最后一刻都不会忘记这一荣誉，"他说，"这种死法总比其他方法死要好得多。感谢上帝。"霍塔利的亲朋好友都将他说成是一位虔诚、沉默且很普通的小伙子。如今，人们相信他成了"烈士"后已经在天国被安排了一个特殊的位置，这是在天堂享受的最高级别的待遇。有人说，在那儿有70名长着黑眼睛的处女在等待着他。

"穆斯林的教义告诉人们，如果你为上帝献身，那么，你实际上并没有死，"萨拉杰说，"事实上，如果你有幸看到这些自杀爆炸者在人生的最后时刻的表情，那么就会发现他们总是面带微笑。"

当然，也有人说，那些自杀爆炸者这样来做是出于金钱的动机。恐怖组织肯定在事先会答应付给自杀爆炸者的家人一笔钱。当有人问哈桑·霍塔利这个敏感的问题，他只是哈哈大笑了一声。

留给人们的遗产

据悉，每次自杀爆炸行动都在非常秘密的情况下进行。自杀者甚至还来不及向家人道一声别，就匆匆殉难了。不过，他们有时在实施自杀性爆炸之前可以将人生的最后诀别留在录音带上。"这是一种宣誓，'我曾宣誓过。每个人都注视着你'，"萨拉杰说，"人们通常对这种宣誓感到兴奋无比。"在录下诀别话语后，自杀爆炸者可能就不能轻易地改变自己的主意了。霍塔利在临行前并没有留下什么遗言。不过，他却留下了供人崇拜的东西。

霍塔利9岁的堂弟霍斯尼说："我要像霍塔利那样加入自杀性攻击行动。"像霍斯尼这样的人有许多。波斯特曾与美国政府一道描绘过自杀爆炸者的各种形象，他说："一位恐怖分子曾告诉我们，人们都想加入这个自杀性爆炸的团体，只有那些不正常的人才不想参加到里面去。心理不正常的人才不会加入这个团体。"萨拉杰说，每当有年轻男子制造了惨绝人寰的大爆炸，其他许多人就会等待这种机会。"这太可怕了，它太悲惨了，"萨拉杰说，"对一个年轻人来说，这种行为竟成了模仿的榜样。"

再来看看制造莫斯科地铁站自杀式爆炸案的车臣"黑寡妇"。

2010年3月29日，莫斯科地铁连续发生两起自杀式恐怖袭击事件，造成至少40人死亡，实施者为来自北高加索地区的两名女性。俄罗斯调查人员发现，有证据显示，制造地铁爆炸的两名外高加索女子，是车臣著名的宗教极端分子赛义德·布里亚斯基领导的"烈士旅"成员。布里亚斯基（真名是亚历山大·迪霍米洛夫）曾经在车臣和印古什等地招募了30个"黑寡妇"，这些女性大部分都在车臣战争中丧失了丈夫或近亲。布里亚斯基利用这些女性的强烈复仇愿望，将她们送往土耳其某地，在当地的宗教学校学习极端的教义，将其培养成愿意牺牲自己的自杀式袭击者。

7月12日，据俄媒体报道，俄罗斯联邦安全局和内务部根据线报，得知达吉斯坦非法武装团伙准备利用女性自杀式袭击者在俄中部地区实施恐怖袭击。在随后展开的行动中，安全人员在一处住所内抓捕了6名15岁至29岁的女性自杀式袭击者。经调查，有4名女性是被击毙的非法武装团伙头目的遗孀，另外2名女性此前也曾被控非法持有枪支罪并被安全部门列入“失踪”人员[3]。同时被捕的2名男子中有1名涉嫌藏匿和护送实施莫斯科“卢比扬卡”和“文化公园”地铁爆炸案的女性自杀式袭击者。

另据俄罗斯媒体报道，安全人员在搜查该处住所时，找到两把装有子弹的手枪、两条可以实施自爆的腰带、大量化妆物品、宗教书籍，以及记有护法机关人员乘坐的车辆牌号的册子。在这几名女性的身上，还发现了她们写给家属的“遗书”。

英国媒体曾公开了一份视频资料，内容是关于莫斯科地铁爆炸案的两名女人弹在执行任务前所留下的“遗言”。俄新闻转引英国媒体报道称，17岁的贾涅特·阿布杜拉赫马诺娃和28岁的玛丽亚姆·沙里波夫在视频中号召妇女成为“人弹”。阿布杜拉赫马诺娃坐在地毯上背靠白色墙，身边靠着一支自动步枪。她在视频中说，她已与真主约好要换取在天堂的一个位置。第二段视频在同一地点，另一位女人弹也表示已做出决定。她们都身披黑纱，因此无法确认她们就是莫斯科地铁爆炸案的真正主犯。2010年5月30日，这段视频资料出现在伊斯兰一家网站。

报道称，沙里波夫表现得没有年轻的阿布杜拉赫马诺娃自信。她不时的深呼吸，经常忘记要说的话。沙里波夫似乎已认命，不像阿布杜拉赫马诺娃说出鼓动人心的话，但她也号召妇女效法她成为“人弹”。

据调查，阿布杜拉赫马诺娃15岁时通过网络与大她14岁的达吉斯坦武装分子头目乌马拉托夫·穆罕默多夫相识相恋。2009年12月，穆罕默多夫被警方击毙后阿布杜拉赫马诺娃就开始计划进行恐怖活动。

沙里波夫的父亲在达吉斯坦是俄语教师，母亲是生物老师。沙里波夫就在父母教学的学校学习，之后也考上了师范大学并于2005年毕业。沙里波夫以优异成绩毕业，并同时获得了数学和心理学两个学位。在事发前，她与母亲前往马哈奇卡拉，但中途用手机告知母亲遇到女友要母亲先回家。随后，沙里波夫就再没有与家人联系。事发后，英国《卫报》的记者与沙里波夫父亲取得联系，并来到沙里波夫的住所。沙里波夫卧室摆放的是阿拉伯文书籍。

沙里波夫父亲表示到现在他也不相信自己的女儿会是恐怖分子，会成为女人弹。她的父亲还举了一个例子证明：在事发前一周沙里波夫还买了一条新裙子和拖布，并表示准备弄一个菜园子。

（二）自杀性恐怖分子不是“冷血动物”，也非“游击战士”或“抗暴烈士”

经常听到有评论说，自杀性恐怖分子都是惨无人性的“冷血动物”，与常人大相径庭。其杀人不眨眼，或自杀无惧色，让谈者、见者甚至闻者无不为之色变胆寒。这种评论基于一个现实所以获得广泛的认同。即：自杀性恐怖分子袭击的很多目标，包括战场上的军队、政府的相关设施，而且包括手无寸铁的平民百姓、无辜的受害群众，甚至不少是老人、妇女、儿童。与此相反，国际上有另一种见解，认为所谓“自杀性恐怖分子”的名称，完全是强大的敌对势力及其御用媒体扣上的，纯属西方霸权国的无理捏造与歪曲指责。持这种见解的人士提出，被国际主流媒体特别是霸权一方蛮横指责的这些对象，实际上是争取正义的游击战士，或是甘愿自我牺牲、献身伊斯兰“圣战”事业的烈士、殉道者（如巴勒斯坦、伊拉克和阿富汗经常发生的那些自杀性爆炸的制造者）。依笔者看，对于自杀性恐怖分子的这两个极端的评价都不够正确，均没有揭示全部真相和察觉事物的本质，更无助于思考解决问题的正确方向。“冷血动物”的说法当然自有其道理，由于它站在受害者一方，表达了对无辜死伤者的同情。然而，多数公众持有的这种看法，却忽略了施暴者一方的复杂心理，缺乏对后者心灵深处喜怒哀乐、爱恨情仇的深究，因此不可能真正理解恐怖分子的动机。在 2010 年 3 月莫斯科地铁自杀性爆炸后不久，俄罗斯有关部门公布了这次爆炸事件的两个“人弹”之一——17 岁的俄达吉斯坦共和国少女阿布杜拉赫马诺娃的身世及照片。调查人员从这个年轻漂亮的“黑寡妇”死后残留的一张纸片上，见到了“天堂见”的字样，那是她写给已被俄联邦执法部门击毙的她的丈夫——反政府武装小头目穆罕默多夫的最后留言。小残片上究竟包含了多少爱与恨、情与仇，大概只有阿布杜拉赫马诺娃本人知晓，但人们可以肯定，这个少女当然不可能与蛇、昆虫或蜥蜴之类的冷血动物为伍，她像正常人一样有属于自己的爱情和梦想，只不过当代俄国的奇特历史和政治命运使她走上了迷途，被引导向与整个社会对抗的不归之路[4]6。从另一方向观察，那些滥用“游击战士”伟大称呼的说法，看上去大义凛然、正义在胸，似乎是在为受压迫者张目，其实大谬而无道；真正追求正义、英勇抗击强敌的游击战士，如抗日战争中的东北抗日联军、铁道游击队等，从来不滥杀无辜，而且对此有严格的纪律要求。同样是在反抗强大的国家机器，游击战士与恐怖分子截然不同。

现实地讲,这一标尺可用来衡量充斥当代国际政治画面的各种爆炸与冲突事态的性质,同理适用于"烈士"称谓的使用与指向,我们切不可混淆阿布杜拉赫马诺娃之流与刘胡兰等英雄的界限,前者只是个人的殉情与复仇,后者代表着伟大的愿景和牺牲精神,他们之间对于身后的最广大人民的爱与恨,乃黑白之异、天壤之别。[4]7

在美国人眼中拉登毫无疑问是一个杀人凶手,臭名昭著的刽子手,是犯下滔天罪行的人。在反抗西方的伊斯兰人心目中,他又是一个英雄。笔者看来,拉登改变了美国,世界也随着美国的改变而改变。因此,拉登是一个改变历史的人。其策划的袭击使美国人变得更加急躁,更加轻率,更加急于以血还血、以牙还牙地血腥报复,更愿意用武力去解决问题。

(三) 自杀性恐怖分子特征

自杀性恐怖组织在策划自杀性恐怖犯罪的活动前,首先要挑选能够充分胜任自杀性恐怖犯罪的人员。如何挑选合适的呢? 有什么标准呢? 这个问题至关重要。我们将视线集中在中东地区"基地"组织、哈马斯、吉哈德、塔利班、车臣非法武装等恐怖组织那里,可能会发现一些共性的东西。

1. 单身男性是自杀式恐怖分子主体。经调查发现,单身男性,特别是那些没有正常家庭生活经历的年轻人,最容易被恐怖组织招募为自杀式恐怖分子。值得注意的是,尽管存在着被欺骗和收买的现象,但是自杀式恐怖分子绝不是贫困、无知和非理性的代名词。巴以冲突中,一些来自中产阶级的大学生、来自下层的年轻单身男青年都易成为自杀式恐怖分子。据驻伊拉克美军的研究,自杀式恐怖分子大部分为18～30岁之间男性,平均年龄22岁,无子女。

2. 以年轻人为主,年龄一般在18～27岁左右,女性比例增加,儿童逐步出现。如泰米尔伊拉姆猛虎组织的成员包括男人、妇女和未成年人。妇女大约占了猛虎组织成员的1/3,其中最引人注目、残忍无情的是由3 000多名妇女组成的"黑虎敢死队",这是一支精锐的自杀部队,她们心甘情愿充当"人体炸弹",与被攻击目标同归于尽。《环球时报》驻英国特约记者殷娜报道,统计显示,尽管伊拉克目前的暴力袭击事件已经降到了2004年以来的最低水平,但女性自杀式袭击者的数量却急剧上升。[5]据路透社报道,美国军方说,到2009年8月为止,伊拉克已有23起自杀式袭击事件是由女性实施的,而2008年这个数字仅为8起。

训练"人弹"进行自杀式袭击是塔利班的常用手法,而随着针对这种袭击的防范力度的加大,塔利班开始训练儿童"人弹",以达到出其不意的效果。

2011 年 5 月，阿富汗情报官员透露称，利用儿童自杀“人弹”袭击北约军队一直是塔利班的重要战术。为对北约目标展开自杀式袭击，巴基斯坦境内的塔利班组织成员正在招募儿童“人弹”，这些孩子中年龄最小的只有 9 岁。

3. 通常无职业，来自贫困和多子女家庭。未婚为多，失去双亲或生活不幸。在车臣“黑寡妇”中，绝大多数是已经在同俄罗斯联邦军队战斗中丧命的车臣非法武装分子的寡妻或姐妹。在约旦河西岸及加沙地区，以色列的占领，造成了难以计数的巴勒斯坦难民。难民的生活极其悲惨，他们在困境中挣扎，惶惶不可终日，他们的挚爱之人有不少都在恐怖活动中不幸身亡。对以色列人的仇恨遂成为他们生存的强大动力。他们的家园没了，亲人死了，未来又渺无希望，在绝望之中，他们愿意充当自杀式袭击者，为家人朋友报仇雪恨。

4. 大多具备一定的文化，在恐怖组织资助的宗教学校或寺庙教育场所完成学业。28 岁的玛丽亚姆·沙里波夫是制造 2010 年莫斯科地铁爆炸案的其中一名女人弹。她的母亲在达吉斯坦是生物教师，父亲是俄语教师。沙里波夫就在父母教学的学校学习后考上了师范大学并以优异成绩毕业，而且还同时获得了数学和心理学两个学位。

5. 带有强烈复仇心态，对本国政府、对西方及有关国家强烈不满。这类人群的家人或是亲属中有遭遇过美国人、以色列人等的伤害，对以色列和西方有强烈仇恨；或是对西方人和西方文化以及以色列人强烈不满；或是个人曾被本国政府的司法和警察机关刑事拘押，期间受到过拷打或侮辱的虐待处置而心生复仇心态，结果被恐怖组织所利用。一位不愿透露姓名的伊拉克妇女愤怒地说：“美国人抓走了我的丈夫，毁了我们的家园，我们现在一无所有。我们在真主的仁慈下苟延残喘，但是我们不会就这样等死，我们会采取一切手段，包括自杀性爆炸来报复他们。”伊拉克“基地”组织正在越来越多地利用妇女们失去丈夫、子女等而产生的无法处理的悲痛，来唆使妇女进行自杀式爆炸或者其他暴力事件。

6. 具有激进的民族主义情绪和极端的宗教狂热思维。他们不把死亡看做是死亡，而把死亡看做是重获新生。不是由于个人陷入了绝望才选择使用自杀性恐怖主义手段，而是因为能基于一种为所属的组织或民族复仇以求死后升入天堂的心态，微笑着面对死亡。从前文所述被誉为巴勒斯坦约旦河西岸的“英雄”萨伊德·霍塔利的事件就可以得出这一结论。“9·11”事件的直接策划与实施者埃及人穆罕默德·阿塔性格内向，曾是德国汉堡科技大学的硕士。在校期间，阿塔在当地清真寺接受极端宗教思想的洗脑，一跃成为极端宗教组织的领导者、组织者，对宗教的狂热充斥了他的全部生活。

第二节 自杀性恐怖组织

一、恐怖组织

恐怖组织是一种古老的社会政治和法律现象。20 世纪 60 年代以来,恐怖组织在全球范围内大肆蔓延,严重危害人们的生命、财产安全,影响国家、社会稳定和国际社会秩序的安定。有关恐怖组织的研究也随之兴起,国内外对恐怖组织的界定也存在着许多不同的观点。

中国台湾地区《反恐怖行动法草案》第 2 条规定:本法所称恐怖组织,系指三人以上,有内部管理结构,以从事恐怖行动为宗旨之组织。《俄罗斯联邦反恐怖主义斗争法》规定:“恐怖组织——以实施恐怖活动为目的或在行动中有可能使用恐怖手段的组织。”美国国务院的定义为“任何向恐怖活动提供或打算提供相关物质帮助的机构都被视为恐怖组织”。但事实上美国在认定恐怖组织上实行双重标准。在学术界,有的学者认为恐怖组织是指由三人或三人以上组成,以要挟、恐吓社会为目的,实施各种恐怖活动犯罪,制造恐怖气氛,危害公共安全,扰乱社会秩序的犯罪组织。有的学者认为,恐怖组织是指三人以上出于政治的或者其他反社会的动机,为在国内或国外实施一系列杀人、爆炸、绑架等恐怖性的犯罪而建立的具有一定稳定性的犯罪组织。2011 年 10 月 29 日第十一届全国人民代表大会常务委员会第二十三次会议通过的《关于加强反恐怖工作有关问题的决定》中指出,恐怖活动组织是指为实施恐怖活动而组成的犯罪集团;恐怖活动人员是指组织、策划、实施恐怖活动的人和恐怖活动组织的成员。笔者赞同“恐怖组织,是指三人以上以长期实施一种或多种恐怖犯罪活动为目的的犯罪组织”的观点。

恐怖分子是恐怖主义研究的基本单位,由恐怖分子组成的有机结构就是恐怖组织。当然,恐怖组织并不是由单个恐怖分子简单相加在一起的合成物,恐怖组织作为一种实体有其独特的目标、结构、管理、资金筹集等内容,而这些内容超越于恐怖分子个体之外。为此,在研究了恐怖分子之后有必要对恐怖组织进行分析。

(一)恐怖组织的目标

任何组织都是为了实现一定目标而组成的群体。组织目标是组织存在的基础和依据。公司的目标就是通过不同的手段盈利;慈善机构的目标就是要专业化地表达人类的爱心;政府机构的目标就是要保障秩序、维护公益。

具体的组织其具体的目标会不同，而且随着时间与外部环境的转变，组织目标也会发生变化。但可以肯定地说，不存在没有目标的组织。那么，恐怖组织的目标是什么呢？

由于恐怖组织的类型不一样，其目标也不一样（见表 3.1）。需要指出的是由于现实中恐怖组织往往不是某种单一、纯粹的类型，某种类型的恐怖组织同时也会兼有其他类型恐怖组织的特征。因此，恐怖组织往往也会有多个目标，但这多个目标之间可能会有主次之分。例如，带有宗教性质的分裂主义恐怖组织，其目标往往是以分裂祖国、在某一地域建立一个新的独立主权的国家为主要目标，在此之下，也会以建立某种宗教的主导地位为次要的目标。[1]65

表 3.1　恐怖组织的目标[1]65

恐怖组织类型	目　　标
分裂主义的	地区自治或建立一个单独的国家
单一事务型的	改变与政治、经济或社会制度相关的特定政策
无政府主义的	不提供任何新的措施，只管瓦解或推翻政府
宗教的	在一个国家建立某种宗教的主导地位或消灭异己宗教或教派
外国支持的、作为外国代理人的	为金钱或为其他利益雇佣恐怖分子

（二）恐怖组织的结构

恐怖组织的结构涉及恐怖组织的大小、关系结构、组织内部劳动分工等情况。恐怖分子从事各种恐怖活动需要制定周密的计划，对实施恐怖行为的时间、地点和对象要进行前期的侦查，需要收集和分析有关信息，评估行动后果等等，这些都需要恐怖分子在有效的恐怖组织的协调和领导之下开展。恐怖组织的结构对于实施恐怖行动来说是至关重要的。

1. 恐怖组织的大小

大多数恐怖组织的成员不会超过 50 人，例如，日本的赤军（JRA）只有大约 30 人至 40 人。恐怖组织之所以小，关键是由于恐怖组织是秘密地存在的。恐怖组织的秘密性限制了恐怖组织的扩大。因为一个较大的恐怖组织在领导、组织、管理等问题上更复杂，在缺乏有效的领导、组织、管理和后勤等保障的情况下，往往恐怖组织难以持续地存在。只有少数恐怖组织其存在的时间超过 3 年到 4 年。当然，现实中也有一些例外，有一些恐怖组织其存在的时间比较长，而且其成员也比较多。例如斯里兰卡的“泰米尔猛虎组织”（Liberation Tigers of Tamil Eelam，简写为LTTE)从1976年开始反抗斯里兰卡政府以来到现在经历了30多年的时间，其成员据说多达1万人之众。意大利的“红色旅”(Red Brigades)大约有4 000人至1万人。西德的“红军派”(RAF)有大约100人[1]66。

恐怖组织大小的变化所产生的一个实践意义就是随着这些变化，其危害性往往也会相应地产生变化。因此，在开始的时候，可以由警察部门负责对付规模较小的恐怖组织，而当恐怖组织规模增大的时候，应当由专门负责反恐的准军事军队或部队接手相关事务。

2. 关系结构

恐怖组织的关系结构是指恐怖组织内部成员之间的关系结构。这种关系结构有三种基本模型:第一种是金字塔型;第二种是放射型;第三种是功能结构型。

美军反恐专家詹姆斯·弗雷泽(James Fraser)认为恐怖组织的典型结构是金字塔型的。这种金字塔型的结构分为四个层次:最高层次是在金字塔顶端的一小撮人，这些人负责恐怖组织的决策与指挥。这是典型的集权式恐怖组织。这种指挥结构在现实中往往会带来很多问题。如在很多现场可能发生的意外紧急情况等因素，不在指挥者当初的考虑之内。为此，需要现场的灵活应对。所以拉夸尔认为恐怖组织最成功的指挥形式是指挥者确定基本的战略，同时给执行任务的恐怖分子留有灵活变通的空间。

弗雷泽认为恐怖组织金字塔结构的第二层是恐怖组织的骨干分子(active cadre)。骨干分子是恐怖组织的中坚力量，负责执行恐怖组织的各种任务。每个骨干分子都有一项或多项专长。

在骨干分子之下，是第三个层次，即积极支持者。积极支持者为恐怖组织提供收集情报、沟通、隐匿、后勤等方面的支持。积极支持者是恐怖组织内部最大的也是最基层的一个群体。恐怖组织的骨干分子基本来自于这个群体。

第四个层次是恐怖组织的消极支持者，这些人与恐怖组织的关系代表了恐怖组织的一种外部关系。他们一般并不是恐怖组织的成员。但由于他们的民族认同感与恐怖分子相同，或者他们认同恐怖分子提出的口号或纲领，或者他们心中与恐怖分子一样怀有对现政权的不满，甚至恐怖组织领导人的个人魅力吸引着他们，诸如此类的原因可能导致消极支持者在政治、舆论、道义、法律或金钱上支持恐怖组织。消极支持者并不仅仅限于社会的贫困或边缘阶层，在中产阶层也容易找到恐怖组织的消极支持者。

由此可见，如果说金字塔型的恐怖组织更多地代表了大型恐怖组织（如基地组织）的结构状况的话，放射型的恐怖组织结构则反映了小型恐怖组织的结构特征。扎沃尼（J. K. Zawodny）在一篇文章中提出了放射型恐怖组织的基本结构形状。其认为恐怖组织内部由于劳动分工和沟通与协调的需要产生了这种放射型结构。恐怖组织的首领处于这种放射型结构中心的地位。恐怖分子处于中心的周围，围绕着中心而运作。扎沃尼认为这种放射型的组织结构对恐怖分子的行为产生了很大的影响。在这种放射型结构中，恐怖组织的首领处在结构中间，他不仅负责设计行动计划，指挥行动过程，而且还亲自参与具体行动。这样，对于普通恐怖分子来说具有非常重要的意义。由于这种行为模式使普通恐怖分子感到他们是同呼吸、共命运，同生死、共患难的，因此产生了一种非常强烈的个人对组织的依赖感、忠诚感。这种忠诚感的强度高于金字塔型结构的忠诚感强度。另外，放射型结构使得恐怖组织首领更容易与恐怖分子进行沟通，从而使恐怖行动能够具有很强的灵活性，恐怖组织的效率也能得到相应的提高。

上述两种结构主要强调恐怖组织中首领与普通恐怖分子的关系，它们都是基于这种关系进行划分的。

恐怖组织结构的第三种模型是根据恐怖组织内部单元的功能进行的划分。在恐怖组织内部存在三种基本功能的部门：一是行政部门，二是行动部门，三是保障部门。如基地组织的最高领导是以扎瓦赫里为首的中央委员会，作为指挥机构。中央委员会下设有四个专门职能委员会，负责实施具体的恐怖袭击等。

行政部门由指挥部门与内部执法部门组成。行动部门执行具体的任务，实施具体的恐怖行为。行动部门由小组与纵队组成。小组由 4 至 6 人组成。若干个小组组成一个纵队。小组内部可以有领导，但纵队内部一般没有领导。纵队与纵队之间、同一纵队内部不同小组之间的沟通一般需要通过指挥部门进行。横向的沟通很少，即使在有些情况下需要进行横向沟通的，往往采取单向沟通的形式，例如往邮箱里放置信件。不同小组的成员往往并不认识。如基地组织的军事委员会下设许多分支机构，分别负责组织训练、作战等。保障部门则为行动部门提供各种支持，它包括情报、后勤、培训、救护、宣传、录用等等。

（三）恐怖组织的管理

恐怖组织的管理是恐怖组织持续存在的必要条件，就像合法组织一样，缺乏有效管理的组织是难以长期存在的。但是，恐怖组织由于自身特殊性带来的很多管理问题，往往使恐怖组织在其发展过程中面临着两难的境地。

1. 恐怖组织的管理方式

对于一个普通组织来讲，管理方式有的是集权的，有的是分权的。一个组织采取哪种管理方式主要是看哪种管理方式有利于提高效率，有利于它的发展。前文所述分析恐怖组织的关系结构包括金字塔型和放射型的关系结构。金字塔型结构中的管理方式主要侧重于集权式，但是这种管理方式在恐怖组织中并不多见。分权的管理方式在恐怖组织中一般是比较普遍的。恐怖组织之所以较普遍地采取分权的管理方式，最主要的原因就是因为恐怖组织作为秘密组织对保密性要求很高，从而需要给每个小组与纵队以及其他部门充分的自主权。如果恐怖组织未采取分权的管理方式，而是集权的，那么一旦被反恐怖组织的卧底人员潜伏进来，就比较容易遭到致命性的打击。

2. 管理的问题

恐怖组织管理中容易出现各种各样的问题，往往在合法组织中难以出现这些问题。为此有必要对这些问题进行分析。

(1) 恐怖组织内部沟通的问题。恐怖组织是一个秘密的组织，作为秘密组织，它不仅难以被外人所知，即使在恐怖组织内部，人与人之间有的也基本不认识，恐怖小组之间、恐怖纵队之间往往没有横向的沟通。在恐怖组织指挥者与下级单位之间，由于一般都采用分权的管理方式，上下级之间的沟通通常也不是很通畅。因此，在恐怖组织内部，最大的管理问题就是内部沟通存在一定的困难。这个问题在越大的恐怖组织中表现得越明显。如基地组织前头目本·拉登下达指令由信使来传递给下面部门负责人。有时一个指令下达到接到指令需要一周乃至更多的时间。内部沟通问题几乎成了恐怖组织管理中存在的一个死结。

(2) 恐怖组织行动协调的问题。因为恐怖组织内部存在上述沟通困难，而恐怖组织的分权管理给恐怖小组或纵队提供了很大的自主权，为此产生的一个问题就是指挥者如何有效地组织、协调恐怖小组或纵队的行动，使他们能够密切配合、避免行动的脱节导致冲突。当然，实践中要解决这个问题并非易事。

恐怖组织的协调问题在一定程度上只能通过加强指挥者与行动小组之间的联系来克服。这种情况给反恐怖行动指明了一个行为原则，就是在打击恐怖组织的时候，在控制恐怖小组实施零星行动的前提下，应当重点打击恐怖组织的指挥机构。铲除了恐怖组织的指挥机构可以使恐怖分子群龙无首，从而瓦解恐怖组织；但是，另一方面，由于恐怖组织中的小组与纵队相对独立，在失去了原有的指挥机构的情况下，各个小组或纵队也可能衍变为新的恐怖组织。从一般情况讲，由于新的恐怖组织比原来的组织规模小，相应恐怖组织的危害性也由此减弱。

(3) 保证内部纪律的问题。由于恐怖组织内部各小组或纵队存在一定的自主性，恐怖组织内部就容易产生宗派主义。为了限制独立性、打击宗派主义、惩罚恐怖分子的各种越轨行为，恐怖组织需要加强内部纪律来维持其存在。恐怖组织可以通过积极的或消极的方式来加强内部纪律。对于遵守纪律的行为给予奖励与表彰；对于违背纪律的行为进行惩罚与谴责。但是，无论使用积极的手段，还是使用消极的手段，恐怖组织都希望通过加强内部纪律达到增强团结、促进合作与维护内部稳定的目标，而分权管理的要求与这些目标与组织的秘密性之间存在着难以调和的矛盾。

(4) 保证观点一致、避免思想分化的问题。恐怖组织的形成在很大程度上取决于它的思想基础是什么。它的思想基础、行动纲领越能被更多人所接受，那么，它就越容易变得强大。因此，保证观点一致，避免思想分化是确保恐怖组织稳固存在的一个重要条件。但是，由于前述的管理上存在的种种问题，恐怖组织内部成员间很容易产生思想分化，这些不同认识或思想的存在可能会导致恐怖组织的内部分裂或相互倾轧。实际上，在许多恐怖组织的发展过程中，由于思想观点存在差异，原先的一个恐怖组织往往会分化为几个不同派别的恐怖组织。

(四) 恐怖组织的物资来源

这里的物资包括资金、武器、食品、药品等。恐怖组织的运转离不开必要的资金。缺乏必要的资金，恐怖组织就难以购买武器、情报、医药、食品、房屋等商品和服务。为此，恐怖组织通过什么渠道筹集需要的物资呢？总体来讲，渠道主要包括以下方式：

1. 通过犯罪活动

犯罪活动可以为恐怖组织提供一个巨大的财富来源。恐怖组织为筹集物资通常从事的犯罪活动形式包括：放高利贷、贩卖毒品、开设赌场、妓院等活动；伪造钱币、勒索合法企业收取保护费等扰乱正常经济秩序的犯罪活动；为收取赎金而绑架人质、抢劫银行等暴力犯罪活动。

在上述犯罪活动中，抢劫银行等金融系统是传统上恐怖组织使用较多的一种形式。许多恐怖组织都曾采取这种手段获取了大量的资金。在一些恐怖分子看来，抢劫银行只是把不合理的资金进行重新分配的方式而已。绑架人质索取赎金是传统犯罪形式中风险小收益大的一种形式。据说，恐怖分子的绑架中有86%达到了目的。绑架者被司法机关破获并绳之以法的可能性小于20%。收取企业的保护费是恐怖组织最稳定的经济来源之一。

近年来，恐怖组织通过贩卖毒品获取资金的方式比较普遍。如基地组织、塔利班等都曾在阿富汗、巴基斯坦等地贩卖毒品。恐怖组织之所以青睐于采取贩卖毒品的手段获取资金，是因为毒品的利润很高、贩卖毒品可以充分利用恐怖组织的秘密网络，恐怖组织可以用暴力的手段打击或消灭竞争对手。

2. 通过同情者和支持者的捐赠

恐怖组织的同情者和支持者包括个人、组织和国家。个人、组织和国家出于各种原因捐赠物资提供给恐怖组织。例如，在长达一个多世纪的时间里，北爱尔兰共和军从以美国为基地的同情组织中获得了大量的金钱和武器上的支持。北爱尔兰共和军某个时期所使用的武器中大约有90%来自于美国的同情者所提供。美国同情者也捐献了大量的资金。冷战结束后，一些国家试图把国际恐怖主义作为实现某种外交政策的工具，所以为其提供了大量的物质援助。众所周知，一些恐怖组织的资金就是来源于美国、苏联、中东石油生产国等国家的财政拨款。当然，一些恐怖组织拥有的物资有些来源于其他恐怖组织的赞助。如20世纪90年代，基地组织也曾为塔利班、"东突"组织提供帮助，包括提供资金、武器、训练恐怖分子等。

恐怖组织的同情者和支持者对恐怖组织的捐赠一般是有条件的，当恐怖组织的政治纲领或行为不能在民众中产生共鸣的时候，个人对恐怖组织的自发捐赠就会减少。当恐怖主义对某些国家的外交政策价值降低的时候，一些国家对恐怖组织的支持也会减少。因此，对恐怖组织来说，依靠捐赠获得资金等物资的途径并不稳定，恐怖组织必须不断地寻找其他筹集物资的来源。

3. 通过建立合法企业或公司从事合法的生产经营活动

由于通过犯罪活动获取物资必然存在被司法机关破获的风险，另一方面，恐怖分子往往需要以某种合法身份掩护自己。为此，恐怖组织也常常投资设立公司或企业从事合法的生产与经营活动。如北爱尔兰共和军、中东的一些恐怖组织（基地组织、塔利班、真主党等）都投资建立了自己的合法企业和公司。这些公司的赢利也成为一个新的物资来源。

20世纪90年代以来，恐怖组织出现了以下新的特点：从犯罪动机看，随着社会分裂的加剧，非政治性因素的增多，恐怖组织已突破传统，表现出动机多样复杂的特征；从侵害目标看，更具有不加选择、滥杀无辜的特点；从涉及领域看，恐怖组织超越传统的政治领域，多角度涉足经济领域和信息领域；从国际化看，恐怖组织表现出强劲的全球化势头；从规模看，一些恐怖组织向小型化方向发展，成员流动性大，组织结构松散，具有很强的流动作业与分散作业能力；从物资上看，恐怖组织有非常广泛的物资来源，强大的资金后盾为其实施恐怖活动提供了有力的保障；从策略看，恐怖组织制造恐怖事件后，由立即公开声明对此事负责向肇事后保持沉默过渡。

二、自杀性恐怖组织

(一) 类型

当今世界上制造自杀性恐怖犯罪活动的组织大体上可以将它们分为三类：一类是极端宗教组织型，主要有扎瓦赫里领导的“基地”组织、黎巴嫩的真主党、巴勒斯坦的哈马斯和吉哈德、车臣非法武装等；另一类是民族分离主义组织或是民族利己主义组织型，主要有斯里兰卡的泰米尔伊拉姆猛虎组织、土耳其的库尔德工人党以及中国的“东突”恐怖组织等。第三类是综合型。如有的自杀性恐怖组织既属于极端宗教组织，也属于民族分离主义组织。有些学者认为这类恐怖组织一般还是把它划归为极端宗教恐怖组织，如车臣非法武装等。

一般说来，极端宗教组织的打击目标主要是针对美国等西方霸权国家或依附西方霸权国家的势力。它们大多反对美国主导的全球化趋势，认为这是美国经济利益和其价值观的延伸，也是其霸权主义在新形势下的一种扩张，它扩大了世界贫富国家之间的差距，加剧了引发全球冲突的社会基本矛盾。中东地区的极端伊斯兰组织更对得到美国扶持的以色列不断扩张疆界，且首先不断采用恐怖行径对付巴勒斯坦无辜贫民的行径表示强烈不满。他们倡导以牙还牙，采取以恐怖对付恐怖的极端暴力方式，并将自杀性袭击称为“圣战”，将人体炸弹的实施人员称为“殉教者”，用宗教教义蛊惑和煽动一些宗教情绪狂热的伊斯兰青年学生，以“殉教者”方式参加他们发动的“圣战”，从而得以升上天堂。

而对于搞民族分裂或民族利己主义的恐怖组织来说，由于它们的主要目标是独立建国或是倡导以自我民族为中心，因而主要袭击对象是所在国的执政党、国家、政府和军队领导人以及政府所控制和管辖的行政区域，让政府难以应对，疲于奔命，最终造成民怨沸腾，拖垮政府。在多数情况下，搞民族分裂或民族利己主义的恐怖组织较喜欢使用女子做人体炸弹，出于宗教原因，极端伊斯兰宗教的恐怖组织相对要较少使用女子充当人体炸弹。

无论是民族分裂组织还是极端宗教组织，其指挥策划实施的自杀性恐怖犯罪活动均是以极端和偏激的世界观为指导，视双方的斗争为一场游戏，不考虑事件的后果，因而对人类的危害性极大。首先，它威胁地区的和平与安宁。以巴以冲突为例，近 20 年来哈马斯运动和巴勒斯坦伊斯兰圣战组织不断对以色列城市市中心和人口密集区发动的自杀性袭击事件，不仅造成以色列民众大量伤亡，而且由此激起的以色列军队疯狂的报复行动，也给巴勒斯坦民众带来了深重灾难，并严重威胁和拖延巴以和谈的进程和速度。其次，它伤害的对象大多数是无辜的百姓而不是袭击者的敌人。由于极端宗教组织的恐怖活动最突出特点就是对敌手的“政治仇恨＋宗教狂热”，他们深信只有最大限度地消灭对手，在祭坛上献上的异教徒越多，才越能实现真主的旨意，为此他们往往是杀人恶魔，毫不计较是谁死亡或死伤多少，他们只求能得到最大限度地打击敌人士气的效果。再次，它极易形成自杀导向，诱惑更多的人走向极端暴力。由于自杀性恐怖犯罪活动往往是新闻媒体热衷报道的题材，经媒体的渲染和报道，更会加速其他一些恐怖分子的盲目效仿心理，从而造成自杀性恐怖主义现象在地区或世界上的肆意蔓延。而一旦这类袭击模式与更具破坏威力潜能的飞机爆炸、核电站爆炸、水库大坝爆炸及使用大规模杀伤性武器结合起来，那给人类带来的灾难将更是无法估量的。

（二）当今世界主要自杀性恐怖组织

1. “塔利班”组织

（1）活动概况

1994 年 8 月，在阿富汗边境城市查曼成立阿富汗伊斯兰学生运动武装塔利班。当时塔利班只是阿境内无数小武装之一，由于其提出“铲除军阀、恢复和平、重建国家，建立真正的伊斯兰政府”的口号，迎合了民众祈求和平富裕的愿望，为此得到了民众的广泛支持。巴基斯坦和美国从本国战略利益出发，为了抵制伊朗对阿富汗的渗透，在物质上、道义上给予了塔利班很多支持，特别是亿万富翁本·拉登对塔利班军力和财力的支持使塔利班的武装力量迅速壮大。从 1995 年 1 月起，塔利班从坎大哈出发，发起了代号为“进军喀布尔”的大规模军事行动，一路上势如破竹，1996 年 9 月 27 日占领了首都喀布尔后开始执掌阿富汗政权。至此塔利班占据了阿富汗 3/4 的土地之后，塔利班继续向北进攻，虽遭到 1996 年 10 月成立的北方反塔联盟的抵抗，但塔利班仍在 1998 年 6 月攻下了反塔联盟总部马扎里沙里夫，到 2001 年塔利班控制了全国 95％以上的领土。掌权后的塔利班声称要建立全世界上最纯洁的伊斯兰国家。但几年来，塔利班政权在国家重建方面却毫无建树，经济每况愈下，城市居民贫困不堪。由于经济上毫无建树，塔利班被迫以宗教极端来维护政权，并与“基地”组织结成“命运共同体”，为其提供庇护。阿富汗人民对塔利班执意推行激进政策大失所望，塔利班内部为了争权夺利矛盾重重，这些都已注定塔利班政权终将垮台。1999 年 10 月和 2001 年 2 月因拒绝引渡本·拉登而招致联合国的制裁和美国导弹的打击。“9·11”事件后，美英对塔利班的报复性打击加速了塔利班的灭亡。2001 年 12 月 7 日塔利班放弃了对美英和北方联盟的抵抗并向新政府缴械，塔利班政权就此消失。政权虽然消失，但塔利班势力仍然存在。

塔利班近年来直接、间接参与的针对美国的恐怖事件接连不断。1996 年驻沙特胡拜尔的 19 名美军士兵被炸身亡。1998 年美驻东非肯尼亚和坦桑尼亚两座大使馆同时被炸，造成近 6 000 人死伤。2000 年 10 月，美国在也门港口停泊的“科尔”号军舰被自杀式舰艇撞击爆炸。这些爆炸案发生后，美国曾多次要求塔利班交出幕后指使者拉登，但塔利班以要提供充分的证据为由予以拒绝。2001 年 9 月 11 日，美国纽约世贸中心和五角大楼遭到恐怖分子的袭击，造成上万人伤亡。美国就此向塔利班发出了最后的通牒，要求塔利班交出拉登，塔利班却宣布它会不惜一切代价保护拉登，绝不会把拉登引渡或交给任何国家，由此引发了美英对塔利班的报复行动，塔利班遭受灭顶之灾。

(2) 塔利班残余势力的自杀性恐怖犯罪活动态势

2001 年底阿富汗战争后，塔利班政权垮台，其残余势力逃到巴阿边境地区。2003 年初，塔利班进行重大战略调整，重新在坎大哈省南部占地为营，恢复恐怖活动。奥马尔曾对一家新闻媒体的记者说：“我们将杀死美国人和那些以任何形式支持美国及其盟友的人。美国是世界上最邪恶的国家。美国的朋友就是伊斯兰的敌人。我们已经将 1 000 多名异教徒送入了地狱，其中包括美国人、他们的盟友和在阿富汗的走狗。”他还通过某电视台发表讲话称，自杀性袭击行动已经开始，今后仍将采取各种手段杀死敌人。8 月初，奥马尔通过境外某电台对外宣称，塔利班已组建了一支视死如归、装备精良、近 3 000 人的自杀性袭击部队，而且正枕戈待旦，窥测时机，随时准备对驻阿富汗美军和其他外国军队的军政要员及重大目标或救援机构实施自杀性袭击。2004 年塔利班在阿富汗大选前后制造了多起爆炸事件。2005 年以来，包括塔利班在内的极端势力频繁制造恐怖活动，企图阻挠阿富汗议会选举，有上千人因大选临近在各种袭击中死亡。2005 年 4 月，奥马尔打破两年多来的沉默，威胁称，塔利班已经成立一支由 2 000 多人组成的“人弹”部队，准备在阿境内发动一场“人弹闪电战”，以报复美军和阿境内所有与美国合作的人。[6]此后，针对驻阿外国士兵和阿政府军警人员的袭击接连不断。从2006年年初以来，阿富汗安全形势持续恶化，塔利班武装活动日益猖獗。为此，北约驻阿部队在9月2日展开了一场大规模的军事行动，对塔利班武装进行清剿。在这场行动中，他们不仅从塔利班武装手中夺回了阿富汗南部的控制权，而且击毙了至少510名武装分子，对塔利班武装造成重创。这次行动刚刚结束，美联社就获得了一盘据称是塔利班拍摄的录像带，塔利班分子在录像中称，在目前的军事较量中他们处于强势地位。2006年10月，北约在一次空袭中造成30多名阿富汗平民死亡。这次军事行动带来平民伤亡的结果，激化了阿富汗人对外国军队的仇视。美军和阿富汗军方人士说，塔利班等武装组织在阿富汗偏远的部族地区建立多处基地，并已经结成网络。过去一年中，武装人员的机动营地大幅增加，拥有更强的自给自足能力。一些分析人士指出，对于塔利班武装的彻底清剿并非一朝一夕可以实现，面对艰巨的任务，接管阿富汗南部的北约部队可谓任重道远。

在塔利班政府垮台后的4年里，塔利班叛军多次似乎已到了最后关头，但是从2005年情况来看有所不同。塔利班发动了一系列攻势，2005年造成的死亡人数升至战争开始以来的最高水平，迄今已有1 200名平民和军事人员丧生。美国和阿富汗官员说，塔利班的攻势一次比一次凌厉。联合国的一份报告警告：塔利班可能获得从伊拉克归来的“圣战者”的战术培训。就连美国军事指挥人员也说，现在说战胜塔利班还为时过早。有消息说，美国和阿富汗的情报人员认为，塔利班最近显示出自信迹象。联合国的报告指出，2005年的路边炸弹袭击事件比2004年增加了40%。2006年一年阿富汗发生了139起自杀式袭击事件，这一数字是2005年的四倍。

2007年2月27日，美国副总统迪克·切尼访问的美国驻阿富汗军事基地时遭自杀式袭击，造成数十人伤亡。塔利班随后宣称对袭击负责。美军则证实，当时身处基地内的切尼本人没有受到任何伤害。分析人士认为，切尼此行以未经事先宣布的方式分别访问巴基斯坦和阿富汗，意在推动两国加大对塔利班的清剿力度。然而，当天发生在美军眼皮底下的自杀式袭击却表明，塔利班的情报搜集能力可能已经扩展到阿富汗政府情报机构。英国电视四台费尽周折对塔利班武装的高层领导达杜拉(Mullah Dadullah)进行了专访，达杜拉是塔利班领袖委员会成员，据称他还经常与本·拉登保持联系。在采访中达杜拉表示：“美国人播下了仇恨的种子，我们将报复他们，无论是在阿富汗还是在其他地方，他们将永远为此吞下苦果。”

2007 年 3 月 7 日，塔利班一名高级指挥官说，塔利班动员了 4 000 名人弹反击北约的“春季攻势”，他们采取的战术包括集体战、自杀式袭击、伏击战和游击战等。

美国反恐中心发表报告说，2008 年巴基斯坦国内涉嫌有塔利班背景的恐怖袭击共造成 2 293 人死亡，几乎是上一年死亡人数的两倍。这些信息表明：塔利班残余势力不仅以前所未有的速度恢复、壮大并辐射阿富汗各地，而且其活动范围跨越阿边界，向巴基斯坦内地延伸，大有卷土重来之势。

奥巴马 2009 年年初就任美国总统后不久即宣布，将全面评估阿富汗局势，以制定针对整个阿富汗及周边地区的新战略。其后，奥巴马在 3 月和 12 月两次宣布对阿增兵，将阿富汗定为“反恐”主战场，并明确提出 2011 年 7 月开始从阿富汗逐步撤军。

然而，美国对阿大幅增兵未见成效，阿安全形势反而加速恶化。阿富汗的复杂地形和严酷气候使美军的清剿行动遇到极大困难。塔利班不与美军正面交锋，而是采用自杀式汽车炸弹和路边炸弹袭击的方式重创美军。据有关方面统计，截至 2009 年 12 月 9 日，302 名美军士兵命丧阿富汗战场，与 2008 年的 155 人相比，几乎增加一倍。

2010 年 8 月，正在策划坎大哈之战的驻阿富汗美军近日连续遭到重大伤亡。在过去三天已经有 14 名官兵死于各种袭击活动。30 日，7 名美军在阿富汗南部因路边炸弹袭击而丧生。目击者称，一辆美军悍马军用吉普撞到了一枚路边炸弹后起火，造成车上美军全部死亡。美军接二连三的伤亡说明，塔利班正在阿富汗南部和东部卷土重来。

2010 年 9 月初以美国为首的驻阿联军发动了自 2001 年以来阿富汗战场上最大规模一场攻势——“坎大哈合作”。伊拉克战争，美军从伊拉克撤走，剩下的还有不到五万人，主要是在伊拉克进行维持安全行动。对于阿富汗战场来讲，美军从伊拉克撤回来的部队，有一部分会补充到阿富汗战场，有一部分会加强这个战场。

2011 年 5 月 13 日，巴基斯坦西北部恰尔萨达地区一处边防军训练中心连接遭到 2 次自杀式炸弹袭击，造成 70 人死亡，30 多人受伤。当天发生的炸弹袭击，是自美国总统奥巴马宣布美军在巴基斯坦击毙“基地”组织最高领袖拉登以来，该国发生的最为严重的炸弹袭击事件。事后巴基斯坦塔利班组织声称对此袭击负责。

2011 年 5 月 23 日，阿富汗一家私人电视台通报了一则消息：阿富汗塔利班最高领导人毛拉·穆罕默德·奥马尔已在巴基斯坦境内被击毙。消息一经传出，立刻在国际上引起了轩然大波。自本·拉登在5月初被美军击毙后，奥马尔的死无疑会使塔利班再次遭受重创。但是塔利班方面随后立即否认奥马尔被击毙的消息。

2011年5月28日下午，阿富汗北部塔哈尔省省长办公室遭到自杀式爆炸袭击，共造成7人死亡，其中包括两名政府高官和3名德国驻阿富汗士兵，另有包括省长在内的9人受伤。阿富汗塔利班发言人扎比乌拉·穆贾希德当天通过电话，向媒体宣布塔利班制造了这一事件。

2011年9月10日，阿富汗中部发生自杀式卡车炸弹袭击事件。塔利班自杀式袭击者在瓦尔达克(Wardak)省赛义德阿巴德地区一处战斗哨岗的入口处引爆了车载大型自制爆炸装置。导致89名士兵受伤，其中包括50名美国士兵。塔利班组织已宣称对这起袭击负责。

塔利班此次出击正值美国迎来"9·11"恐怖袭击事件十周年纪念日之际。"9·11"十周年纪念日前夕，塔利班武装发表措辞强硬的声明称，美国利用"9·11"事件"入侵阿富汗"，根本就是"欺世盗名"，让"成千上万的阿富汗人付出生命的代价"。声明说，塔利班定会"战斗到底"，尽全力将美军赶出阿富汗，也定会将美国送入"历史的垃圾桶"，就如同阿富汗在历史上将其他强国葬送一样。声明还煽动穆斯林对美国的仇恨，称"无辜的穆斯林成为美军的牺牲品"。

2011年9月13日，阿富汗塔利班武装分子在首都喀布尔发动有策划的连环袭击，目标是美国大使馆、北约驻阿富汗驻地和阿富汗情报机构。喀布尔城内爆发激烈枪战。塔利班13日对喀布尔的袭击，并不仅限袭击喀布尔使馆区。13日晚些时候，一名人弹闯入喀布尔西部一所警察局实施自杀式袭击，至少造成一名警察遇难。另有一名人弹闯入一所中学作案，造成2人受伤。

军事问题专家张博称，塔利班袭击喀布尔说明阿富汗的局势依然严峻。塔利班选择的时机临近"9·11"恐怖袭击10周年纪念日，也有对美国示威的意味。张博称，塔利班对美国使馆和北约驻阿富汗驻地的袭击，说明两个问题。一是塔利班分子经过美国反恐战争10年的打击，势力并没有被摧毁，他们以此来证明，10年后依然有能力进攻阿富汗的心脏地带，不仅威胁阿富汗政府的统治，对美军和北约部队也能构成威胁。二是说明美国在2001年"9·11"恐怖袭击后打击"基地"组织和塔利班武装分子，虽然取得一定成绩，但恐怖威胁远远没有解除。拉登被打死，塔利班被赶出了喀布尔，都不能让美国人感到安全和放心。美国反恐之路依然漫长。[7]

2011年9月20日，阿富汗前总统、阿富汗高级和平委员会主席布尔汉丁·拉巴尼在首都喀布尔家中遭遇自杀式爆炸袭击身亡。英国广播公司援引阿富汗反恐官员的话说，当时，两名塔利班称有重要信息要转告拉巴尼，拉巴尼方面认为他们是使者，从塔利班方面带来“特别的讯息”。然而，其中一人在与拉巴尼拥抱时引爆炸弹。据报道，该名袭击者将炸弹隐藏在头巾里。该名官员说，没有对他们进行任何安全检查。拉巴尼的四名保镖也在爆炸中身亡，拉巴尼领导的和平委员会的一名高级顾问则身受重伤。报道指，拉巴尼的住所位于戒备森严的使馆区，当地上周亦遭恐怖分子袭击。

塔利班2012年宣布中止和谈以来，阿富汗政府曾多次呼吁其重返和谈，但塔利班先后以释囚、撤军等问题予以回绝。美国官员向媒体披露，2011年以来，塔利班针对国际安全部队的袭击根本没有减少。随着美国及其盟友逐渐从阿富汗撤军，遭受重创的塔利班能否卷土重来牵动各方神经。

2012年2月27日，一名自杀者驾驶一辆装满炸药的汽车冲进阿富汗东北部贾拉拉巴德市一个北约军事基地和机场的大门，引爆炸药后当场炸死9人，炸伤12人。塔利班声称对该起爆炸事件负责，是对美军基地焚烧古兰经事件的最新报复。

2013年2月27日早晨，一名塔利班自杀式袭击者在喀布尔街头袭击了一辆军车，造成10人受伤。

美国国务卿约翰·克里3月25日突访阿富汗，并与阿富汗总统卡尔扎伊举行了会谈。会谈后，克里表示，美国愿意同阿富汗政府与塔利班举行和平会谈，消除分歧，促进地区和平。

2013年9月21日，巴基斯坦内政部发表声明，阿富汗塔利班“二号人物”毛拉阿卜杜勒·加尼·巴拉达尔已经获释。阿富汗政府对巴方举措表示欢迎。阿富汗政府认定后者能够对阿富汗政府与塔利班的对话施加影响。9月22日，巴基斯坦西北部城市白沙瓦一座基督教教堂遭到两名自杀式袭击者爆炸袭击，已经造成75人死亡，120人受伤，死者包括几名妇女与儿童。巴基斯坦塔利班的一个派别宣称对爆炸袭击负责，称将继续对非穆斯林的目标发动袭击，直到美国停止对该国偏远部落地区的无人机袭击。巴基斯坦总理谢里夫严厉谴责塔利班对基督教堂的袭击，并称这是违反伊斯兰教教义的行为。然而，尽管巴基斯坦主要政党对谢里夫的和谈政策表示支持，塔利班却要求政府释放囚犯以及从西北部落地区撤军，为和谈的实现增大了难度。

美国打阿富汗这场战争，抓本·拉登，打塔利班，这只是表象。其主要目的一是在中国西藏和新疆边境侧翼即中国西部地区插上一把尖刀，在那个地方部署重兵，对中国构成侧翼威胁。二是向北部中亚地区，给中亚地区构成威胁，因为这些中亚地区——哈萨克斯坦、乌兹别克斯坦、塔吉克斯坦、吉尔吉斯斯坦等这些国家跟俄罗斯关系不好，他们逐渐发生“颜色革命”。美国想通过强压的方式支持它的一些民族叛乱分子，使得这些国家听从于美国，顺便在这些国家建立一些军事基地。

2. “基地”组织

(1) 本·拉登领导的“基地”组织活动概况

“基地”组织是世界头号恐怖组织。1988 年，本·拉登在阿富汗建立了“基地”组织。成立之初，其目的是为了训练和指挥阿富汗义勇军抗击侵阿苏军，但是从苏军撤退后的 1991 年前后开始，该组织将目标转为打倒美国和伊斯兰世界的“腐败政权”。目前，“基地”组织在阿拉伯半岛、伊拉克和北非等地区均有分支机构。它通过互联网进行宣传和联络，从中亚、南亚、东南亚、中东、非洲甚至欧洲招揽成员，并将他们送往阿富汗境内十余处基地接受训练，训练内容包括学习原教旨主义教义和武器的使用。据估算，从 80 年代初至 2001 年，曾在“基地”受训的人数就已超过 3 万。时至今日，具体受训人数已无从查证。

“基地”组织有下列直接分部：阿拉伯半岛“基地”组织，包括沙特阿拉伯“基地”组织、也门伊斯兰圣战组织；伊拉克“基地”组织；伊斯兰马格里布“基地”组织；索马里青年党(圣战青年运动)；埃及伊斯兰圣战组织；利比亚伊斯兰战斗组织等。“基地”组织也与世界其他组织有联系，包括黎巴嫩南部、埃及、利比亚、也门、叙利亚、菲律宾、埃塞俄比亚、车臣非法武装、东突等组织。

“基地”组织为世界 70 多个国家和地区的 7 万～12 万穆斯林提供恐怖技能训练。“基地”组织坚持泛伊斯兰意识形态，主张对以美为主的西方国家发起“圣战”。本·拉登领导的“基地”组织核心成员 4 000～5 000 人，其中 700 多名已被捕。“基地”组织制造了许多惊天大案：1993 年，“基地”组织策划了美国世贸中心爆炸案，导致 6 人死亡，数百人受伤；1998 年，制造了对美驻肯尼亚、坦桑尼亚使馆的自杀式汽车炸弹爆炸案，致使 257 人死亡，5 000 人受伤；2000 年，制造了美国“科尔”号军舰自杀式袭击爆炸案，造成 17 名水兵死亡，数人受伤。自 1992 年起，“基地”组织资助、策划和指导实施了多起恐怖袭击。其中最严重的一起是举世震惊的“9·11”恐怖事件。2001 年 9 月 11 日，恐怖分子劫持美国民航四架客机，两架撞塌了纽约世贸中心“双子大厦”，一架撞毁华盛顿五角大楼的一角，一架在宾夕法尼亚州坠毁。这一系列袭击导致 3 000 多人死亡，并造成数千亿美元的经济损失。2001 年 10 月，基地组织在阿富汗战争中被打散。伊拉克战争前，“基地”组织再次发出“圣战”令，并拼凑敢死队赴伊拉克参战。伊战后，再度被打散的“基地”组织向世界渗透，参与制造多起恐怖案件，包括突尼斯、利雅德、卡萨布兰卡、巴里岛、马德里等地的恶性爆炸事件和袭击事件。2004 年 9 月 1 日发生的别斯兰人质事件是车臣民族分离势力和内外伊斯兰极端势力所为。俄情报部门的官员称，“基地”组织参与了别斯兰人质事件。为此次恐怖活动提供经费的是伊斯兰教瓦哈比教派在车臣地区的领袖之一阿布·奥马尔·赛义夫，他是“基地”组织驻车臣的代表，掌管从境外流入车臣的资金。2004 年 10 月，“基地”组织成员领导的恐怖小组绑架两名中国工程师并将其中的王鹏杀害。塔利班与“基地”组织残余在 2005 年 9 月 18 日阿富汗举行的全国及省议会选举期间及此前的 6 个月里发动了一系列武装袭扰活动，这些武装袭扰活动造成至少 1 000 人死亡。

拉登在 2004 年 10 月 29 日录像中告诫美国，如果美国不停止干涉阿拉伯和穆斯林事务，它将再次遭到袭击。与此同时，“基地”组织在伊斯兰网站发布了拉登的数盘录音带。由于人们从录音带中可以听出拉登讲话声音很沙哑，由此产生了有关拉登患重病的传闻。自那之后，声称拉登可能病故，或已在美军的袭击中丧生的传闻不胫而走，但始终未能得到包括美国中央情报局在内的各国情报机构的证实。路透社则援引塔利班发言人哈亚图拉·汗披露的消息报道：“他还活着，我百分之百确定。”这位发言人说，塔利班高级领导人与本·拉登保持着联系。这一讲话使人们普遍认为本·拉登藏身于巴基斯坦与阿富汗两国边境地带的消息得到了进一步证实。

2006 年夏，“基地”组织还阴谋劫持 10 架从英国起飞的航班去撞击美国目标。若不是英国当局防范严密，美国可能又一次遭遇“9·11”事件那样的恐怖灾难和浩劫。美国在伊斯兰世界的重要反恐盟国，如巴基斯坦、沙特等，也成了重点打击对象。“基地”组织除将阿富汗和伊拉克政府视为美国代理人而必欲推翻外，还积极推动激进伊斯兰势力起来推翻沙特、埃及、约旦、巴基斯坦等国受美国支持的温和伊斯兰国家政府。“基地”组织主要头目本·拉登和扎瓦赫里近年来发布的录像和录音中，关于打击伊斯兰叛徒的内容占据了前所未有的篇幅。受其影响和煽动的极端分子连续对沙特境内的西方人、西方公司、炼油厂和油气管道、沙特内务部等发起了严重恐怖袭击。埃及、约旦也受到了多次严重恐怖袭击。在巴基斯坦恐怖袭击事件频发。2007 年 10 月 19 日，卡拉奇发生针对前总理、人民党主席贝·布托的枪击、爆炸事件。贝·布托在拉瓦尔品第市举行的竞选集会上被开枪击中颈部和胸部，袭击者随后引爆了身上的炸弹，将其乘坐的汽车引爆炸毁，造成140多人死亡，500多人受伤。“基地”组织成员刺杀了贝·布托，使美国丧失了一个极为重要和可靠的反恐盟友，也使穆沙拉夫总统失去了一个可能重新稳定巴基斯坦局势的最重要的潜在合作者。这是“基地”组织在“9·11”事件之后制造震惊世界的最严重的恐怖袭击事件之一。巴基斯坦政府高层人物包括总统也不时遭遇“基地”组织分支及其同情者的暗杀阴谋。2007年7月，“基地”组织和塔利班的同情者甚至在巴基斯坦首都伊斯兰堡公然武装对抗政府，挑起了“红色清真寺”事件，制造了一场严重的政治危机。

此外，“基地”组织也加强了对美渗透。尽管美国在“9·11”事件后加强了本土安全防范和出入境管理，“基地”组织仍然能够在美国积聚力量，伺机进行大规模的恐怖袭击。2007年7月，美国情报部门分析认为，“基地”组织的力量已经恢复到“9·11”事件前的水平，并获得在美国发动袭击所需要的大部分能力。

“基地”组织等国际恐怖势力把恐怖活动与伊斯兰极端主义相结合，强化恐怖主义的意识形态，形成全球性的恐怖“运动”。“基地”组织等国际恐怖势力对穆斯林青年进行“圣战”、“洗脑”的效果明显变快，使他们在1～2年内，甚至更短时间里充当自杀性炸弹的“殉教者”。英国5名穆斯林就是接受短期极端意识形态灌输后，成为凶残的恐怖分子。

同时，“基地”组织恐怖势力活动的目的更具政治性，手段更具恐怖性，把制造血腥、残忍以及具有轰动效应的恐怖事件作为他们实现政治目的的主要手段。“让更多人看，要让更多人死”的“基地”组织作案模式成为恐怖组织的“蓝本”，恐怖分子不仅以极其残忍的手段让更多人死亡，而且还要更多人看到这种血腥场面，以达到其最大的恐怖宣传效果。在所有的恐怖袭击方式中，爆炸仍然是“基地”组织最常用、造成伤亡最大的方式，自杀性爆炸的运用变得空前频繁。当今“基地”组织制造的伤亡最严重的恐怖袭击，包括“9·11”事件本身，运用的多为自杀性袭击。在伊拉克许多地方，它已经成为人们生活中的常事。在2006年，自杀性爆炸开始在阿富汗盛行，大约700人死于80多起自杀性爆炸。而这种袭击方式在苏联入侵阿富汗以来27年内几乎闻所未闻。2009年12月26日晨，一名尼日利亚青年搭乘美国达美航空公司航班由荷兰阿姆斯特丹飞往美国底特律，在飞机着陆前20分钟试图引爆随身携带的爆炸装置结果未遂。嫌犯为“基地”组织成员，“基地”组织宣称负责。“基地”组织在不断地“学习与创新”。2010年10月的“基地在阿拉伯半岛”炸机阴谋就说明了这一点。2010 年 8 月 17 日，一个巴格达征兵站发生自杀式爆炸袭击，造成 59 人丧生，至少 100 人受伤。一个与“基地”组织有联系的组织声称，对此自杀爆炸事件负责。

2011 年 5 月 1 日，本·拉登在巴基斯坦遭美军击毙。基地组织 5 月 6 日在互联网上发表声明，证实其领导人奥萨马·本·拉登已经死亡。并扬言报复美国，引发外界高度关注。

(2) 扎瓦赫里领导的“基地”组织活动概况

本·拉登死后，艾曼·扎瓦赫里[①]成为世界上头号恐怖主义组织的接班人。“伊拉克伊斯兰国”宣誓效忠“基地”头目扎瓦赫里。同时发表声明，号称要在伊拉克制造 100 起袭击，为奥萨马·本·拉登报仇。袭击(形式)包括突袭、殉难行动(自杀式袭击)、路边炸弹、放冷枪，地点为所有省份的所有城市和乡村。2011 年 8 月 15 日当天，伊拉克全国 17 个城镇同时发生恐怖袭击，至少 74 人死亡，300 多人受伤。

2011 年 9 月 12 日，扎瓦赫里现声互联网，声称“9·11”袭击为 10 年后阿拉伯国家变革铺平了道路。在极端主义网站上，扎瓦赫里发表了这份名为“即将到来的胜利曙光”的音频讲话。扎瓦赫里在长约 1 小时的音频中，将“9·11”恐怖袭击和 2011 年以来中东、北非阿拉伯国家出现政权更迭情况相提并论。讲话中说道，“通过袭击世界犯罪首脑，‘基地’组织迫使美国给其在中东地区的盟友施加压力，要他们改变政策，这形成了‘阿拉伯火山’，并最终爆发。”

“基地”组织除了通过极端主义网站播放这份音频之外，还与音频同步发表了一些扎瓦赫里的照片。有照片显示，一身白衣的扎瓦赫里手拿 AK-47 冲锋枪，面带微笑地注视前方。在音频中，扎瓦赫里抨击沙特等美国的盟友，指责美国的“欺骗政策”。扎瓦赫里质疑：“为什么美国不对沙特做点什么?”

此前，扎瓦赫里等“基地”组织头目已经通过各种方式，对中东北非局势的变化做了评判，他们还敦促这些国家的年轻人要争取建立宗教政权。

2012 年 5 月 21 日上午，盘踞在也门南部地区的“基地”组织阿拉伯半岛分支在也门萨那市中心的阿萨比广场制造了一起骇人听闻的自杀式爆炸袭击事件。当也门安全部队阅兵仪式排练刚刚开始时，一名武装分子在方阵中央引爆了随身携带的炸弹，结果造成 90 人死亡，222 人受伤。

---

① 又译为“阿尔·扎瓦希里”。

2012年9月,上映的美国电影《穆斯林的无知》被指诋毁伊斯兰教与先知穆罕默德。利比亚、埃及、也门、孟加拉国、印尼、阿富汗、突尼斯、黎巴嫩、印控克什米尔、巴基斯坦、约旦与苏丹等多个国家或地区纷纷爆发大规模示威浪潮,导致美国驻利比亚大使及3名外交官身亡。9月15日,“基地”组织呼吁对美国在阿拉伯国家与西方国家的目标发动新一轮攻击行动。“基地”组织阿拉伯半岛分支还呼吁针对美国驻中东与非洲外交使团发动更多暴力袭击,敦促西方国家的穆斯林攻击美国利益机构。

2013年3月14日,“基地”组织伊拉克分支武装人员在巴格达接连发动一系列汽车炸弹袭击和自杀性袭击,造成21人死亡,50多人受伤。3月19日,伊拉克首都巴格达及其附近地区发生自杀式连环爆炸袭击,死亡人数超过56人,近300人受伤。3月20日,正值伊战爆发十周年之际,“基地”组织伊拉克分支宣称对19日的袭击负责,“这只是第一场复仇之雨,接下来将有更多复仇接踵而至,美国等那些异教徒将为屠杀我们的圣战者行为付出沉重代价”。

2013年9月,“9·11”恐怖袭击事件12周年之际,扎瓦赫里12日发表讲话,呼吁对美国进行袭击,并削弱美国经济。扎瓦赫里说,经济是美国的弱点,因此应该促使美国持续在安全事务上投入巨大开销,以此方式来重创美国经济。而让美国保持紧张“只需在一些不同的地点实施袭击”。他说,“基地”组织已经在索马里、也门、伊拉克和阿富汗等地发动了袭击,应该继续在美国本土“发动战争”。他还说,这些针对美国的袭击会由“一个或是几个兄弟组织实施”,“基地”组织应耐心等待机会,对美国发动大规模袭击。[8]

自杀性恐怖袭击仍将是今后“基地”组织使用的主要手段,与此同时,他们也在不断寻求大规模杀伤性武器。

3. 泰米尔伊拉姆猛虎解放组织

斯里兰卡是个多民族国家。1948年斯里兰卡独立后,政治上处于劣势的泰米尔族人对历届僧伽罗族人主持的政府在语言、就业、教育和宗教等方面的政策不满,两民族之间的矛盾日益激化,并多次发生流血冲突。20世纪70年代,泰米尔伊拉姆猛虎解放组织(LTTE,英语 Liberation Tigers of Tamil Eelam)成立。作为斯里兰卡泰米尔族的反政府武装组织,其宗旨是谋求在泰米尔人聚居的东部和北部地区建立一个独立的泰米尔国,位于斯北部的贾夫纳半岛是其大本营。1983年7月,猛虎组织成员在贾夫纳半岛打死13名政府军士兵,从而引发了持续了25年的内战,造成全国8万~10万人丧生,数百万人流离失所。

“自杀性爆炸袭击”是猛虎组织最常用的暴力手段。不少高官政要在袭击中遇难,其中包括印度前总理拉吉夫·甘地、斯里兰卡前总统普雷马达萨。2005年卸任的斯总统库马拉通加夫人也曾在一次自杀性爆炸中被炸伤眼睛。此外,猛虎组织还对斯国内建筑、商业中心、军用设施甚至佛教圣地发动恐怖袭击,遭到了国际社会的一致谴责。1998年1月,猛虎组织试图炸毁古都康提市著名的佛牙庙,为此斯政府宣布猛虎组织为非法组织。印度、美国、英国、加拿大以及欧盟先后将其定性为恐怖组织,列入恐怖组织名单。

在国际社会,特别是在挪威的积极斡旋下,2002年2月,猛虎组织与斯政府签署了一份永久性停火协议。尽管双方此后进行了多轮直接谈判,但它们之间的武装冲突从未间断,停火协议名存实亡。2006年7月,斯政府开始对猛虎组织发动新一轮军事打击,并逐步收复了猛虎组织控制的区域。10月16日,斯里兰卡海军车队遭到猛虎组织的自杀式袭击,造成至少99人死亡,100多名海军官兵受伤。2009年5月18日,斯里兰卡当地媒体宣布:斯反政府武装泰米尔伊拉姆猛虎解放组织最高领导人普拉巴卡兰已经被击毙。同日,斯国防部称,政府军17日、18日向猛虎组织位于斯东北部的最后落脚点发起进攻,至少5名猛虎组织高级领导人被打死。普拉巴卡兰的前副手、2004年投降政府的卡鲁纳·阿曼表示,普拉巴卡兰多年来并未培养任何继承人,他说:“这对于普拉巴卡兰来说是个致命的错误,那意味着他本人就是猛虎组织。”而普拉巴卡兰被击毙,意味着猛虎组织再无后继领导人。斯里兰卡总统于19日宣布长达25年的内战正式结束。斯里兰卡军方负责人萨雷斯·方塞卡说:“我们非常负责任地宣布,我们已经把整个国家从恐怖主义的威胁中解放出来。”普拉巴卡兰之死至关重要。如果普拉巴卡兰得以逃脱,他就有可能利用其庞大的国际走私网络以及海外泰米尔人的协助东山再起,重新在斯里兰卡发动新一波的武装活动。

(1) 成员构成

猛虎组织的规模,通常维持在7 000名成员左右。2004年1月,斯里兰卡总统库马拉通加声称,猛虎组织在停火期间招募了11 000名成员,壮大了自身的力量。猛虎组织三次增员,从7 000人扩大到18 000人。其中相当大一部分是儿童,而且还继续进行暴力征募。斯里兰卡政府军才只有2万名左右的士兵。拥有上万名核心成员的猛虎组织很自然地可以被称为斯里兰卡境内实力最强的分裂主义组织。

猛虎组织的成员以高度的纪律性、奉献精神、坚定的意志、充满活力和革新思想著称。所有的猛虎组织成员都被灌输以下信念:他们是为了反抗残忍的、偏见的僧伽罗人,建立一个独立的国家——伊拉姆这一神圣的使命而奋斗;猛虎组织极其崇拜牺牲,要求其成员必须消除意识中对死亡的恐惧,随时准备在与政府军的战斗中献出自己的生命,或是在被捕时立即吞下挂在脖子上的氰化物胶囊。所有的猛虎组织成员必须经过严格的训练:典型的军事训练持续 4 个月,包括使用武器、搏斗、爆炸、情报收集,以及严酷的野外求生训练和严格的思想教化等。

猛虎组织的成员包括男人、妇女和未成年人。1987 年与印度维和部队开战后,由于伤亡的增加和冲突的扩大导致成年男性缺乏,猛虎组织开始招募妇女和儿童。妇女大约占了猛虎组织成员的 1/3,她们主要参与战斗、从事炊事和医疗护理。而猛虎组织甚至在其控制区诱拐儿童,并把他们训练为童子军。利用女性和未成年人发动恐怖袭击是猛虎组织的一大特点,这也是它常常为国际社会所谴责的原因之一。

女成员:1983 年猛虎组织建立了妇女解放猛虎阵线,1985 年开始对妇女进行战斗训练。1987 年 10 月,普拉巴卡兰在贾夫纳建立了第一个妇女训练营。1989 年以前,妇女解放猛虎阵线主要负责领导层的保卫工作,后来,由于男人的缺乏,女性成员被投入到直接的战斗中。80 年代,猛虎组织建立了专门的妇女战斗部门——“自由之鸟”。而猛虎组织著名的自杀性袭击组织“黑虎敢死队”,更是因其女性成员屡屡建功而名声大噪。据《印度人报》(The Hindu)2002 年 3 月 10 日的统计,自 1985 年妇女开始参加战斗以来,共有 4 000名猛虎组织的女性成员战死,100 多名妇女因参加可怕的“黑虎”自杀班而死亡。印度前总理拉·甘地就是在 1991 年 5 月 21 日一次泰米尔纳都邦的竞选集会中,被一个名叫达纽(Dhanu)的“黑虎”自杀性女人弹炸死的。

猛虎组织为了吸引妇女参加其组织和减轻舆论压力,也极力鼓吹女性成员的“优秀品质”。在猛虎组织的理论家安东·巴拉辛哈姆(Anton Balasingham)的澳大利亚妻子阿黛尔·安(Adele Ann)的著作《猛虎组织中的女战士》(1989 年)中,她们被鼓吹为“不满于社会地位,有能力反抗强权的青年妇女;她们有独立的思想,随时准备献出自己的生命”。猛虎组织的首领普拉巴卡兰更是在 1996 年 3 月 8 日国际妇女节的演讲中宣称,猛虎组织的女战士是“泰米尔民族解放运动的热情儿女”。在猛虎组织里,妇女参加和男人一样的训练,并被分配到战斗、情报、政治和行政部门,被强迫放弃女性特质和性特征,因为“那是犯罪和侵蚀其体质的邪恶力量”。其成员妇女 25 岁以下、男人 28 岁以下不允许结婚。

童子军(娃娃兵):童子军是很多反政府武装、分裂主义组织经常利用的一支力量。当可征募的成年人大量减少时,这些组织通常开始征募儿童。儿童具有尚未成熟的是非观念和单纯的心理,使其很容易被误导和灌输仇恨意识;而技术的进步使得现在的武器变得更加轻便和自动化,童子军更容易操作;同时,少年儿童反抗能力弱,一般不敢违抗命令而被迫参加一些危险的任务。这些儿童参加猛虎组织的原因有很多。一些是自愿的,而有一些是被迫的。自愿参加猛虎组织的,通常是为了给在民族冲突中死去的亲人报仇或由于家境贫寒或纯粹是出于好奇。而猛虎组织的学校的教化、电影及纪念活动对一些儿童确实是比较有吸引力的。被迫参加者,主要是猛虎组织诱拐或绑架而来的。

猛虎组织在游击战和恐怖活动中使用童子军,成为其一大特色。有学者估计,童子军占了猛虎组织成员的40%以上。据斯里兰卡军事情报部门估计,猛虎组织在战争中死亡人员的40%(包括男性和女性)都是9～18岁的未成年人。猛虎组织第一次招募童子军可以追溯到30多年前,在1983年7月的民族骚乱导致的大量民众逃亡印度后,猛虎组织难以招募到足够的成年人,不得不开始招募儿童作为其兵力的战略储备。在这一阶段,普拉巴卡兰任命亭可马里的猛虎组织领导人巴士尔・卡卡(Basheer Kaka),在印度的本地治里(Pondicherry)建立了一个训练营,以招募16岁以下的儿童。最初,这些童子军被亲切地称为"幼虎",他们并不接受军事训练,主要是接受基础教育和身体锻炼。1984年,猛虎组织"娃娃旅"成立,或称"Bakuts"。1987年后,猛虎组织把儿童整合进战斗部门,以弥补战斗带来的严重的人员损失。

猛虎组织的儿童成员参加各种不同类型的任务。有的充当领导的奴仆,有的在厨房和医疗部门服务,有的负责运送弹药,有的收集情报,而有的直接参加战斗。据报道,有的童子军还给猛虎组织情报部门的首领当保镖。为使这些儿童尽早满足战斗的需要,猛虎组织通常在丛林中对他们进行为期4个月的军事训练。训练内容包括意识形态灌输、体能训练、军事训练等。猛虎组织的军事秘书处还发明了一种新的训练程序,可以使儿童军比成年人更加勇猛,包括放映兰博类型的电影,与没有武装或抵抗能力很弱的"边境"村民战斗(在这种"预防性攻击"中,猛虎组织的童子军由有经验的战士带领,以自动武器杀害无辜村民)等。

(2) 自杀性袭击

猛虎组织典型的恐怖袭击方式是自杀性袭击。在政治暴力中,自杀性袭击是最奇异的。通常,暗杀行动的目标是有限的——消灭敌人,挫败政府,或是简单地消灭对手。与一般的暗杀不同，自杀性袭击的实施者是必定死亡的，而他也事先意识到面临的死亡，但仍然实施这种行动。恐怖组织通常通过制度化的教化和严格的训练来准备一次自杀性袭击。除了教化，斯里兰卡的政治、社会环境也激发了猛虎组织的自杀性袭击活动。猛虎组织把自杀性袭击的方式引入南亚，并在斯里兰卡和印度成功地实施自杀性袭击，已经给人们制造了极大的恐惧意识。与其他恐怖组织一样，猛虎组织的自杀性袭击是以出其不意为标志的。猛虎组织自杀性袭击的对象，通常是斯里兰卡政治领域内的重要人物（如总统、政府高官、党派领袖等）、国外反对猛虎组织的政治领袖（如印度总理）和一般民众，而在与政府军的战斗中，猛虎组织的成员也会抱着炸药包突然冲入敌阵，与对方同归于尽。

猛虎组织中最残忍无情的是由 3 000 多名妇女组成的“黑虎敢死队”，这是一支精锐的自杀部队，她们心甘情愿充当“肉体炸弹”，与被攻击目标同归于尽。据统计，1983—2000 年，猛虎组织已经发动了 168 次自杀性袭击，这一数字远远高于其他恐怖组织。妇女加入“黑虎”的条件非常苛刻，首先她必须是猛虎组织的成员，年龄在 20 岁左右，而且必须是在自愿的基础上，经过猛虎组织最高领导人的批准才能成为一名黑虎队员。加入之后同样要遵守严格的军纪：不准谈恋爱，服役不满 5 年不准结婚，不准沾酒和吸烟，必须改掉真名。在猛虎组织里，这些人弹受到极大的尊重，在行动前可以享受到与猛虎组织的首领普拉巴卡兰共进“最后的晚餐”的特权。袭击成功后，袭击者的大幅照片、事迹材料将摆放在猛虎组织总部的门外，以作为宣传的典型。

4. 哈马斯

巴勒斯坦伊斯兰抵抗运动（Islamic Resistance Movement），简称哈马斯（HAMAS），由“伊斯兰”、“抵抗”、“运动”三个阿拉伯语缩写而成。哈马斯成立于 1987 年 12 月，创始人为谢赫·艾哈迈德·亚辛。集宗教性、政治性为一体的哈马斯主张用武力消灭巴土地上的犹太复国主义者，反对同以色列和谈，并且不放弃以武力消灭以色列，并将巴勒斯坦人对以色列的攻击行动称为“圣战”，从而建立由地中海到约旦河西岸，并以耶路撒冷为首都的独立的巴勒斯坦国。哈马斯在以色列占领区经常组织和策划反对以色列的示威和恐怖活动，并制造自杀性爆炸事件，对以色列平民的自杀性炸弹袭击，迫使以色列撤离约旦河西岸和加沙地带，并最终消灭以色列。以色列前沙龙政府从加沙地带的撤军被哈马斯视为是自己军事策略的重大胜利。哈马斯拥有正式成员 2 万多人及下属军事组织。“卡桑旅”是“哈马斯”下属武装部队，负责建立地下组织，搜集以色列国防军活动情报，举办自杀性爆炸者的培训课程以及实施包括自杀性爆炸袭击在内的军事行动，主要采用火箭弹及人体炸弹对以色列进行袭击。“卡桑旅”是哈马斯军事力量的中流砥柱。

哈马斯成立后，针对以色列目标多次制造了自杀式爆炸事件。由于屡次用人肉炸弹袭击以色列平民，1989 年，以色列宣布哈马斯为非法组织，并将其精神领袖亚辛逮捕入狱。1993 年，巴以双方在华盛顿签署了巴勒斯坦自治《原则宣言》，允许巴勒斯坦人在加沙-杰里科地区先行自治。哈马斯对此持反对态度，依然坚持对以色列的武装斗争。随着巴以和平进程的发展，哈马斯曾一度改变斗争策略。1996 年 3 月，哈马斯宣布将放弃暴力活动，在自治区内进行政治斗争。同年 5 月，以色列总理内塔尼亚胡在巴以和谈问题上采取强硬政策，致使巴以最后阶段谈判停滞。哈马斯宣布恢复武装斗争。2000 年 9 月底巴以大规模流血冲突爆发后，哈马斯制造了一系列针对以色列的自杀式爆炸事件。作为报复，以色列对哈马斯实施了“定点清除”和大规模的军事行动，使哈马斯遭受重创。亚辛以及他的接班人兰提西等哈马斯领导人先后被以色列“定点清除”。

“9・11”事件后，美国和欧盟先后宣布哈马斯为“恐怖组织”，并冻结其财产。澳大利亚随后也宣布冻结哈马斯领导人的财产。近年来，哈马斯在表示不放弃武装斗争的同时，开始逐渐调整自己的立场，以更加务实灵活的策略来参政议政。2005 年 3 月，哈马斯首次正式宣布参加巴立法委员会选举。哈马斯领导人表示，哈马斯在加入巴立法委员会和参与制定政策之后将会更加“开明”，也更愿意和美国等进行接触和对话。哈马斯自成立以来一直关注慈善救济工作，因此得到巴勒斯坦民众的广泛支持。在 2005 年巴勒斯坦举行的四个阶段地方选举中，哈马斯在第一和第四阶段均领先于其他党派。在此次选举中哈马斯首次成为巴勒斯坦地区执政党，由哈尼亚出任总理职务。2006 年 5 月，哈马斯还组建了一支由 3 000 多人组成的准军事力量，又称“特别安全部队”。在法塔赫等其他派别的强烈反对下，哈马斯于 2007 年 2 月同意组建民族联合政府。但不久后，两方又爆发激烈冲突，哈马斯夺取了对加沙地带的控制权，法塔赫则宣布解散联合政府，成立紧急政府。2008 年 12 月 27 日，以色列战机和武装直升机对哈马斯控制的加沙地带发动了大规模空袭，哈马斯发言人巴尔胡姆当日要求其下属武装派别对以色列发射远程火箭弹，以报复以军空袭加沙。这次空袭是自 1967 年中东战争以来，以军袭击所造成的巴勒斯坦人单日死亡人数最多的一次。加沙地区应急机构负责人 29 日表示，以色列对哈马斯发动的空袭已造成 310 人死亡，另有 1 400 余人受伤。巴勒斯坦 27 日宣布未来三天为哀悼日。2010 年 1 月 29 日，巴勒斯坦情报中心网站贴出声明，称哈马斯组织表示该组织高级指挥官马巴胡赫于 20 日在迪拜遭人暗杀身亡，哈马斯指责以色列进行了“可耻的暗杀”行为。2011 年 2 月，紧急政府总理法耶兹向哈马斯伸出了和谈的橄榄枝，5 月，两派签署和解协议，结束了长达 4 年的分裂。2012 年 2 月，哈马斯与法塔赫在开罗重修旧好，宣布组建联合过渡新政府，阿巴斯继续担任领导人。

2006 年 6 月 25 日，哈马斯绑架了一名以色列士兵。5 年多后，2011 年 10 月 11 日，在多国斡旋下，巴以双方达成换俘协议。最终协议数字定在 1∶1 024。巴勒斯坦释放沙利特，以色列释放 1 024 名巴勒斯坦囚犯，是为“千人换一人”。

2012 年 11 月 10 日以来，以哈马斯为首的加沙地带武装向以色列发射了 150 多枚火箭弹。11 月 14 日，以色列发起代号“防务之柱”的大规模军事行动，对哈马斯目标实施了一系列空中打击，并“定点清除”了哈马斯军事组织“卡桑旅”领导人贾巴里。此次新一轮巴以冲突，让哈马斯与法塔赫再次站到了同一战线上。11 月 20 日，哈马斯武装人员在加沙处决了 6 名以色列间谍，并拖着尸体游街示众。

2013 年 3 月 13 日，以色列国家安全总局(辛贝特)发表声明称：加沙地带哈马斯当局加大了在约旦河西岸建立恐怖组织的力度，并为了从约旦河西岸向以色列发射火箭弹而发布新征兵令。哈马斯当局还策划绑架和杀害一名士兵并准备进行更多人体炸弹攻击。

由于哈马斯长期制造针对以色列的自杀式爆炸事件，以色列长期与巴勒斯坦解放组织为敌，并多次对加沙地带实施军事打击。从某种程度来说，哈马斯的恐怖主义政策和以色列的军事打击严重破坏了巴以和平进程。

5. 阿克萨烈士旅

2000 年 9 月爆发了巴勒斯坦反对以色列占领的第二次“因迪法达(起义)”。10 月，在约旦河西岸城市纳布卢斯的巴拉塔难民营里，集聚着一批年轻、激进的“法塔赫”青年组织“坦齐姆”成员，他们讨论了当前的巴以局势，认为巴勒斯坦必须采取更加激进的行动来打击以色列占领军，才能赢得胜利。于是，“阿克萨烈士旅”正式宣告成立。其名取于穆斯林第三大圣地——耶路撒冷旧城内的“阿克萨清真寺”，表明其成员愿为巴勒斯坦解放事业献身，甘当“烈士”的决心。2004 年 11 月阿拉法特逝世后，该组织一度改名为“阿拉法特烈士旅”，誓言要继承阿拉法特遗志，继续战斗。后来，他们又恢复了原名。该组织的宗旨是以武力将以色列从加沙地带和约旦河西岸地区赶出去，建立一个独立的巴勒斯坦国。

“阿克萨烈士旅”主要力量在纳布卢斯和拉马拉，在西岸其他城市和加沙地带的难民营里也有其分部机构。自成立至今,其队伍一直不断地在扩大,据巴方透露,该组织现有成员数千人,是一个松散而灵活的军事组织,没有统一的指挥首脑,但设有"军事部"和"安全部"两个平行部门。其中,"军事部"直接负责对以色列目标的袭击活动。各个地区的"阿克萨烈士旅"组织相对独立行动,并有行动权,直接负责对以目标的袭击行动。

"阿克萨烈士旅"在5年多的巴以暴力冲突中扮演着"主力军"的角色。最初,他们以以色列士兵和犹太定居点的定居者为主要袭击目标,频频袭击以色列检查站,潜入犹太定居点枪杀定居者,伏击定居点外的行人车辆。从2002年初开始,"阿克萨烈士旅"逐步走上了进行自杀式爆炸活动的道路。他们持枪在以色列的城市向行人扫射,招募"人弹"进行自杀式爆炸活动,并在2002年1月首先招募巴勒斯坦妇女"人弹"进行自杀式爆炸活动。为其他巴激进组织招募女"人弹"开了先例。仅在2002年3月,该组织就实施了4次自杀式爆炸事件。此后,被美国列入"恐怖组织名单"。2003年1月份,该组织在特拉维夫外国劳工集中的地段制造了一起连环自杀式爆炸事件,造成22人死亡,100多人受伤,在此事件中,有3名中国劳工被炸身亡,6名中国劳工受伤。据以方统计,5年来,"阿克萨烈士旅"共策划了300多起暴力袭击以色列目标(含被以方挫败,没有成功的),与"哈马斯"、"杰哈德"成为制造自杀式爆炸袭以活动的巴三大"主力军",而在次数上超过了后两者。2007年11月5日,大约200名巴警察封锁了位于约旦河西岸城市纳布卢斯附近的巴拉塔难民营,并与阿巴斯领导的巴民族解放运动(法塔赫)下属军事组织"阿克萨烈士旅"武装人员发生交火。

"阿克萨烈士旅"并不是一个极端的伊斯兰原教旨主义组织,而是一个世俗的民族主义运动组织。它与"哈马斯"、"杰哈德"等伊斯兰极端组织的政策有着根本性的不同。"哈马斯"等极端组织坚持以武力打击以色列,最终目标是消灭以色列,在约旦河至地中海之间建立一个伊斯兰的巴勒斯坦国。"阿克萨烈士旅"的奋斗目标和以"巴解组织"为主体的巴民族权力机构没有多大的差别,但在采取什么手段来实现这些目标存在分歧。巴民族权力机构主张巴以双方实现停火,执行以美国为首的四方机制拟定的中东和平"路线图",尽快与以色列就巴勒斯坦最终地位问题进行谈判,欲建立一个民主、独立的巴勒斯坦国。而"阿克萨烈士旅"则坚持以武装斗争的形式来取得最后的胜利。

尽管该组织主张使用武力,但并非要消灭以色列,而且还愿意与以色列和平共处。其领导人表示,如果以色列能接受巴勒斯坦提出的条件,他们愿意与以色列实现和平。这些条件包括:以应撤离1967年巴以战争中占领的所有巴勒斯坦领土；拆除犹太人定居点；释放所有被关押在以监狱里的巴勒斯坦人；让逃离在海外的巴勒斯坦难民拥有“回归权”。他们不反对在本地区实现两个国家两个民族的方案，即一个以东耶路撒冷为首都的阿拉伯人国家和一个以西耶路撒冷为首都的犹太人国家。

有关“阿克萨烈士旅”的隶属问题，以及其是否服从“法塔赫”的指挥，换言之，过去的阿拉法特，现在的阿巴斯能否控制“阿克萨烈士旅”，一直是人们争议的中心。从“阿克萨烈士旅”成员的组成以及它的宗旨来看，说他们属于“法塔赫”组织，并没有太大意见分歧。一名巴官员表示，“阿克萨烈士旅”的大部分成员都有双重身份，他们既是“阿克萨烈士旅”成员，又可能服役于“法塔赫”所属的某一个机构，从巴民族权力机构领取薪水。如以军 2002 年 4 月抓捕的“法塔赫”西岸地区总书记马万·巴尔古迪，以方称他是“阿克萨烈士旅”的主要领导人。巴总理库赖 2004 年 6 月曾公开承认，“阿克萨烈士旅”是“法塔赫”的一个组成部分。那么，既然是“法塔赫”所属的军事组织，他们就应听命于“法塔赫”的领导人。阿拉法特在世时，他身边的人曾多次表示，阿拉法特和“法塔赫”并不支持该组织，也无法控制它。而以色列则认为，阿拉法特完全可以控制“阿克萨烈士旅”，只是他放任该组织。根据以军缴获的巴方文件，他们发现了巴民族权力资助“阿克萨烈士旅”2 万美元的一张单据。该组织领导人之一马斯拉马曾对《今日美国报》记者说：“我们是‘法塔赫’的一部分。我们接受‘法塔赫’的指令，阿拉法特就是我们的司令。”但另一个领导人纳赛尔对美国《纽约时报》表示：“我们尊重我们的领袖(阿拉法特)，但实施袭击以色列目标行动是由我们自己决定。”他还补充说：“尽管阿拉法特一再谴责自杀式爆炸活动，但他从未直接对‘阿克萨烈士旅’说过要停止自杀式爆炸活动。”实际上，从“阿克萨烈士旅”近来几年来的所作所为来看，该组织尽管与“法塔赫”有着千丝万缕的联系，但基本上排斥了“法塔赫”的领导。它独自开展袭击以色列目标行动，甚至多次与“哈马斯”、“杰哈德”合作进行袭以活动。长期以来，他们还多次在加沙与拉马拉示威闹事，公开与巴民族权力机构“叫板”，是一匹无人管束的“野马”。

6. 车臣非法武装

车臣人(Chechens，Чечня)，高加索地区的穆斯林民族之一。又称“切钦人”。自称“纳赫乔人”。主要居住在北高加索地区的中部和东部。人口约 110 多万人(2002 年)，另有约 5 万人散居在西亚地区，种族属欧罗巴人种高加索类型。语言属高加索语系东部语族，或称纳赫—达格斯坦语族，有自己的文字。

19 世纪，沙俄经过近半个世纪的高加索战争于 1859 年把车臣并入帝国版图。之后一直都属于俄国。十月革命之后，车臣继续留在俄罗斯联邦里。1922 年 11 月 30 日，苏联成立后成立车臣自治州，隶属于俄罗斯苏维埃联邦社会主义共和国，1934 年 1 月 15 日和同属俄罗斯联邦的印古什自治州合并为车臣-印古什自治州，1936 年 12 月 5 日改名为车臣-印古什苏维埃社会主义自治共和国。

在二战中，部分车臣人试图与德国军队合作谋求独立。1944 年，在斯大林领导下的苏联政府以车臣人同德国侵略者合作为由，将几乎整个车臣民族强行迁出家园。当时有 38.7 万多车臣人被驱逐到中亚哈萨克和西伯利亚境内，并撤销了车臣的自治共和国地位。此举大大加深了车臣人民对苏联政府与军队的仇恨。直到 1957 年赫鲁晓夫执政时期，车臣-印古什苏维埃社会主义自治共和国方才得以恢复。1989 年后，苏联局势急剧动荡，民族分离势力在车臣、印古什和北奥塞梯等高加索地区严重膨胀，车臣和北奥塞梯等自治共和国内均有流血冲突发生。自从苏联解体以后，俄罗斯联邦的不少成员，特别是外高加索地区的共和国，都希望像邻近的亚美尼亚或格鲁吉亚一样享有独立的地位。加上过去在前苏联年代里，一直受到压迫，造成车臣人要求独立和反俄罗斯的旺盛心态。1991 年，时任车臣共和国总统的杜达耶夫发表了独立宣言，可是未得到俄罗斯的承认。1994 年，俄罗斯当局为了维护国家统一和领土完整，总统叶利钦指派俄军大举攻打车臣。车臣武装一直拒绝放下武器，结果这场内战持续了 20 个月之久。1996 年底，车臣武装在俄境内先后制造两起重大劫持人质事件后，俄军被迫撤出车臣。1997 年 1 月，阿·马斯哈多夫当选车臣共和国总统后，仍然坚持车臣是“独立国家”。1997 年 5 月，俄联邦与车臣签署和平与相互关系原则条约。但是，车臣领导人始终未放弃其“独立”主张。1999 年 7 月 4 日，沙米利·巴萨耶夫指挥 5 000 人的武装部队偷袭了俄内务部队哨所，导致了第二次车臣战争。俄罗斯第二任总统普京以非常强硬的态度驳斥了分离主义思潮，出动 10 万军人，对车臣进行封锁和展开军事打击。经过空中轰炸和地面围剿，大股车臣武装被消灭，俄军几乎控制了车臣全境。但是，车臣剩余的武装化整为零，在车臣内外采取游击战术，频频进行暗杀和恐怖活动。特别是近两年来，车臣武装分子活动猖獗，不断制造恐怖袭击事件，造成大量人员伤亡和财产损失。2000 年 2 月初，俄军攻下车臣首府格罗兹尼，取得了平叛行动的决定性胜利。6 月 8 日，普京签署命令，对车臣实行总统直接治理，由总统驻北高加索代表卡赞采夫具体落实。6 月 16 日，车臣原马斯哈多夫政府反对派卡德罗夫被任命为车临时政府首脑。2001年初，普京下令将清剿车臣残匪的任务由国防部移交联邦安全局。在车臣成立政府和常设行政机关，任命原斯塔夫罗波尔政府首脑伊里亚索夫为车新政府总理。这标志着车臣开始从战争状态转入正常状态。2001年2月起俄罗斯当局从车臣撤军。

“9·11”事件后，美出于建立全球反恐联盟的需要，在车臣问题上表态明显软化。车臣分裂分子政治上受到沉重打击，军事上无力实施反扑，将制造恐怖袭击视为阻挠车臣和平进程的唯一有效手段。2002年下半年，车臣恐怖分子活动日益猖獗，多次用导弹击落联邦军用飞机，并制造多起恶性恐怖事件。10月23日，车臣恐怖分子占领莫斯科一剧院，劫持近800名人质，提出停止车臣战争、联邦军队撤出车臣的要求。俄特种部队10月26日采取行动，辅以施放麻醉化学气体等手段，在129名人质死亡后，解救出其余全部人质。12月27日，车臣恐怖分子驾驶两辆载有炸药的汽车冲入车臣政府大楼引爆炸药，致使大楼全部被毁，造成至少83人死亡，百余人受伤。车臣独立分子认为俄罗斯声称的反恐行动实际是大屠杀，第一次车臣战争及第二次车臣战争本质上是殖民战争，十数年间，有30%车臣人遭到杀害，许多车臣妇女的丈夫或儿子无故失踪，她们搜集并记录数百卷恐怖罪行的录影带，并将之偷渡到欧洲，向国际人权法庭控诉。影响所及，出现了部分失去亲人的车臣妇女选择加入“人体炸弹”队伍。2004年5月9日，车臣发生炸弹爆炸，总统艾哈迈德·卡德罗夫被当场炸死。2006年3月4日，艾哈迈德·卡德罗夫之子拉姆赞·卡德罗夫被任命为车臣共和国总理。2007年4月5日，拉姆赞·卡德罗夫宣誓就任车臣总统。2009年4月16日，俄罗斯国家反恐委员会宣布，鉴于车臣地区的安全形势明显好转，从当天起正式结束1999年以来在俄联邦车臣共和国展开的反恐行动，旨在实现车臣局势正常化。但非法武装分子仍对当地强力机构及政府机关发动零星袭击。2010年4月，俄总统梅德韦杰夫签署北高加索地区反恐命令，加强打击当地非法武装和社会重建的力度。

2012年2月22日，俄新社消息，俄罗斯空降部队司令弗拉基米尔·沙马诺夫表示，得益于弗拉基米尔·普京，世纪之交的车臣形势才得以稳定。3月5日，普京再次当选俄罗斯总统。普京深知，要想根除恐怖主义，仅靠硬的一手还是不够的。“铁拳”可以打击恐怖主义，但却无法根除恐怖主义滋生的土壤。要想在俄罗斯北高加索地区实现真正的稳定，除了一系列“剿匪行动”之外，俄政府还必须为该地区老百姓的日常生活创造正常的环境，包括促进当地社会经济发展、创造新的就业岗位、建立新工厂、启动新的投资项目等。为此，俄中央政府于2010年年初正式把包括车臣共和国、印古什共和国的一些“多事之地”设为俄第八个联邦区，并任命熟悉经济事务的赫洛波宁为俄总统驻北高加索联邦区全权代表兼联邦政府副总理。当俄其他地区的民众要求“中央政府不要再无休止地供养高加索”时，普京耐心地告诉这些人“那不是别人土地”[9]。

2013年3月1日，普京在普斯科夫市第76空降师第6连伞兵烈士纪念碑献花，13年前该连84名官兵在打击车臣叛军的一场战役中阵亡。当天普京发表声明说，普斯科夫伞兵师的官兵在车臣战场上对敌人寸步不让的精神证明了，俄罗斯是不可战胜的。

2000年以来俄罗斯发生的恐怖袭击事件回顾：

2000年6月7日，车臣境内发生第一次自杀性袭击。车臣首府格罗兹尼附近的阿尔汗尤特村发生自杀性汽车爆炸，2名俄罗斯特种警察身亡，另有5人受伤。7月2日至3日，车臣恐怖分子在24小时内向俄罗斯安全部队驻地发起5次自杀性袭击。俄罗斯警察突击队在格罗兹尼附近阿尔贡的宿舍遭到炸弹袭击，造成至少54人死亡。俄罗斯内政部在古德米尔德基地遭袭，6名俄罗斯人死亡。8月8日，莫斯科普希金地铁站发生爆炸事件，致使13人死亡，90多人受伤。

2002年5月9日，俄罗斯南部达吉斯坦共和国的卡斯皮斯克市在举行纪念二战胜利游行活动时发生爆炸事件，造成42人死亡，100余人受伤。8月19日，俄军一架米－26重型运输直升机被车臣武装人员用便携式防空导弹击中坠毁，机上147人中有118人死亡。10月10日，俄罗斯联邦车臣共和国首府格罗兹尼市一警察分局大楼内发生严重爆炸事件，造成至少23人丧生。10月23日，40多名蒙面持枪的车臣武装分子闯入莫斯科轴承厂的文化宫大楼，劫持了正在那里演出的演员、欣赏音乐会的观众以及文化宫的工作人员近千人。3天后，俄特种部队向剧院内施放催眠气体后，成功地解救了大多数人质，但仍有130名人质不幸丧生。12月27日，车臣“人弹”驾车撞向格罗兹尼市政府总部并引爆炸弹，炸毁了四层办公楼，造成72人死亡，100多人受伤。

2003年5月12日，两名自杀性袭击者驾驶一辆装满炸药的汽车，强行闯入俄罗斯联邦车臣纳德捷列奇诺耶区政府大院并引爆了炸药，造成59人死亡，100多人受伤。5月14日，位于格罗兹尼东部埃利斯汗尤特镇的一个宗教庆典遭到自杀式炸弹袭击，至少16人被炸死，145人受伤。6月5日，一名女人弹在车臣附近突袭一辆运送俄罗斯空军飞行员的车辆，结果车被炸毁，包括女人弹在内共19人死亡。7月5日，两名女人弹在莫斯科图什诺机场举行的露天摇滚音乐会上发动自杀式爆炸袭击，导致17人死亡，60人受伤。8月1日，一名自杀式袭击者驾驶一辆满载炸药的卡车冲入与车臣接壤的北奥塞梯共和国莫兹多克市的一家军队医院并引爆炸药，造成50多人死亡，80多人受伤。9月3日，一列火车在北高加索温泉疗养地米罗拉耶沃迪附近发生爆炸，至少6人死亡，俄警方介绍此事是车臣叛军所为。12月5日，俄南部斯塔夫罗波尔边疆区一列旅客列车在接近皮亚季戈尔斯克市车站时发生爆炸，造成至少44人死亡，150多人受伤。

2004年2月6日，莫斯科一列地铁列车在运行中发生爆炸，致使近50人死亡，100多人受伤。这是莫斯科有史以来最严重的地铁列车爆炸案。俄罗斯联邦安全局称，一名潜伏在车臣共和国的沙特伊斯兰武装分子可能是该爆炸案的幕后策划者。4月6日，俄罗斯印古什共和国总统贾济科夫的车队遭到汽车炸弹袭击，总统本人受轻伤。5月9日，车臣首府格罗兹尼的狄纳莫体育场发生爆炸，车臣总统卡德罗夫、车臣国务委员会主席伊萨耶夫等7人被炸身亡。8月24日晚，俄罗斯一架图－134和一架图－154客机从莫斯科多莫杰多沃机场起飞后，分别在图拉州和罗斯托夫州坠毁，两架飞机上的89名乘客和机组人员全部遇难。经历连续几天的调查，俄罗斯安全部门终于查明了两架民航客机几乎同时失事的真实原因。种种迹象表明，黑寡妇通过实施自杀性爆炸制造了这两起空难。8月29日，俄罗斯联邦车臣共和国的总统选举开始，共有包括车臣内政部长阿尔哈诺夫在内的7名候选人将参加此次总统竞选。开始投票当天，一投票站外就发生了一起自杀式爆炸袭击。有报道称，制造此次袭击事件的一名不明身份男子当场身亡。9月1日，车臣武装分子策划了震惊世界的俄北奥塞共和国的别斯兰第一中学劫持人质事件。据统计，在这次人质事件中，共有331人遇难，其中包括186名儿童。另有包括639名儿童在内的958人受伤，123人落下残疾。

2009年5月15日，一名自杀式袭击者在车臣首府格罗兹尼(Grozny)靠近内政部总部的地方将自己点燃，引起爆炸，导致两名警察死亡，数名警察受伤。6月22日，印古什共和国检查员官方消息称，印古什共和国总统叶夫库罗夫遭恐怖组织自杀式汽车炸弹袭击后受伤。7月26日，车臣共和国首府格罗兹尼发生一起自杀式爆炸事件，造成至少5人死亡，20人受伤。8月17日，印古什共和国最大城市纳兹兰市一警察局遭遇自杀式炸弹袭击，至少20人死亡，130多人受伤。8月21日，在格罗兹尼不同地点发生4起爆炸，至少4人死亡，1人受伤。据初步资料表明，第一起爆炸是由自杀式恐怖分子制造，这名恐怖分子骑自行车冲向警察并引爆炸弹，两名内务部警察死亡。莫斯科时间13点40分在波格丹·赫梅利尼茨基街发生了第二起爆炸事件，死亡的也是两名警察。8月25日，俄罗斯车臣地区执法部门称，车臣地区发生了一起自杀式炸弹袭击，造成4名警察死亡，另有1人受伤。12月17日，俄罗斯印古什共和国纳兹兰市发生自杀式汽车炸弹袭击事件，造成1人死亡，23人受伤。俄罗斯总检察院印古什侦查机构发布消息说，莫斯科时间13时许，在位于纳兹兰市国道上的一处交警岗亭，一名恐怖分子驾驶一辆拉达汽车冲向执勤人员，并引爆车上的爆炸装置。爆炸导致恐怖分子当场死亡，23人受伤。伤者中包括警察和附近商店中的平民，其中多人伤势严重。

2010年3月29日晨，位于莫斯科市中心的“卢比扬卡”地铁站和“文化公园”地铁站接连发生自杀式爆炸事件，导致40人死亡，近百人受伤。制造爆炸案的是两名女性自杀式恐怖分子。3月31日，俄南部的达吉斯坦共和国基兹利亚尔市发生的自杀式连环爆炸事件导致12人身亡，20多人受伤，其中死伤者大部分是警察。车臣分裂分子首领乌马罗夫称对此负责。4月1日，达吉斯坦境内两起汽车爆炸事件又造成至少两名当地居民死亡。4月4日凌晨，达吉斯坦卡亚肯特区发生两起铁轨爆炸事件，导致一货运列车的8节车厢脱轨。调查显示，第二次爆炸是专为袭击赶到现场的侦查人员的。但两次爆炸均未造成人员伤亡。4月5日，一名男性自杀袭击者在卡拉布拉克市内务局附近引爆炸药。袭击者当场死亡，3名警察受伤，其中两人送往医院后不治身亡。其后不到一小时，内务局附近再次发生汽车炸弹袭击。当时正值卡拉布拉克市内务局岗哨交接班，一辆满载警察的汽车正驶入内务局建筑群。执勤人员在门口发现1名可疑男子驾驶汽车停在附近。当警察上前盘问时，该男子引爆汽车，造成两名警察死亡，两名警察受伤。随后，当救援人员和检察人员赶到事发现场时，又发生第二起汽车爆炸，1名检察人员受轻伤。调查表明，第二起爆炸由遥控装置引爆。6月30日，一名自杀式恐怖分子在俄罗斯车臣共和国首府格罗兹内市中心国家音乐剧院附近发动爆炸袭击。爆炸共导致造成1人死亡，至少10人受伤，其中5名是警察。10月19日，俄罗斯车臣共和国议会大楼遭到数名武装分子自杀式袭击。俄联邦侦查委员会车臣侦查局表示本次袭击共导致3名袭击者在内6人死亡，17人受伤。

2011年1月24日，莫斯科多莫杰多沃机场发生自杀式爆炸袭击事件，造成36人死亡，近200人受伤。俄罗斯强力部门经过侦查发现，这起震惊全球的机场爆炸案系由一个7人组成的恐怖团伙实施，策划人竟是年仅18岁的印古什共和国少年巴希尔·哈姆克霍耶夫。而制造恐怖袭击的动机，是为了替2010年8月被俄联邦安全局镇压的、身为印古什反政府武装头目的堂兄报仇。俄罗斯印古什共和国总统叶夫库罗夫认为，莫斯科多莫杰多沃机场爆炸案的幕后少不了车臣反政府武装头目多库·乌马罗夫的身影。2月14日晚，与斯塔夫罗波尔边疆区邻近的达吉斯坦共和国接连发生两次自杀式爆炸袭击事件，导致至少2名军警死亡，20余人受伤。8月31日，在车臣共和国首府格罗兹尼，3名自杀式恐怖分子制造了两起爆炸袭击事件。所用的爆炸装置威力相当于3公斤TNT炸药当量。据报道，当地巡逻警察在波格丹·赫梅利尼茨基大街上试图拦住一名可疑男子以检查其证件时，该名男子引爆了炸弹。当护法机关工作人员和路人聚集在出事地点时，发生了第二起爆炸。爆炸导致8人死亡，包括6名警员、1名紧急情况部工作人员和1名平民，伤者包括护法机关工作人员和平民。

2012年2月27日，俄罗斯国家媒体报道，情报机构逮捕了涉嫌阴谋策划刺杀总理弗拉基米尔·普京的两名男子。嫌疑人供认，他们受雇于车臣反政府武装头目多库·乌马罗夫。5月3日晚，在俄罗斯当选总统普京正式宣誓就职前夕，俄达吉斯坦共和国首府马哈奇卡拉发生两起自杀式爆炸事件，造成至少15人死亡，超过110人受伤。俄罗斯《观点报》4日称，俄反恐官员表示，爆炸发生在马哈奇卡拉郊区的一个交通检查站附近，当警察对一辆出城汽车进行例行检查时，车上人员引爆了炸弹。在警察及相关人员赶往事发地点进行处置、救助伤员时，另一辆停留在现场附近的汽车被引爆，再次造成大量人员伤亡，伤亡者中有俄内务部、紧急情况部的工作人员及平民。据内务部通报，自杀袭击者共有3个人，两男一女。爆破专家查明，第一次爆炸威力为30公斤TNT当量，第二次爆炸威力相当于50公斤TNT。

据俄媒体报道，在过去12年里，俄警方至少破获了7起直接针对普京的暗杀阴谋，其中半数以上与俄车臣非法武装分子有关。

2013年5月20日，俄南部达吉斯坦共和国首府马哈奇卡拉市发生两起爆炸，共造成4人死亡，35人受伤。俄罗斯侦查委员会发言人弗拉基米尔·马尔金对媒体说，这两起爆炸被认定为恐怖事件。10月21日，俄罗斯伏尔加格勒红军区公交车站附近一辆公交车内发生自杀式爆炸恐怖事件。爆炸造成自杀式袭击者在内的7人死亡，30多人受伤。针对伏尔加格勒公交车爆炸事件，俄侦查部门以“恐怖袭击、谋杀和非法保存武器”罪名进行刑事立案。根据调查，一名来自达吉斯坦共和国的30岁女“人弹”制造了爆炸事件。

（三）自杀性恐怖犯罪活动的组织过程

要成功地执行一项自杀式恐怖袭击任务，一般来说，单独的个人行动是无法完成的。恐怖组织在组织恐怖分子、实施自杀性恐怖犯罪活动时往往有一个过程。包括招募人员、组织训练、策划袭击、举行仪式、实施袭击、媒体宣传等。

首先，招募恐怖分子。哈马斯选择担当自杀性袭击行动的攻击者的程序是，首先是由在加沙或西岸的清真寺或是伊斯兰教育中心的老师们对学生通过近乎是考试的判断及长时间的接触和了解的方式挑选出最具有献身精神的学生们，然后向哈马斯组织推荐。泰米尔猛虎解放组织主要从本组织内部挑选志愿者，淘汰率非常高，通常由最高首领决定。基地组织在全球招募恐怖分子，目前倾向于在西方国家内部招募恐怖分子。

其次，组织训练。选拔出来一名将要担当自杀性袭击行动的候选人后，他都要被送到一个训练营地，接受一段时间的全封闭式科目训练。训练营地有武装人员把守，非常隐蔽。被训练者实行淘汰制。受训者不是参加团队训练，而是单兵演练，教与学是一对一，甚至几对一的方式。训练营地无法教授的劫持飞机、驾驶飞机、引爆水库或炸毁核电站等科目或其他一些相关的高科技知识，训练营地的教官会安排恐怖分子到社会上的收费学校或训练中心甚至出国去接受高层次的技术培训。训练营地免费提供“学生”在学习期间享受的所有生活待遇。

一般说来，恐怖主义组织对自杀性袭击攻击者的训练课程分为心理课程、爆炸技术课程、胆识训练课程等。

通常，受训者在这一阶段的心理训练课程结束时要接受心理测试，被测试人在压力下，特别是当他在生命受到威胁时所呈现的一种表现和态度如何，直接关系到其能否获准参加下一阶段训练课程。

受训者在第二阶段学习的是一些实用爆炸技术课程和相关科技知识。例如，怎样掌握制造、藏匿、运输和使用爆炸物品，怎样化妆和假扮老人或孕妇，怎样使用交通工具旅行、跟踪和接近袭击目标，怎样顺利通过安全检查口等等。

最后阶段的“胆识”训练课程，通常都是攻击者即将执行任务的前几天进行。其中的一个课程内容是，将自杀性袭击行动的攻击者带到一个墓地前，要求他们必须躺在一座坟墓里至少要达数小时之久，使他们战前能克服对死亡的恐惧。[10]

在美国 2002 年推翻塔利班政权之前，阿富汗塔利班政权在“基地”组织头目本·拉登的支持和赞助下，一度曾将阿富汗变成了世界恐怖主义组织训练自杀性人体炸弹的最大训练营地。塔利班政权推翻后，一部分训练营地向中亚地区转移，如阿塞拜疆的一些边远山区，另一部分则向东转移至菲律宾的棉兰老岛地区。棉兰老岛的部分地区已成为“伊斯兰祈祷团”在亚洲的训练营地，招募了来自数个国家的恐怖分子。

继本·拉登在阿富汗的训练营地之后，世界上最大的自杀性恐怖主义训练营地目前是设在黎巴嫩中部地区一个名叫贝卡的山谷地，这个训练营地现在由叙利亚人控制，黎巴嫩的真主党和巴勒斯坦的哈马斯这两个组织的有关人员都是在这里接受训练的。训练的资金来源主要靠许多反对西方的阿拉伯有钱人、一些神秘的外国领导人和海外商人的赞助。[11]111-112

第三，组织袭击。恐怖组织在训练好自杀式恐怖分子以后，就会对具体的恐怖活动进行策划，包括选择袭击目标、收集目标情报、制订行动计划、准备恐怖活动的工具及建立一个活动网络等。在一些情况下，恐怖组织还会挑选出数个目标，并排出优先顺序。

第四，举行告别仪式。自杀式恐怖活动的核心不是恐怖活动技能，而是恐怖分子自杀的意愿[12]89。强化训练一段时间之后，受训者们要举行一个身体和精神净化的宗教程序。特别是当攻击行动的命令下达之后，通常在袭击前的最后两三天内，自杀性袭击的攻击者们需要履行一些宗教仪式，表示已经被“洗礼”过，身体和精神境界已经净化到了一个新的阶段。在举行这些仪式时，攻击者们穿着典型的民族服装，把胡须剃掉，在一位为他们举行祈祷仪式的主持人面前宣誓，表示自己是自愿参加这次执行自杀性袭击任务的，并愿与自己的同伙一道合作。然后，他们会写下一份遗嘱由其组织转交给其家人。在这些遗嘱里，要求家人不要哀悼他，因为他没有“死”，而是进入另外一个能与真主安拉相聚在一起的世界。同时恐怖组织会录制一盒录像带，进行特殊的祷告，并与恐怖活动合作者合影留念。录像供他家人观看或宣传和教育后人使用。

第五，实施袭击。对于恐怖活动的组织者来说，也会担心恐怖分子在关键的时候发生动摇。在最后阶段，当自杀性爆炸攻击者即将出发之时，恐怖主义组织都要给出行者吸食海洛因、大麻等毒品，或是服下放有海洛因等毒品的“壮行酒”，一是给那些胆识不够、届时有可能犹豫不前的人提神壮胆，二是让攻击者在执行死亡任务之时，能有一种飘飘欲仙的升天快感，而少一些精神方面的痛苦。[11]113此外，恐怖组织会安排监视人员，甚至还会准备第二爆炸装置，在其思想动摇时由监视者来执行引爆活动。

最后，广为宣传。在社会公众和政府的心目中制造极大的恐慌是自杀式恐怖袭击的目的之一。为此，恐怖组织借助媒体进行广为宣传也是自杀式恐怖活动的最后一个环节。宣传方式包括宣布对袭击事件负责，阐明从事恐怖活动的理由，公布袭击者遗嘱，发布网络视频资料等。

参考文献

[1] 梅建明.反恐情报与危机管理.北京：群众出版社，2007

[2] 毛书兵.撩开人肉炸弹的面纱.2009年08月27日17：04：19，http://world.zjol.com.cn/05world/system/2009/08/27/015779210.shtml

[3] 梁旭.俄罗斯抓获6名女性自杀式恐怖袭击者.2010-07-13，中国新闻网 http://www.chinanews.com/gj/2010/07-13/2397365.shtml

[4] 王逸舟.恐怖主义溯源(修订版).北京：社会科学文献出版社，2010

[5] 殷娜.今年伊拉克女人弹是去年3倍，已造23次自杀袭击.2009年08月28日10：26：01.浙江在线新闻网站 http://world.zjol.com.cn/05world/system/2009/08/27/015779334.shtml

[6] 中国现代国际关系研究院反恐怖研究中心.国际恐怖主义与反恐怖斗争年鉴(2005).北京：时事出版社，2006：64

[7] 张乐.塔利班突袭阿富汗首都喀布尔炮击美国使馆.新京报，2011-09-14

[8] 基地组织头目呼吁袭击美国称要重创美国经济，2013年09月13日，人民网，http://militarv.people.com.cn/n/2013/0913/c172467-22912549.html

[9] 普京曾因车臣之战飙人气"暗杀"为其竞选助力，中国青年报，http://news.cn.yahoo.com/ypen/20120301/894420.html

[10] See：Yediot 09/03/1995，Maariv，24/03/1997

[11] 李湛军.恐怖主义与国际治理.北京：中国经济出版社，2006

[12] 张家栋.恐怖主义与反恐怖.上海：上海人民出版社，2012：89

第四章

自杀性恐怖犯罪根源
——以中东自杀性恐怖犯罪为例

自“9·11”事件发生以来，恐怖主义犯罪活动遭到世界各国的联合抵制和打击，但在某些国家和地区却继续呈猖獗之势，其主要表现特征是自杀性恐怖犯罪活动被频频使用。尤其以自杀性恐怖爆炸犯罪活动更为剧烈，心理和政治影响也更大。为什么这些恐怖组织频频使用这种极端的暴力恐怖手段来实施自杀性恐怖犯罪？本章从自杀性恐怖犯罪产生的社会根源与犯罪个体根源来分析。

第一节 社会根源

一、民族分离主义的影响

人类社会是一个民族大千世界。民族伴随着国家的出现而逐步形成。民族是具有共同的种族、语言、宗教信仰、政治文化经历和生活地域的人群。民族不同于种族，每一个种族中都包含着许多民族。民族之间的差异不是以体貌特征而主要是以不同的文化来区分的，民族之间的差别则主要表现为社会发展程度的不同。在阶级社会中，各民族由于社会发展水平不同存在着不同程度的阶级分化，各民族之间的关系也因阶级不平等扩大为民族的不平等而形成民族压迫与被压迫的关系。因此实施民族压迫的民族征服与被压迫民族的反抗斗争不仅成为阶级社会中最为普遍的冲突形式，而且也构成了阶级斗争的组成部分。但是，由于民族压迫导致的民族冲突发生在民族之间，具有民族整体对抗性的特点，从而掩盖了造成民族压迫的阶级实质。在这种情况下，民族冲突双方的社会动员是以民族认同的历史、语言、信仰、生活习俗及其所形成的共同心理来实践的。民族主义作为这种社会动员的意识形态也随之产生，并在西方资产阶级革命和建立民族国家的进程中形成近现代的政治理论形态，同时也成为19世纪以来世界民族问题形势演变中最具影响力的思潮，甚至被认为是产生恐怖主义“最持久、最强有力与最致命的根源之一”。[1]29

民族主义是近代社会才出现的一种历史现象。它最初是西方资本主义以建立独立统一的资产阶级民族国家为核心的思潮，到19世纪中叶以后逐渐演变为欧美列强对外扩张、争夺霸权的理论依据和精神动力。与此同时，殖民地、半殖民地和附属国被压迫民族反抗殖民统治、争取民族独立的民族主义开始产生，对各国政治、经济、军事、文化等领域产生深刻影响，成为牵制世界和平与发展的重要因素。历史上西方殖民主义帝国的全球性侵略使民族问题普遍激化，造成了两次世界大战和三次民族主义浪潮，成为国际形势巨变的动因之一；而每一次民族主义浪潮都伴随着民族宗教冲突、国家之间的战争，其结果直接影响着世界格局的变化、地区的稳定乃至国家安全。

随着西方列强向垄断资本主义的过渡，出现了以少数资本主义列强对世界上绝大多数国家实行压迫的殖民体系。结果，在世界范围内基本上形成了压迫民族与被压迫民族尖锐对立的全球民族关系格局。原先基本上是单一民族国家的美、俄、英、法、德、日已变成控制众多被压迫民族的殖民主义国家，于是民族问题由局部的国内问题变为国际问题，逐渐和殖民地问题相挂钩，扩大为民族殖民地问题。反对帝国主义和殖民主义的奴役成为该时期殖民地民族主义的首要内容，并由此形成第一次世界民族主义浪潮。

20世纪初，民族资产阶级在亚洲各国逐渐形成，他们对资本主义和封建主义的压迫表示不满，要求建立独立的民族国家，掀起了民族主义革命浪潮。日俄战争和俄国革命是引发这次革命风暴的导火索。1905年伊朗爆发了反对俄英帝国主义的资产阶级革命，1908年土耳其爆发了青年土耳其党领导的资产阶级革命，1911年中国爆发了孙中山领导的辛亥革命等。

第一次世界大战和1917年俄国十月革命对现代民族主义运动产生了深远的影响，它极大地鼓舞了殖民地、半殖民地的民族解放运动；俄国十月革命的胜利，为人类社会处理和解决民族问题开启了新纪元。但战胜国战后分赃的不公正性，给这些取得了民族独立的国家之间关系以及这些国家内部的民族关系留下了不少隐患。

各殖民地、半殖民地民族解放运动的兴起和无产阶级革命运动的发展，对西方殖民主义的全球统治构成了根本性的挑战。西方资本主义国家在围攻新生苏维埃政权的过程中不仅自身经历了经济大萧条的冲击，而且最终导致了第二次世界大战。在民族自决权和战后联合国推动的“非殖民化”运动中，全球性的第二次世界民族主义浪潮始于殖民地和半殖民地以国家独立、民族解放为特征的政治民族主义运动中得以形成。在此期间，亚洲、非洲、拉丁美洲和大洋洲的殖民地和半殖民地掀起了多次独立建国的浪潮，许多国家实现了独立，联合国成员国也增加到100多个。

从第二次世界大战后到20世纪80年代末，国际舞台上一批新兴的发展中国家脱颖而出，形成了第二次民族主义浪潮的主流。殖民地、半殖民地的民族解放运动使以民族主义为基础的独立建国运动增加了新的思想内容和政治取向。美国等西方殖民主义势力试图对这些实现独立的国家施加影响，在领土划分、民族关系、宗教关系等方面继续推行分而治之等政策；极力扶持资产阶级、民族君主政权来抵消社会主义的影响。前者是为继续控制和影响这些实现独立的民族与国家，后者则是为了遏制社会主义运动的发展。

90年代初以来，第三次民族主义浪潮到来，苏联、南斯拉夫、捷克斯洛伐克，分别在1991年、1992年和1993年相继解体，形成20多个新的民族独立国家。同时，该地区各国内部的民族危机急骤上升，民族矛盾和领土纠纷也纷纷涌现。20世纪前两次民族主义浪潮的主流基本上是殖民地附属国及其独立后形成的发展中国家为争取和维护民族独立所进行的民族民主运动，而第三次民族主义浪潮不具有明显的意识形态或社会发展形态属性，其兴起和发展具有全球性和综合性，在表现形式和内容上则具有多样性和复杂性。第一，民族分离主义成为这次民族主义浪潮的主流。民族分离主义是在殖民体系完全瓦解、彻底崩溃的背景下，以国际法中的民族自决权原则作为其理论依据，在多民族主权国家里，搞民族分离、分裂、独立的极端民族主义。民族分离主义对多民族国家的统一与领土完整构成了严重的威胁，传统国际法和国际关系中维护国家主权等准则面临着严峻的挑战。这种民族分离主义更多地表现出消极作用，特别是前苏联、东欧泛起的民族分离主义明显带有反共反社会主义、热衷于建立独立民族国家的极端性和对其他民族的排斥性。这种民族分离主义的发展助长了狭隘的民族主义的日益抬头。新独立国家中的其他少数民族又要求新的分离，出现“原子裂变式”的态势。第二，民族问题与宗教因素、领土争端相互交错。第三次民族主义浪潮中的泛民族主义、泛宗教主义沉渣泛起，民族主义的极端性在某些宗教思潮的影响下表现为严重的暴力恐怖活动并具有跨国性质。跨国界民族问题的出现，导致相关国家之间难以梳理的纠葛冲突不断。由民族、宗教、领土矛盾而导致的“三合一”争端最为典型。

民族主义是一个民族社会要求的产物，如政治要求、经济要求、文化要求、宗教要求等，但本质上民族主义是在政治要求驱使下的一种自治运动，运动的目的是为本民族谋求一个政治实体，要么建立独立国家，要么实现自治。民族主义是一个十分复杂的问题，在某些时间、地点和背景下，它又是破坏和平与发展的力量。为此，应当具体问题具体分析。

在现代国际政治理论中，民族主义被分为很多种类型，其中政治民族主义、经济民族主义、文化民族主义划分即是一种。在这种民族主义的划分中，最具影响力的是政治民族主义。从西欧民族主义的兴起到全球性的殖民地民族主义运动，政治民族主义成为建立主权独立国家的主导思潮。分析绝大多数民族主义的政治诉求，主要包括两方面：一是本民族的独立或高度自治，二是本民族人民及生活地域并入境外同民族国家。苏联 104 个民族有 15 个按照自己的意愿实现了其民族主义政治目标，但还有 89 个未实现。这些民族总人口约为 2 000 多万，占苏联人口的 10%，如果都要独立，只能将俄罗斯引入持久的战乱之中。车臣战争就是如此。尽管殖民主义时代早已结束，但是殖民统治、帝国侵略和霸权干预造成的民族领土等问题和各独立国家解决民族问题的失误与错误，使政治民族主义在很多国家内部依然存在，并突出地表现为民族分裂主义(也称民族分离主义)。

民族分裂主义活动是指在一个主权独立、领土完整的国家内部，由于民族问题的激化造成通常表现为非主体民族或少数民族建立独立国家的政治诉求、暴力活动，甚至军事对抗行动。民族分裂主义的理论依据主要是民族自决原则，并以人权为由加以渲染，从而谋求合法政治地位和国际社会的支持以实现独立建国或高度自治的目标。[2]168

冷战后的民族分离主义肇始于东欧剧变和两极格局解体。这一浪潮中一些苏东国家发生的裂变对整个国际局势产生了极大的影响。它不仅改变了世界政治地图，而且煽起了众多国家民族分离运动的火焰。民族分离主义成为民族极端型恐怖主义的主要诱因。随后发生的俄罗斯车臣问题、南斯拉夫波黑问题和科索沃问题、西班牙巴斯克地区问题、高加索地区的阿布哈兹和南奥塞梯问题，以及中国的“东突”、“藏独”问题都受其影响。

冷战后的民族分离主义对当代国家主权原则构成强烈的冲击，尤其一些统一的多民族国家深受其害。在这些国家中，某些分离主义势力不顾本国的历史和现状,坚决要求本民族独立,为此不惜采取各种极端的暴力恐怖手段,甚至采取自杀性恐怖犯罪,严重威胁该国及国际社会的安全与稳定。任何一个多民族国家都潜伏着爆发民族分离主义运动的可能性。可以预料,在今后相当长的一段时期内,因民族分离主义诱发的民族极端型恐怖主义将会继续长期存在。

二、宗教极端势力的蔓延

纵观世界恐怖主义组织,许多都表现出很强的宗教意识,特别是恐怖组织成员的宗教背景往往说明了该组织的政治立场、价值观念乃至行动特征等。宗教极端主义认为宗教信仰高于一切,驱使它们从事恐怖活动的是精神而非世俗因素。带有明显宗教狂热色彩的恐怖活动是当代世界危害最为严重的恐怖主义类别之一。宗教极端恐怖主义决不仅仅限于中东地区和伊斯兰教,世界上基督教、犹太教、印度教等宗教内都有极端分子。

(一) 渊源

从历史上看,宗教极端型恐怖主义可以追溯到两千多年前,犹太教的狂热信徒以谋杀、大规模破坏等手段反抗罗马人的统治。宗教在这个世界上一出现,极端教派和个人就与恐怖主义结下不解之缘。英文单词"刺客"(assassin)源自1090—1272年穆斯林什叶派伊萨梅里(Ismaili)分支。该组织在占领抗击叙利亚地区基督教十字军的斗争中为刺客壮行的仪式叫"Assassin"。[2]45

基督教和伊斯兰教都曾经并正在为打着自己旗号的极端组织和个人所困扰。宗教极端型恐怖分子所追求的往往是超自然和来世的目的,把恐怖活动看成是神圣的职责与义务,"神"的精神和旨意使得他们无节制的暴力恐怖行为得到了"合法化"的解释。刺杀以色列总理拉宾的犹太教极端分子伊噶尔·阿米尔说过,他丝毫不后悔,因为他是奉上帝的命令行动的。这些人往往将异教徒视为"神"的异己乃至敌对势力,力图铲除异教徒,并建立单一宗教国家。

20世纪中叶以前,西方国家的殖民统治者将基督教意识形态带到世界上各个角落,虽然遇到了一些东方宗教的抵抗,但出于宗教原因的恐怖主义还主要是小规模、地域性的。民族解放运动使亚非出现大量新独立的伊斯兰国家,有些还是政教合一的神权国家。虽然宗教和恐怖主义之间有着历史渊隙,在20世纪40多年的冷战时期,政治意识形态的对垒、两大阵营对中间地带的争夺以及民族独立和分离的呼声,掩盖了宗教意识形态方面的矛盾,宗教极端主义势力甚至被美国或苏联利用以达到自己的政治、军事目的。1980年,伊朗伊斯兰革命被某些美国学者认为是宗教极端恐怖主义泛滥的开端。但是,即使那一年,全球64个恐怖组织中仅有两个是宗教型的,民族极端主义类型的则占到一半。到了1994年,49个国际恐怖主义组织中有1/3(16个)可被归纳为宗教极端主义类型。[3]

(二)宗教极端势力活动特点

第一,宗教极端势力活动具有明显的欺骗性和反动性。利用信徒(教徒)们的虔诚信仰,达到自己一定的政治目的,并以宗教的名义从事极端暴力恐怖活动。这是宗教极端势力表现自我的一种基本手段。宗教作为深层精神寄托的一种形式,信仰它的民族或个人产生危机感或屈辱感时,往往外化为个人或集团的非理性的狂热或冒险行动,笼罩着浓重的宗教神圣的"面纱",赋予信徒以勇敢和牺牲精神,一些受蒙蔽者正是在宗教词句、宗教召唤迷惑下,从事恐怖活动的。

第二,宗教极端势力活动具有煽动性和勾联性。宗教极端势力利用教徒对于宗教的虔诚和崇拜,鼓吹对异教徒"圣战",在不同民族和宗教教徒间进行挑拨离间,大肆煽动宗教狂热和民族对立、民族仇视。在多民族、多宗教信仰的国家或地区,在不同民族之间、不同信仰的民众之间,因社会政治地位、经济利益的不同,宗教信仰、文化习俗、价值观念的差异导致矛盾和冲突是正常的。但一旦宗教极端势力介入或蓄意挑唆,就容易激起宗教信仰者的宗教感情,很容易在民族和教徒当中煽动宗教狂热和民族仇恨。

宗教极端势力的活动并不是孤立的,而是具有广泛勾联性的。这种勾联性不仅表现在国内的宗教极端势力与国际宗教极端势力的勾联,还表现在宗教极端势力与民族分裂势力、国际恐怖势力之间的遥相呼应。这其中,跨国界的宗教极端主义应当引起我们的警觉。宗教极端主义为达到自己的政治目的,利用宗教挑拨民族关系、离间民族团结、分裂民族群体,与民族分离主义和国际恐怖主义遥相呼应,形成一体。就三者的关系而言,宗教极端主义是分裂主义和恐怖主义的思想基础,民族分裂主义是其鲜明的政治目的,而恐怖主义不过是其实现民族分裂政治目的的手段而已。

第三,宗教极端势力活动具有极端的排他性和破坏性。一般来看,任何一种宗教和宗教派别都有不同程度的排他性。而宗教极端主义则蓄意歪曲宗教信仰体系,把对一切问题的解释简化为宗教问题。如伊斯兰宗教极端主义把人类简单地区分为穆斯林和非穆斯林,把人类世界简单地分为"伊斯兰世界与非伊斯兰世界",随意鼓吹对异教徒的"圣战",消灭异己,具有极端的排他性。因此，伊斯兰极端分子本・拉登的"基地"组织在报复美国的同时，连无辜的美国普通老百姓也不会放过，这与他的二元对立的宗教极端主义价值观是完全一致的。

宗教极端势力煽起的宗教狂热达到疯狂的程度，它与恐怖主义结合，动辄滥杀无辜，不计后果，危害性极大。这种宗教极端活动源自宗教极端分子的内心世界与外在世俗现实之间在价值体系、道德观念、世界观等方面巨大的不同。宗教极端分子通常认为，现世的世俗体系一无是处，自己是世俗体系之外的分子。他们还认为，暴力是一种神圣的行为，是在履行真主的旨意，因此不受任何政治、道德、法律的约束。这种思想的结果使得宗教极端活动的规模更大、手段更残忍，造成的人员伤亡和财产损失更为巨大。如1983年黎巴嫩真主党攻击美国驻黎大使馆和驻黎美国海军陆战队总部，造成300人丧生；伊斯兰极端主义分子制造的"9・11"事件使近三千人丧生。这些宗教极端主义势力所从事的恐怖活动手段残忍，组织严密，以重点目标为袭击对象，以"自杀性"攻击为行动方式，追求轰动效果，对社会的危害尤为严重[4]。

本书以目前世界上自杀性恐怖犯罪最为猖獗的中东地区为例，谈谈中东地区恐怖主义与宗教极端主义的关系。

（三）中东恐怖主义与宗教极端主义

1. 伊斯兰复兴思想

事实证明，当代中东恐怖主义在意识形态上与宗教极端主义有密切联系，伊斯兰恐怖主义组织在实践活动中往往打着伊斯兰教的旗号，而西方舆论则长期将具有广泛群众性的当代伊斯兰复兴运动视为对西方的威胁和挑战，甚至对伊斯兰文明加以"妖魔化"，其结果恰如美国著名伊斯兰问题研究专家约翰・埃斯波西托所说："伊斯兰教和伊斯兰复兴主义被化约成反西方的伊斯兰的原型，化约成伊斯兰教向现代性开战，或穆斯林的愤怒、极端主义、狂热主义和恐怖主义。在许多人的脑海中，原教旨主义和恐怖主义结下不解之缘。选择性的因而也是偏颇的分析，增加了我们的愚昧而非知识，狭窄了我们的视野而非拓宽了我们的理解，加剧了问题而非为新的答案开辟了道路。"[5]因此，西方舆论界频频出现的武断地将恐怖主义与伊斯兰教直接挂钩的现象和做法，鼓吹伊斯兰恐怖主义、伊斯兰法西斯主义等不负责任的论调，终于形成了"伊斯兰教＝伊斯兰原教旨主义＝伊斯兰极端主义＝恐怖主义"这样一种荒唐的逻辑。[6]

中东地区伊斯兰极端主义势力在意识形态上，竭力歪曲利用伊斯兰教的传统宗教理念，在实践上坚持以伊斯兰为名义从事暴力恐怖活动，加上不明真相或心怀叵测的西方媒体舆论的妖魔化宣传，这些都恶化了伊斯兰教的国际声誉与国际形象，不断制造文明冲突预言的自我实现。要努力改变这种现象。一是在实践层面，需要伊斯兰世界的穆斯林个体、群体、国家、国际组织坚定地反对任何形式的恐怖主义，重塑伊斯兰教中正和平、正能量的国际形象；二是需要国际社会尤其是西方等其他的文明共同体能秉承文化宽容主义的理念，尊重文明与文化的多样性，推进不同文明间的对话与交流，不断采取切实措施，共同合作，消除滋生恐怖主义的文化土壤。

“托古改制”是伊斯兰政治文化的一种历史传统。每当伊斯兰民族处于内忧外患的历史危机时刻，便会出现要求按照伊斯兰教原旨教义正本清源、回归传统的复兴思潮与运动，其目的和内容是改变、改造当时的社会现实。中世纪的复古思想、近代的伊斯兰现代主义（改革主义）、现代的伊斯兰复兴思想，尽管其言语表述并不相同，但具有的共性特征，都是主张运用传统应对伊斯兰文明和社会面临的时代危机。当代伊斯兰复兴思想和运动兴起的现实根源，在于内部现代化进程滞后和外部生存环境不断恶化的双重危机。本质上是一种运用伊斯兰文化传统探索自身发展道路，重建伊斯兰文明的尝试。伊斯兰复兴运动具有鲜明的反世俗化、反西方化的特征，其主旨思想是与伊斯兰教追求公正、和平的社会理念相一致的，与恐怖主义绝无任何必然联系。因而导致恐怖主义产生的宗教极端主义思想，其是从伊斯兰复兴思想中衍生出来的异端邪说，绝非伊斯兰复兴思想的主流。这种宗教极端思想不但是极端主义分子用以伪装的宗教外衣，也是他们从事暴力恐怖犯罪活动的“障眼法”。

考察伊斯兰复兴思想的历史发展进程，从中世纪罕百里学派和伊本·泰米叶的复古思想，到近代瓦哈比主义和伊斯兰现代主义等各种伊斯兰复兴思想，其实与宗教极端主义和恐怖主义并无联系，它们没有明确系统的主张恐怖暴力的思想学说。直至哈桑·班纳创建了穆斯林兄弟会，其宗教复兴思想中才蕴含倡导“圣战”的激进思想，随即由穆斯林兄弟会的极端派别付诸实践；接着，又被毛杜迪、赛义德·库特卜等进一步发展为宗教极端主义，为恐怖主义论证其暴力恐怖活动的合法性提供了思想依据。冷战结束后，伊斯兰复兴运动在广度和深度上都得以继续发展，政治宗教化、宗教政治化色彩更加浓厚。海湾战争和美国推行的单边黩武和双重标准的中东政策，又导致了伊斯兰极端主义思潮的进一步蔓延，把一批伊斯兰激进分子推向极端主义和恐怖主义的道路，这些激进分子将“宣道、圣战、殉教”作为其实现政治目标的手段。

2. “圣战”观念与恐怖主义

伊斯兰极端主义是中东伊斯兰社会持续动荡、矛盾尖锐、冲突不断的地区环境和国际环境的畸形产物。中东恐怖主义组织和从事恐怖活动的伊斯兰极端分子常常在伊斯兰“圣战”的名义下组织、发动恐怖活动，以期在恐怖组织内部获得认同和忠诚，在宗教氛围浓郁的社会层面获得同情和支持。多年来，恐怖组织成员更是将自杀性恐怖袭击视为舍生取义、杀身成仁的“殉教”行为，对普通穆斯林民众具有很大的迷惑性和欺骗性。然而，尽管“他们的观念和实践有着强烈的宗教色彩，但更加远离伊斯兰教本身，是对伊斯兰教的利用和曲解”[7]。

事实上，伊斯兰教的“圣战”观念是一个不断演变的观念，其演变过程是对具体历史和社会状况的反映。当代中东恐怖主义以“圣战”名义从事暴力恐怖活动，完全是对“圣战”观念的曲解和滥用。

(1) 伊斯兰教的“圣战”观念

伊斯兰教的“圣战”一词是对阿拉伯语“jihad”的汉语意译，该词的音译为“吉哈德”或“杰哈德”。“jihad”这个名词是动词“jahada”的词根形式，《古兰经》中总共出现35次，分布在30节经文中。“jihad”及其动词和相关派生词在《古兰经》里的含义主要分为三类：第一类，动作的实施者是不信仰伊斯兰教的父母，动作的对象是信仰伊斯兰教的子女，共两节，内容都是“如果他俩勒令你用你所不知道的东西配我，那么，你不要服从他俩”（见马坚译《古兰经》，29：8，31：15），动词“jahada”译作了“勒令”；第二类，动作的实施者是穆斯林，表示穆斯林为了主道而“奋斗”的含义，这种奋斗的具体形式并不明确；第三类，动作的实施者是穆斯林，明确具有“作战”的含义。其中第一类仅两条，第二类约3/5，第三类2/5。

在《古兰经》中，“jihad”及其动词和相关派生词并不是固定表达穆斯林为了伊斯兰教而作战的含义。为了避免因为措辞的相似而造成概念的混淆，可将包括作战和非作战等形式的广义“jihad”用“吉哈德”一词来表示；而将仅具有“作战”含义的“jihad”用“圣战”一词来表示。概而论之，“圣战”仅指具有“作战”含义的“吉哈德”，而在“圣战”之外，还存在其他含义如“奋斗”、“尽力”等的“吉哈德”。穆斯林普遍把吉哈德分为大吉哈德和小吉哈德两类，大吉哈德指伊斯兰教法学家让穆斯林履行吉哈德义务的四种方式：用心、用舌、用手（笔）、用剑中的“用心”方式，即穆斯林依据《古兰经》的教导，不断同内心的邪恶意念作斗争，以清除私欲，抵制诱惑，净化心灵，达到虔信真主、止恶扬善。圣训中记载，有一次，当圣门弟子从战场上归来时，穆圣对他们说“你们从‘小吉哈德’转到了‘大吉哈德’。”人们问道：“使者呵，什么是大吉哈德?”穆圣说：“就是对自身的吉哈德。”[8]什叶派和苏菲派重视圣训中提出的两种吉哈德的观点：战时同外在的敌人进行战斗，名曰“小吉哈德”；平时同人的私欲进行斗争，成为“大吉哈德”。“小吉哈德”实际上指的是用剑方式，即穆斯林用军事或战争方式，同来自异教徒的威胁迫害对抗和军事进攻进行武装战斗，以生命和财产来弘扬和保卫伊斯兰教，即护教运动。

(2) 恐怖主义者对“圣战”观念的歪曲

以扎瓦赫里领导的“基地”组织为代表的当代伊斯兰恐怖主义为例，“基地”组织是以宗教极端主义为基础，在行动上不遵守军事或战争方式的规则，任意扩大“外在敌人”的范围，采取暴力恐怖手段滥杀无辜，显然已超越了伊斯兰复兴思想的界限。他们利用了伊斯兰复兴的思想，却肆意曲解和滥用伊斯兰教的“圣战”观念。

第一，按照伊斯兰教教法规定，只有伊玛目才能宣布“圣战”。伊玛目是穆斯林社团的领袖，是合法的政治和宗教权威。以扎瓦赫里为代表的恐怖分子既不是合法的政治权威，也不是合法的宗教权威，他们随意以伊斯兰的名义宣布和发动“圣战”，显然是非法的。

第二，伊斯兰教将自杀视为犯罪。当代伊斯兰恐怖主义者常以“圣战”为借口，怂恿、鼓动并组织实施自杀式袭击，这明显违背了伊斯兰教教义。《古兰经》明文规定“你们不要自杀，真主确是怜恤你们的。谁为过分和不义而犯此严禁，我要把谁投入火狱，这对于真主是容易的”。《布哈里圣训实录》中，有多段圣训表明伊斯兰教的先知穆罕默德明确反对自杀，并指出自杀者的归宿是火狱而非田园。

第三，伊斯兰教反对针对无辜平民的攻占和杀戮。《古兰经》规定：“你们不要违背真主的禁令而杀人，除非因为正义。”大部分的伊斯兰教法学家认为，即使在战争状态下，也不能对非武装人员实行杀戮。而恐怖袭击行动基本上针对无辜平民，完全不符合伊斯兰教的基本精神。

尽管中东伊斯兰世界是当代恐怖主义的活跃地区，但恐怖主义并非伊斯兰世界的特有现象，更非伊斯兰教的产物。和其他宗教一样，伊斯兰教崇尚和平关爱生命。伊斯兰教的基本教义和教法原则要求穆斯林待人处事应宽厚仁慈，反对滥施暴力，禁止伤害无辜。那些激进或极端的伊斯兰组织领导人打着宗教的旗帜教唆受蒙蔽者去从事暴力恐怖活动，他们的真正目的是政治，而非宗教；他们通过歪曲篡改伊斯兰教教义，策划、开展带有伊斯兰名义的恐怖活动，实质上，这些行为是带有极端主义性质的政治行动，而非宗教行为。

显然，在中东以及整个伊斯兰世界，伊斯兰不仅是一种宗教信仰及礼仪制度，而且也是广大穆斯林的一种意识形态、生活方式、行为准则、伦理规范、文化体系和社会政治经济制度，它对广大穆斯林的社会整合与控制功能非常突出。中东作为伊斯兰世界的核心地区，又是当今国际社会矛盾最尖锐、冲突最集中、形势最复杂的地区，一些宗教极端势力和暴力恐怖组织利用穆斯林对宗教的虔信和热诚，有意识地把自己的恐怖活动和理念同伊斯兰联系起来，用“伊斯兰”、“圣战”的名义，唆使那些受蒙蔽者为“捍卫信仰”、“净化社会”而赴汤蹈火、舍命牺牲。黎巴嫩“伊斯兰阿迈勒运功”领导人穆萨维甚至把从事恐怖主义活动说成是一条捍卫伊斯兰信仰的“殉教之路”，声称：“对我们来说，如果死是为真主的事业战斗的时候，在捍卫被压迫者的时候来临的话，它比吸支烟容易得多。”[9] 1996 年 3 月，伊斯兰世界著名宗教领袖谢赫·卡尔达维在卡塔尔电视台讲经时声称，那些死于自杀式袭击的人是“为了保护自己的土地和荣誉抗击窃取了巴勒斯坦的以色列人”而献身的。他们不是自杀者，是在圣战中倒下的殉教者，会被授予“烈士”称号。在巴以冲突和阿富汗、伊拉克战后重建进程中，自杀式袭击事件始终难以绝迹，也都是源于同一思维逻辑，即把自己的恐怖行动视为舍生取义、杀身成仁的“殉教”行为。

我国“东伊运”、“东突解”等暴力恐怖组织为达到分裂新疆的罪恶目的，利用一部分群众朴素的民族感情和宗教感情，大肆进行反动的“圣战”宣传，散布参加“对异教徒的圣战而献身，死后可以进天堂”的谬论，蒙骗煽动一些涉世不深的青少年包括年轻妇女，以自杀性恐怖犯罪等极其残暴的方式对我国公安武警、干部群众发动所谓“圣战”，滥杀无辜、涂炭生灵。参与这些严重暴力恐怖犯罪的人，无一例外都是受到了“殉教”精神的蛊惑和毒害。

三、普遍主义传统的冲突

文化是人类生活环境和生活方式的产物，它一旦成为传统，就会扎根于人们的灵魂深处，支配国民的精神生活，成为塑造国家精神品格的强大力量。严格说来，美国没有自己独立的文化传统，它的文化传统在很大程度上是通过英国清教徒们移居北美大陆而带给美国的。清教徒们带来的文化传统，就是发源于古希腊罗马，中间经过基督教的滋养，后在英国资产阶级革命时期形成的基督教——自由主义传统。这个传统最显著的一个特质就是普遍主义(universalism,又译普世主义)。[10]

普遍主义既是一种世界观,也是一种方法论,还是一种价值观。作为世界观,普遍主义就是相信万物背后有普遍的本原或本体,运动变化背后有某种永恒不变的东西。作为方法论,普遍主义就是喜欢抽象地、超时空地看问题,喜好从某种抽象的前提推出放之四海而皆准的普遍结论,并且把一般看成脱离个别而存在的东西,认为抽象的或普遍的才是真实的。作为价值观,普遍主义就是相信超越时空的、普遍而永恒的价值体系或制度规范。普遍主义作为一种思维方式,在事实领域里可能是有效认识自然界普遍规律的方法,但是移植到价值领域里,它就会制造出许多荒谬的结论。普遍主义的价值观认为自己的价值体系是放之四海而皆准的普世价值体系的观念,是与价值的多元性这一事实根本对立的,也是与世界的多元文化现实相冲突的。美国在全世界推行他们“普世价值”的热情,就是由这种普遍主义文化传统的火种点燃的。

来自欧洲的这一传统曾经造就了一个日不落帝国——大英帝国,但是随着英帝国的衰落,它又在美国上演着同一个梦想,使美国成为英帝国衣钵的继承者。在欧洲大陆,法国的启蒙运动曾强烈地冲击了人们的基督教信仰,德国的浪漫主义和历史主义又无情地解构了普遍主义的迷思,所以,西方文化中的普遍主义传统在欧洲得到了一定程度的消解。然而,这两个思想运动并没有在美国产生太大的影响,特别是作为一个没有历史的国家很难产生历史主义的意识,所以,美国就理所当然地成了欧洲普遍主义传统的正宗继承人。在当今世界各国中,美国是基督教信仰最为强烈的国家,也是自由主义意识形态真正居于支配地位的国家。基督教是西方普遍主义传统中最极端的形式,而自由主义则是各种现代思潮中最具普遍主义性质的思潮,因此,美国也就顺理成章地成了普遍主义精神最为强烈的国家。

普遍主义不仅会在民族国家内部造成各种亚文化之间的冲突,从而在一定程度上与多元文化的现实相冲突,而且,当某种文明取得的成果超出时间和地点的约束走向世界时,其文明中蕴含的普遍主义常常会同其他文明发生冲突,从而在国际层面上造成诸种文明之间的冲突。

美国学者亨廷顿明确指出,“帝国主义是普世主义的必然逻辑结果。”[11]这在一定程度上分析出了普遍主义理论与帝国主义实践之间的联系。普遍主义的文化传统就像一根不断的线,贯穿在西方文明发展的始终。它不仅在西方文明内部造成了矛盾,而且在西方文明向外扩张的过程中表现出西方中心的傲慢与偏见，在成就帝国梦想的同时亦与其他文明形成冲突。

美国的霸权主义和帝国梦想是会与所有其他文明发生根本冲突的。为什么在这些文明中唯独伊斯兰文明中的一些极端分子更多地喜欢采用恐怖主义手段甚至是自杀性恐怖等手段来反抗美国的霸权呢？这与伊斯兰文明中的普遍主义传统也有着内在的联系。基督教和伊斯兰教是当今世界两种最典型的一神教，也都是最具普遍主义性质的宗教，而这种普遍主义的一神教是很难能够容忍其他神的存在的。因此，当基督和安拉共在的时候，谁是真正的神呢？这个问题会痛苦而无情地折磨着这两种宗教的信徒们。假如承认对方神的存在，就意味着否认了自己信仰之神的唯一性，意味着自己的信仰大厦被拆去了根基。这对任何一个有虔诚信仰的信徒来说，都是难以接受的一个事实。因为，它是对自己精神家园的毁灭，是自己的生命赖以维系的精神支柱的崩溃。在意义如此重大的选择面前，不宽容是那些最真诚的一神教教徒的自然品格，难以与其他文化和平相处也是这种普遍主义文化的逻辑结果。这就是造成基督教与伊斯兰教长期纷争不息的根本原因之一，也是在美国的强大军事机器无法被撼动的情况下，弱势的伊斯兰普遍主义对抗强势的基督教普遍主义时容易选择恐怖主义的内在原因之一。

伊拉克战争后，自杀式恐怖袭击被一些极端组织作为常用的袭击手段密集使用，这已经成为威胁国际社会和各国人民生命财产安全的一大公害。自杀式袭击的泛滥固然与其行为特征、实施组织和袭击者的动机有关，但其泛滥的根源却是美国的霸权主义政策。美国对外政策的制定与实施是以超强的经济、科技和军事实力作基础，同时受到“天定使命”等价值观和“美国例外”等民族优越感的影响，目标是实现美国利益的最大化、夺取全球霸权地位以及输出美式民主，这就导致美国不能平等地对待其他民族和文明，认为美国具有特殊的权利和利益，其价值观和模式是普世的，使得美国的对外政策带有浓厚的霸权主义色彩。[12]

在这里，我们看到，当今世界恐怖主义之所以泛滥成灾，美国的霸权主义是难辞其咎的，而这种霸权主义的文化根源就在于美国的普遍主义传统。法国学者埃曼纽·托德指出：“在即将完成的教育和人口转型的痛苦中，世界走向稳定。经过意识形态和宗教狂热的第三世界正走向发展、走向民主。并没有任何全球性威胁需要美国发挥保护自由世界的特殊作用。对全球平衡的唯一威胁正是美国本身：美国正由保护者变为捕食者。”[13]的确，当美国以反恐为名在世界各地到处奔忙，为所欲为时，能否认真找一找恐怖主义的真正根源，深刻反思一下自己的理念和做法，放下架子与多元文化的世界和谐相处呢？而作为弱势的一方的伊斯兰原教旨主义极端分子是不是也能够走出普遍主义的迷茫，让充满理性的阳光指明自己的希望之路呢？

四、社会、经济因素的影响

人口爆炸及大量人口失业，政府未能为年轻人提供更多的发展机会等都会刺激恐怖主义的发展。支持和自愿参加自杀性恐怖犯罪并不是直接源自政治压制、贫穷、失业，但是当政治、经济和社会趋势的发展比期望缩减时，必然产生挫折，激进组织可以利用这些挫折。所以，相对的缺失比绝对的剥夺更为危险。

在巴勒斯坦，青年失业率高达50%，没有自己的家，而哈马斯则给年轻人家一样的温暖，所以有许多年轻人自愿加入哈马斯。也门是世界最不发达国家之一。据统计，也门2 300万人口中有高达45.2%的人生活在贫困线以下。自南北也门统一以来，由于历史遗留问题，原南也门地区经济发展滞后，基础设施匮乏，民生凋敝。南部居民对中央政府的不满情绪日益高涨，寻求南也门重新独立的武装派别在这些地区得到当地居民的支持。在此背景下，"基地"组织在其控制的阿比扬省实行伊斯兰教法，帮助当地居民修复电站、开垦农田，结果赢得部分民心。同时，"基地"组织还设立伊斯兰教法法庭，解决当地纠纷，因其办事效率高于原政府部门，不少也门民众在遇到纠纷时也选择求助于"基地"组织。在这种经济极其落后的情况下，国内武装派别割据一方，政府内部矛盾重重，"基地"组织乘虚而入，这些都是恐怖主义在也门生根发芽的主要原因。

在阿尔及利亚，70%的人为25岁以下的年轻人，他们接受了教育，但由于经济不景气，通货膨胀率达20%，很多年轻人只有在街头游荡，"伊斯兰就是解决办法"的口号对他们很有吸引力。在菲律宾，特别是南部穆斯林聚居区，经济贫困，教育落后，穆斯林民众在整个国家生活中处于少数地位，在中央政府中没有强有力的代表，使得部分穆斯林只能在体制外寻找解决生存的办法，有些就走上了恐怖主义道路。在一些世俗国家里，建立独立国家的目标成为自杀性恐怖犯罪的重要驱动力。历史、现实等因素造成的民族分离主义，形成了狂热的民族主义和独立热情，成为个体参加自杀性恐怖犯罪的主要动机。其中最为明显的例子就是泰米尔猛虎解放组织。

阿拉伯国家联盟（阿盟）前秘书长穆萨指出，"阿拉伯国家如果再不进行变革，就真的一点希望也没有了"。面对阿拉伯世界的病态，20多个国家，政治上是强人，独裁，并传给儿子；经济上又畸形，整个阿拉伯世界没有工业；人口出生率奇高，一个家庭十多个孩子，又没有工业，导致高失业率。这个社会出现了各种问题，必然会发生一系列事件。

马克思指出，特定的政治和意识形态总是特定的经济和社会形态的产物，国际关系里出现的各种斗争和冲突虽然各有原因，但是深层次的根源是国际政治权力构造的平衡。国际恐怖主义现象很能说明问题。国际恐怖势力和团伙活跃的那些地点，多半是社会经济长期停滞不前、外部打压与内部动荡交织在一起，各种矛盾累积甚久而且没有解决希望的国家和地区。经济落后与持续贫困化、年轻人缺乏教育和就业机会、社会组织和管理方面混乱无序，产生出来的野蛮气息和好斗风格是其典型特征。但是，这些现象仅仅是滋生和培养恐怖主义分子的必要条件，绝非充分条件。应当看到，世界上一些与世隔绝、自给自足的非洲丛林社会，缺乏信息的流动与对外部的了解，生活和文化水平低下，部落长者安排各种事务，众人不觉贫苦、悠然自得。这里，甚至没有太多的抱怨与需求，更不会有恐怖活动和自杀意识。研究证明，只有当信息大量流动、周边和国际上的消息快速传递到本国，人们不仅实际贫穷落后，而且已感受到这种状态的根源时，且只有当各种努力收效甚微，外部的救助微弱、缓慢，内部的执政者腐败、无能，受压迫者普遍有一种无助无望、“破罐子破摔”的心态时，恐怖主义思想才开始滋长，杀人或自尽方式遂成为“黑暗地带”的选择。现实确实是这样：在缺乏国际关注、受打压最严重的贫困地区，最有可能出现恐怖袭击；各种矛盾的激化导致更多激进势力的产生，尤其绝望者中间产生恐怖主义分子的比例较高[2]11。

我们再来看看“黑寡妇”的悲情故事：10 个人 9 个想临阵脱逃

根据俄罗斯《共青团真理报》著名的调查类新闻记者尤里娅·尤季科的调查，10 个“黑寡妇”中，只有 1 个是真正甘愿去死的，其他人在作案时都想临阵脱逃。

她被高利贷逼成“黑寡妇”

2003 年 7 月 10 日，21 岁的“黑寡妇”穆日霍耶娃受命带着一公文包共1.5 公斤烈性塑胶炸药来到莫斯科准备实施自杀式袭击。作为交换生命的报酬，自杀式袭击组织者允诺为她偿还巨额债款。到达莫斯科后，她的意志开始发生动摇，心中突然产生了求生的欲望，“我按了引爆器不下 20 次，但都没有引爆炸药。”穆日霍耶娃事后在审讯中交代说。

之后，她的脑中升起了第二种念头——做一些稀奇古怪的动作以期吸引别人的注意,从而让袭击计划败露。最后她主动表明身份,她告诉保安自己公文包里装着炸药,随后立即被带到了警局,最终她被判处20年徒刑。

令人惊讶的是,穆日霍耶娃充当“黑寡妇”并不像她的前任那样想让自己死后升入天堂,她的故事充斥着战争带来的贫困和绝望。第一次车臣战争期间,她的家被完全摧毁,生活陷入颠沛流离之中。15岁那年,穆日霍耶娃经历了很多人生中的大事——辍学、怀孕和嫁人。就在她分娩前,丈夫在与俄军的一次战斗中死去。

按照车臣当地的传统,她和年幼的女儿必须守在亡夫的家族里,过着家奴一样的日子。为了养活孩子和自己,穆日霍耶娃选择借高利贷。她的借款越积越多,直到有一天,债主找上门来,给她指出一条“明路”:你已经没有能力还钱了,只能用生命偿还。如果愿意执行一次自杀式袭击,所有的债务一笔勾销,你的家里还能拿到抚恤金。掂量一番后,穆日霍耶娃同意了。于是,就有了在莫斯科街头挣扎的那一幕。[14]

凤凰卫视记者闾丘露薇在“9·11”十年后采访遇难者家属,其中有一个家属说,难道杀了拉登,就能为那些死去的人报仇吗?用别人的死亡来补偿另一个人的死亡,是最佳的方法吗?将一个头目、一个负责人杀掉,好像恐怖主义就没有了,其实他不是根源。之所以有一群人愿意用这样的方式,一定有很多的社会原因,如果不去改变这些,除掉一号人物,还会有二号人物、三号人物。

五、反恐问题标准不统一

二战后,在两大阵营对峙的冷战格局中,中东地区成为美苏争夺世界霸权的重要战场之一。双方利用政治、军事、经济、文化和外交等手段,竭力扩张势力范围,谋求对中东事务的控制权。美苏积极插手中东地区矛盾冲突,一方面在历次中东战争和武装冲突中分别支持、偏袒各自盟友或准盟友,一方面纵容和庇护针对对方阵营的极端主义势力,成为中东地区恐怖组织丛生、恐怖活动频发的重要国际根源。

二战期间,美国把中东视为遏制苏联的重要前沿阵地,把建立防御苏联南下的“安全带”,定为历届美国政府中东战略的重点。以色列因在意识形态、社会制度、价值观念、文化渊源上与西方存在亲缘关系,理所当然地被美国视为“在该地区唯一可以完全依赖的战略资产”和“该地区最持久的直接利益”。[15]美国在二战期间积极支持犹太复国主义运动,在战后大力促成以色列建国,始终坚持执行偏袒以色列和压制阿拉伯的中东政策。在历次阿以冲突中,美国“一方面谴责阿拉伯世界极端势力对以色列的恐怖袭击,另一方面却对以色列的恐怖报复姑息纵容”。[16]在阿以冲突中双方都有人使用恐怖手段,但美国对阿拉伯方面的恐怖活动一贯大加谴责,而对以色列方面的恐怖行为则轻描淡写,从不在意。事实上,美国一些人不仅霸权主义思想浓厚,而且种族和宗教偏见严重。在他们看来,阿拉伯民族的苦难不值得同情,而由他们支持和扶持的犹太复国主义者抢占土地、杀人放火则是为生存空间而斗争。冷战结束后,为推动中东和平进程,美国中东政策虽有所调整,但偏袒以色列依然是美国中东政策的基本特征之一。长期以来,美国推行的中东政策激起阿拉伯国家的强烈不满,催生了伊斯兰激进主义势力的仇视与愤恨,成为伊斯兰极端主义势力实施自杀式恐怖袭击的重要理由。

美国对中国领土上发生的恐怖活动更是一贯采用双重标准。例如:美国对“东突”分子在中国新疆等地区的恐怖活动不仅一向默不作声,据外电报道,中央情报局人员还与塔利班人员接触,试图使其矛盾指向中国;长期以来,美国中央情报局资助培训达赖集团的恐怖分子则更是公开的秘密;至于“法轮功”邪教组织残害生灵的种种行为,在美国当权者眼里则更是自由斗士,竭力加以支持、纵容和庇护。对所有这些恐怖活动,美国当权者不仅从不反对,而且对中国政府对这些犯罪活动的打击却以保护人权和自由为名,肆意阻挠和攻击。如果这些恐怖活动发生在美国或美国的盟友国家,那么美国当权者态度会截然不同。

概而论之,美国对中东一些国家军事入侵,在阿以矛盾中偏袒以色列,压制阿拉伯世界,对于广大穆斯林而言,是一种深深的屈辱。除了中东问题以外,在科索沃问题、车臣问题和东突问题上,美国等西方国家与南联盟、俄罗斯和中国的观点也都存在着分歧。这些国家都强烈谴责美国等西方国家在反恐问题上搞“双重标准”。因此,外部势力粗暴干涉所造成极端的政治压制及对政治前景的悲观刺激了恐怖主义的产生。美国对阿富汗、伊拉克发动所谓的反恐战争之后,一方面,“基地”组织、塔利班、伊拉克反美武装等恐怖组织和伊斯兰极端势力为反抗美军入侵,对以美军为首的多国部队和阿伊两国政治、军事、平民目标实施了人体炸弹、汽车炸弹等自杀性恐怖犯罪。另一方面,作为美国反恐战争的重要盟友,巴基斯坦对恐怖主义和极端主义的严厉打击激起了巴境内极端主义势力的愤怒,导致他们频繁地进行汽车炸弹、人体炸弹恐怖犯罪活动。联合国的一份报告显示,美国入侵伊拉克后,“基地”组织立刻在30～40个国家招募恐怖袭击志愿者。美国对恐怖主义这种为我所用的双重标准，不仅助长了恐怖主义的发展，而且使得世界各国特别是各大国联合起来形成国际反恐怖主义合作机制不可能充分、全面地实施。

六、政府与恐怖组织力量对比的失衡

当代恐怖活动多为恐怖组织制造的。这些恐怖组织均不足以与本国的或外国的政府加以对抗，而为了达到其政治目标。从经济学的角度讲，使用恐怖主义手段应该是一种低投入、高收益的反抗方式，即采取恐怖行动无需太多人马，也无需太大成本，尤其是自杀性恐怖袭击，由于袭击者在攻击过程中死亡，不需要准备逃离路线，也不必担心其被捕而泄露组织的有关信息，但袭击者对被袭击者及周围民众等所造成的巨大威慑力和社会冲击力却是其他恐怖活动所无法比拟的。

美国博弈论专家斯蒂文提出：在一个力量不对称的对局中，如果力量较弱的一方能在对局中正确使用“威胁力”，把力量较强的局中人锁定在“无效用”象限中，就有可能迫使对方作出妥协，从而使自己获得较静态对局更优的结果。自杀性恐怖犯罪往往是处于弱势一方经常采取的一种攻击方式。恐怖主义有自己的政治主张和政治目标，通过“人体炸弹”、“车辆炸弹”、“船舶炸弹”、“航空器炸弹”等方式，以更大范围地引起社会关注，赢得人们的理解与同情，争取社会舆论，扩大其政治影响。

在信奉伊斯兰教的地区，教义规定女子必须身穿宽大的长袍，更便于女性恐怖分子隐蔽携带爆炸装置或武器；同样出于教义顾忌，军警也不便对其搜身检查。有的女性恐怖分子甚至将炸弹藏在内衣中。因此，女性恐怖分子具有独特的“性别优势”，更容易接近和渗透到守卫严密的要害目标，行动成功率较高。

发动一次自杀性恐怖犯罪无需太多成本：一条“自杀式腰带”价格不过100多美元，“人弹”多是来自伊斯兰宗教极端势力的“志愿者”。但袭击对社会造成的危害和影响却是其他形式恐怖犯罪活动所无法比拟的。“9·11”事件既是国际恐怖主义犯罪活动的分水岭，更是自杀性恐怖犯罪活动的分水岭，实施自杀式攻击的恐怖分子创下了历史上恐怖袭击事件的“效费比”之最。自杀性恐怖犯罪能吸引媒体的注意力。它通过电视画面、网络等媒体会达到震撼人心的效果。显示了恐怖分子的巨大决心及自我牺牲精神，并且可以对公众舆论和决策者造成最为强烈的心理冲击。

第二节　个体心理根源

犯罪心理学认为，任何犯罪都是行为人在特定心理支配下进行的。就恐怖主义“人体炸弹”犯罪而言，为什么有的犯罪嫌疑人在引爆前能面带微笑，视死如归？为什么要将伤害的矛头指向大量无辜者？为什么有人称颂其为烈士的壮举，有人则谴责其为血腥的暴行？我们先从个体主义的视角来分析。

一、个体主义解释与心理分析

个人是组成人类社会的基本单位。要解释自杀性恐怖犯罪这类社会现象，必须通过实施自杀性暴力的个人的研究才能说明问题，其中对参与暴力的个人的人格与心理分析是其中的重要部分。

“个人因素又可进一步分为社会因素和心理因素。”[17]56 就目前来看，对于暴力的个体主义解释，主要集中在对暴力行动的主体即个人的动机与心理分析领域。在大部分时候这种研究把关注的焦点集中于那些在暴力中发挥领导性作用的个人。其中著名的著作包括《权威人格》、《革命人格》等，[17]78 这些著作试图描述出这些领导人物的精神特征。毫无疑问，这种分析背后的潜在推理就是，这些个人的某种精神或心理特质导致他们采取了暴力运动。

“9·11”袭击后，当时的美国总统布什指出，“我们已经在袭击的本质中看到了这些恐怖主义分子的真正本质……我们也从其在阿富汗所支持的政权的本质中，看到了这些恐怖分子的真正本质……我们决心与这种邪恶进行战斗，直到我们消灭它。”这句话给恐怖主义一种重要而简洁的解释：恐怖主义分子的邪恶本质导致了恐怖主义。或者说，恐怖主义行为体的某些特征导致了恐怖主义行为。这里的行为体，根据恐怖主义界定的不同，可以是个人、组织或国家。

就个人行为体的特征而言，一般公众或恐怖主义受害者，可能会有两种认识：一是恐怖分子是十恶不赦之徒；二是恐怖分子是些疯子、傻子，是无法理喻之徒。

第一种反应属于是对恐怖主义以及恐怖分子的一种价值判断，难以进行客观的经验检验，为此，不在此作讨论。在此只想说明，对于恐怖主义的这种道德判断可能妨碍寻找对于恐怖主义的客观经验性解释，其也不应替代对于恐怖主义的科学解释。当然，如果看到那些被称为恐怖分子的人中，有些是社区从事幼儿教育的教师，有些是在社区、学校与家庭中都深得赞誉的少年，甚至是已有儿孙的祖母,这种说法的可信性就不攻自破了。

第二种反应,即恐怖分子是否存在某种精神或心理的病态或特定特征,却是可以进行客观的经验检验或判断的。对于大多数人来说,恐怖主义行为似乎是一个很疯狂、让人难以理喻的行为,无论其目的还是其行动方式,都是如此。因此,恐怖分子肯定有某些"不正常"之处才会有如此异常的行为。20世纪60年代末新一波国际恐怖主义浪潮兴起之时,很多西方研究人员普遍认为,恐怖主义是骇人听闻的、疯狂的极少数人的行动,作为行动主体的恐怖分子其精神或心理与常人不一致;或者说这些恐怖分子就是心理有问题或者说病态的人,其行动来自于这种心理或精神上的冲动。最初这些研究人员分析恐怖分子是否曾经历过某种创伤,是否成长在一个暴虐或不幸福的家庭中,是否对领导人过分依赖等等。得出的诊断往往是:这些恐怖分子具有妄想型、偏执型、精神分裂、狂躁与崇拜暴力等心理或精神特质。表面看起来,这些解释有一定道理。制造美国俄克拉荷马州政府大楼爆炸案的麦克维,东京地铁毒气案的奥姆真理教主麻原彰晃的动机行为使得常人难以理解。

但在对大量的恐怖分子档案进行详细分析后,其中包括一些被关押的恐怖分子的采访、一些恐怖分子的自传以及其他有关恐怖分子的生平资料的分析或精神、心理测试,都无法确定恐怖分子特有的精神或心理病态之处。[18]72事实上,随着对恐怖分子的深入研究,有些学者惊呼,恐怖分子最大的精神特征就是其精神理智与正常。甚至对于自杀式恐怖袭击这种极端暴力行为,情况同样如此。事实上,一些组织在招募自杀式袭击者时,不仅要求该人精神正常,还要求其具有承受强大心理压力和保守秘密的能力,并拒绝那些具有自杀倾向或犯罪记录的人。[19]而且这些自杀者不仅不是因为贫困或缺乏教育而选择支持或参加恐怖活动,相反,很多都受过较高程度教育或较富裕的人却更可能采取这样的行动。为此有学者指出,恐怖分子就是与我们相同的人,对此,我们只是通常不敢承认罢了。

结果,恐怖分子被承认是心智正常的人,有关恐怖主义解释要么就强调分析恐怖分子的理性选择,特别是作为一种战略所具有的特征,以及在何种环境下这种选项容易被选择;要么就强调分析是什么样的内心机制,使这些精神或心理正常的人,采取那些不合常规,超出一般道德规范的行为。

有关恐怖分子的心理或精神机制,有研究认为,恐怖分子的精神世界,或多或少有以下特征:善恶截然两分和绝对对立的世界。目的上或是出于正受到威胁而需要消灭这种威胁的被迫害情绪,或是出于乌托邦或救世主式的幻觉,而且这种感觉往往是强烈的和紧迫的;行为方式往往存在对暴力的崇拜,或暴力被想象为其唯一拥有的手段；恐怖主义行为的受害者，往往被“非人化”，要么被认为是实现目的的工具，要么就被看做是对方的帮凶；从过程来看，其目的往往被置于绝对优先的地位，因此目的可为一切手段辩护。恐怖分子的精神世界中，意识形态或宗教常常发挥着至关重要的作用。这种心理或精神机制，与某些宗教或意识形态等极端思想的传播又存在着密切关系，往往被认为是恐怖主义发生的一个很重要的直接因素。因此，美国、英国等联合国、上海合作组织等反恐战略中，防范打击极端主义思想的传播或蔓延被置于重要地位。

与精神或生理病态说不同，这些精神特征与恐怖主义行为之间并无必然的、直接的联系，这些精神特征往往也不是恐怖分子所特有的。因此，持此种观点的研究者虽然能描述出一些恐怖分子的精神图像，但这并不能很好地揭示这种图像与其行为的关系。不过，这种描述仍然是有价值的，因为通过这种研究，我们可以更好地理解恐怖分子及其行为，而不仅仅是将其作为难以理喻的疯子。[20]

有学者强调，恐怖分子的行为与恐怖组织有密切关系；在一定程度上可以认为，恐怖主义是具有某些特征的组织的产物。有学者认为，恐怖组织具有严密的结构、森严的等级和具有一个统一指挥的领导核心，事实表明恐怖组织也可能是一些松散组合，像今天的“基地”组织。有学者认为，恐怖组织多为秘密的团体，属于极权型组织，通常有一个魅力型领导人，成员对组织往往有强烈的归属感或集体信仰，组织领导者能够对成员进行全面的控制；这种组织往往促使组织成员更严密的认同以及与外部世界的隔绝。这将导致其组织与成员更倾向于采取极端的行为。

有的时候，恐怖主义会被认为与一些特定国家密切相关，如可能是具有某些特定的意识形态或政治体制。在 20 世纪 80 年代时期，里根政府往往把恐怖主义看作是源自于苏联共产主义意识形态和极权主义制度；恐怖主义被认为是苏联采取的破坏自由民主国家的阴谋行动。而在冷战后，美国政府以及一些学者则往往把恐怖主义归罪于所谓的失败国家、流氓国家或“邪恶轴心”。如果说共产主义或独裁暴政可能支持恐怖主义，那么，美国等自由民主国家也同样会支持恐怖主义（只不过美国等通常把他们所支持的行动贴上自由斗争的标签罢了）。而认为恐怖主义源自于失败国家，往往也只是一种偏见而非事实；这种看法，忽视了一些基本事实，如针对西方目标的恐怖主义，除了包含很多所谓的本土恐怖主义，即使那些国外或国际恐怖主义，当中很多的资金人员或策划等往往也是来自于西方国家，并不是所谓失败国家。

总的来说，个体主义视角给出的解释简单清晰。个人、组织或国家的某些特征导致恐怖主义；如果能确定某些特征是所有或绝大多数恐怖分子、组织或国家所共有，并独有的，那么，也就能解释恐怖主义了。更为重要的是，我们就可以预测哪些个人、组织或国家将实施恐怖主义袭击，这对于防范恐怖主义将具有巨大的价值。[18]75

二、个体具体心理特征

（一）认识的偏执性

社会心理学按成员对群体的关系（态度、立场等）为标准，把群体分为内群体和外群体，成员所属的群体即内群体，此外的其他群体即外群体。内群体具有内群意识，这是一种社会认同，群体内成员看法一致、团结、合作，而对别的群体具有偏见、敌意、愤恨等。认识是心理发生、形成的基础，同时认识又是行为定向的工具。恐怖主义犯罪组织的建立多由地域接近的人群组成，由于受一定区域的社会历史背景、文化、意识形态等内容的影响，尤其是受这些区域亚文化因素的影响，他们都容易形成与社会主流文化不一致，甚至是相反的认识。恐怖主义犯罪分子往往在犯罪组织群体意识的影响、作用下，将错误的认识、反社会的认识当作真理来追寻，即使事实不是如此，现实行不通；即使已经碰得头破血流仍固执、顽强地坚守着他们的信仰，追寻着他们的梦想，甚至达到痴迷的程度。[21]这些恐怖主义组织都存在着社会认知的局限性，明显地表现出偏见和歧视。

心理学认为，当人们在认识外在社会及观察自我的时候，往往会形成自我意识矛盾，即自我认知分成不同地位的两个部分：前者为理想的自我，后者为现实的自我，而两者并不一致，当现实的自我落后于理想的自我时，就会给人们带来烦恼及不安。在中东的巴以地区，一方面，正如洪德里奇在《恐怖之后》中所说："巴勒斯坦人民被剥夺的还不只是一个民族的自由，他们被剥夺的还有民族的自尊和受别的民族尊敬的权利。"[22]另一方面，当巴方试图改变这一情境时，发现自己根本无法对抗以色列的军事优势，当这种群体需求与客观现实可能性之间的矛盾日益突出，无助感日益增强时，一些极端分子就会偏执地采取自杀性恐怖袭击的极端方式试图改变现实的自我以符合理想的自我，求得自我意识的统一。

牺牲是维系泰米尔猛虎组织军事活动的中心纽带，是凝结其成员不屈不挠地追求猛虎组织目标的基本力量。这种牺牲的精神体现在其成员的自杀性袭击和挂在脖子上的氰化物胶囊上。其成员自认为是泰米尔国家的革命者。他们自认的使命的神圣性提升了牺牲的物质与精神地位。其领导也通过各种方式有意识地培育这种信念，而对牺牲者的祭祀活动也可以起到动员其成员的作用。对烈士的纪念可以起到深远的影响，特别是对年轻的泰米尔人。他们认为自己是解放运动的先锋，是为了泰米尔的事业牺牲自己的生命。出于对泰米尔国家的热爱和对组织的忠诚，他们甘愿牺牲自己的生命。换句话说，他们通过完成领导的指示和组织纪律，为泰米尔国家独立宁可牺牲自己。同样，他们通过自己的牺牲证明对组织的服从和团结。

（二）归因偏见

自杀性恐怖犯罪频发的地域，都是有着剧烈群体利益冲突的地方。按照社会心理学的群体理论，相互间目标的排他性在个体水平上导致了分化群体型的竞争行为；在群体水平上导致了群体间的冲突和刻板性的竞争行为。因而目标关系的实质决定了群体间的行为。[23] 由于认识的偏执性，群体内成员团结、合作，而对别的群体具有偏见、敌意和愤恨等。

恐怖主义犯罪组织在面对别的群体或组织，面对政府的各项政策，以及社会民众的一句话、一个行为、一件事情的发生时，即使有利于他们生活改善，有利于地区经济发展，有利于民族团结，他们都持怀疑的态度，其解释都会归因于别的群体或组织、政府“别有用心”、“是圈套”、“是迫害”、“是强者对弱者的欺压”。因此当他们与其他组织、群体发生矛盾、冲突时，都斥责其他组织，美化自己。当恐怖犯罪行为实施后，面对许多失去的无辜生命，他们推诿责任，甚至怪罪被害人。恐怖主义犯罪组织这种群体认同和偏见虽然不直接引发暴力，但当群体的基本需要和社会认同受到压抑时，就会产生暴力行为。

在现代国际争端和国内冲突中，归因偏见具有普遍性。比如在巴以地区，巴勒斯坦人普遍认为以色列人占领了他们的土地，斯里兰卡的泰米尔人总认为僧伽罗人在压迫他们，而弱者往往将经济上的落后、政治上的无奈和自尊的失落都归结于对方，这种群体认同和偏见虽然不直接引发暴力斗争，但当群体的基本需要和社会认同受到严重压抑时，就会产生武装冲突。[24]240

“9·11”事件十周年之际，中东问题专家、中国现代国际关系研究院副院长李绍先接受记者采访时指出，在巴勒斯坦加沙地带人体炸弹的培训者中，很多走向自杀性爆炸道路的人，都是贫困使然。他有信念，信念就是现实，现实很不公平，我也是人，穆斯林也是人。凭什么犹太人将我们封锁在像大监狱的这块地方，而这块土地本来是我们祖先的，可你们来了以后将我们变成了难民。这是一个大的背景，他们内心深处是很受伤的。人体炸弹，其实不需要训练者去找去发展,很多人主动找上来。人体炸弹不是没有,而是太多了,要排队。成为人体炸弹,去执行任务,我死了,会有很高的抚恤金,很崇高的地位和荣誉,一家七八个、十来个兄弟姐妹就解放了。更高意义上他们还是为了自己的民族。因此,他愿意做出牺牲,义无反顾。

在加沙地带总共300多平方公里的地方,拥挤着一百五六十万人,而且大部分人住在难民营里,1948年就是这样。他们的孩子一代又一代在难民营里长大,长大以后又没有工作,这么多年轻人干吗?天天对准以色列人扔石头,去起义,去做人体炸弹。

(三) 漠视法律的反社会意识

法律是一个社会、一个国家用来规范人们行为的准则,法律意识是一个社会法律深入人心程度的重要标志。然而自杀式恐怖主义分子在他们所接受的极端民族意识、极端宗教意识的洗脑式的残酷训练中,在个体主观需求与客观现实的冲突中,他们在反社会意识的驱使下,应用"合理化"的心理防御机制,置国家法律于不顾,崇尚暴力,选择极端暴力来实现其愿望。每当恐怖暴力行为实施后,恐怖组织都公然宣称是自己组织所为,向法律挑战。即使有些恐怖犯罪活动不是恐怖主义犯罪组织所为,但他们也向世人宣称是他们所为,充分显示了他们蔑视国家法律的心理特性。[21]

法律意识是一个社会法制程度的重要标志,虽然自杀式恐怖袭击者的心理是复杂的,多元的,但其中一个共同的特点就是漠视法律的反社会意识。一方面,在伊斯兰世界,伊斯兰教义在很大程度上影响着人们的日常生活。对社会中的矛盾冲突,当法律并没有给人们带来希望和期待时,一些极端分子就会加入极端宗教势力,实施极端形式的自杀性恐怖犯罪。另一方面,有的人过度热衷于某种信仰或接受了某种极端思想,认知偏执,对社会的强烈不满情绪,近乎绝望,内心充满仇恨,需要进行破坏性的发泄,崇尚暴力,追求死亡,将矛头直指无辜者,具有强烈的反社会意识。[24]24 自杀性恐怖犯罪除具有一般恐怖主义的特征外,它还有故意通过自杀献身来达到其目的的特点,因而事前设定或预谋攻击者的死亡,是确保攻击者成功完成所担负使命的必要前提。在自杀性恐怖犯罪中,"自杀"是条件和手段,"杀他"则体现的是目的和意义。

(四) 复仇心态的大量形成

"恐怖主义从来不是在真空中产生的,而是一种对社会现实的激进反映,恐怖主义泛滥正是基于对社会不公正的强烈反感和不满。"[25]下面以阿以冲突为例谈谈这个问题。

以巴勒斯坦问题为核心的阿以冲突，不仅集中反映了阿拉伯人与犹太人之间的民族、宗教和领土矛盾，而且成为产生当代中东恐怖主义的最重要的原因之一。

阿拉伯人与犹太人同属古代闪族的后代，他们都曾在巴勒斯坦土地上建立过国家，创造了各自灿烂的民族文化和宗教文明。从历史角度看，阿犹两个民族曾长时期和平共处、相安无事。自 19 世纪中叶以来，在近代欧洲民族主义思潮的影响下，散居在欧洲的犹太人中间形成了返回巴勒斯坦、重建犹太民族国家的犹太复国主义（又称锡安主义）思潮。在西方列强的支持下，犹太复国主义发展迅速，并与巴勒斯坦阿拉伯民族主义力量发生激烈的冲撞和对抗，进而演变成阿犹两个民族围绕巴勒斯坦问题的长期的持久冲突。

阿以冲突的核心是领土矛盾。自 1948 年以色列建国以来，阿拉伯国家与以色列之间围绕领土主权争端已先后发生 4 次大规模战争，零星分散的暴力冲突则持续不断。处于弱势的巴勒斯坦抵抗组织曾长期坚持进行武装斗争来恢复自己合法的民族权利。其间，以色列及其扶持或纵容的右翼组织常采取暴力恐怖手段打击阿拉伯力量，而巴一些激进组织不区别对象，把敌方平民也视作袭击目标，实施暴力打击。阿以之间的战争时有间歇，但自杀性恐怖袭击等暴力恐怖活动却不断发生。阿犹两个民族之间的仇视、敌对情绪愈演愈烈，不时引发震惊舆论的暴力冲突浪潮。

犹太教与伊斯兰教均发源于中东，巴勒斯坦和耶路撒冷都有两教的宗教圣地。随着犹太复国主义运动的兴起，在围绕巴勒斯坦和耶城的土地之争背后，犹太教与伊斯兰教的宗教矛盾也迅速激化，致使阿以冲突具有明显的宗教色彩。1929 年，一些犹太教徒在耶路撒冷的“哭墙”旁公然升起犹太旗，这立即引发了与阿拉伯穆斯林的大规模流血冲突和恐怖暴力事件。[1]253

以色列建国后，特别是 1967 年战争后，阿以民族矛盾越来越表现为伊斯兰宗教极端势力与犹太复国主义极端势力间的尖锐对立。以犹太教正统派为代表的极端主义力量鼓吹犹太民族是世界上最优秀的民族，坚持迦南地（即巴勒斯坦）是耶和华赐予犹太人的“应许之地”，反对归还以色列在战争中侵占的巴勒斯坦和阿拉伯国家的任何土地，主张寸土必争，反对“以土地换和平”，反对在耶路撒冷的地位问题上作任何让步，甚至反对任何形式的以阿和平谈判。他们的打击对象不但包括阿拉伯人，也包括主张和谈的所谓犹太人“叛徒”。1994 年屠杀希伯伦清真寺穆斯林民众和 1995 年刺杀以色列总理拉宾的恐怖凶手，均属于犹太复国主义的极端力量。伊斯兰激进势力则针锋相对，视阿以冲突为伊斯兰教与犹太教的冲突，拒不承认以色列的生存权，强调只要犹太人占据着耶路撒冷，就是全世界穆斯林的死敌，必须通过“圣战”把以色列赶出所有的阿拉伯被占领土。他们主张要在以色列和阿拉伯被占领土上建立伊斯兰国家，鼓动人们以血还血、以牙还牙，用包括暴力在内的抵抗运动来解决阿以矛盾，反对与以色列和谈，更反对作出重大让步。谋杀萨达特总统的埃及伊斯兰赎罪与迁徙组织、在被占领土和以色列境内制造暴力恐怖活动的一些巴勒斯坦激进组织、本·拉登的“基地”组织及其分支，都是伊斯兰极端主义势力的代表。伊斯兰极端主义势力和犹太复国主义极端势力的尖锐对立，和由此产生的层出不穷的暴力恐怖活动，不断加剧阿以之间积怨甚深的矛盾，在巴勒斯坦和以色列的土地上，形成了一轮又一轮的以暴制暴的恶性循环。

巴勒斯坦学者研究发现，大部分巴勒斯坦自杀性恐怖分子曾被以色列军队逮捕或伤害过，很多年轻袭击者的家人或朋友都有过类似的经历。有学者指出，公众对自杀性恐怖犯罪的支持同以色列对待巴勒斯坦人的态度有关。因此，滋生了个人的“殉教”倾向以及公众对“殉教”行为的支持。复仇已成为巴勒斯坦人支持和参与恐怖主义的重要情感原因。在泰米尔猛虎解放组织内专门从事自杀性恐怖犯罪的“黑虎”组织里，其成员绝大多数有亲人、朋友在斯里兰卡民族骚乱中伤亡。他们对僧伽罗政府怀有极大的仇恨，把自杀性恐怖犯罪更多地看做是为亲友复仇和建立独立泰米尔国的主要手段。在俄罗斯车臣非法武装“黑寡妇”阵营里，车臣战争中失去丈夫、兄弟的妇女们，为亲友复仇是她们的重要寄托，于是自杀式恐怖袭击逐渐增多。

情绪情感是人对客观事物的刺激的一种态度体验，这种态度体验是由客观事物能否满足人的需要决定的，一旦需要得到满足，便会产生肯定的情感体验。反之，会引起否定的情感体验，产生不满情绪。这种不满情绪的逐渐积累便会使个体处于持续紧张的心理状态。[26]当达到一定程度时，便会预谋或因为前一事件的触发，产生攻击性的行为反应。以巴以冲突为例，巴勒斯坦人认为通过合法途径无法满足正当要求，而且还不断发生流血冲突，而不断的挫折，不满现实的情感体验更加深刻，同时，因心理过程的作用发生于诱发事件与情绪反应的中间，极端组织又会把事先录制的资料和图片分发给成员，进一步加剧了人们的仇恨体验，进一步增加了对犹太人的仇恨。美国小拉什·多兹尔在《仇恨的本质》一书中，宣称 21 世纪的问题就是仇恨问题。更可怕的是仇恨一代一代得以重生，可谓是“冤冤相报何时了”。心理学认为，仇恨具有很强的感染性，从恐怖主义“人体炸弹”犯罪的主体及被害人就能看出，犯罪主体趋向泛伊斯兰化，而被害人则多为以色列及美国的战略盟国。

2006 年 11 月 23 日，一名 70 岁的巴勒斯坦老妇法蒂玛·奥马尔·纳贾尔在加沙发动了自杀式袭击。炸伤两名以军士兵,纳贾尔当场死亡。纳贾尔是有史以来年龄最大的自杀式炸弹袭击者。她的一个外孙和一个孙子被以色列人打死,她的丈夫和5个儿子曾遭到以军的逮捕、关押,她的房子被军用推土机铲平……在经历了这些之后,她背起了枪,加入了"哈马斯",成为了人体炸弹,为死去的亲人报仇。在巴电视台播出的录像画面中,纳贾尔头戴白色围巾,身穿绿色长袍,手拿步枪:"我是来自贾巴利亚镇的烈士法蒂玛·奥马尔·纳贾尔,我为'卡桑旅'工作,我愿为民族和阿克萨献出我的生命。"[27]

心理学的研究表明,当代国际社会的各种严重冲突经常会造成触目惊心的伤害,实际上留下的仇恨是一种带有强力破坏性的动力因素。恐怖主义的深层动力就是这种心中的刻骨仇恨。

认知心理学的研究表明,社会认同极大地要受到记忆中所储存的信息的影响。对灾害的集体记忆促进了认知一致,同时集体记忆加深的仇恨诱发着报复动机。实际上恐怖行为发生和实施是一个完整的心理过程:外界诱因——共同认同(集体记忆)——复仇动机(强烈情绪情感色彩)——实施恐怖活动(暴力报复)。[28]

(五) 残忍的意志品质

恐怖主义犯罪分子意志品质具有坚韧性、残忍性。与一般暴力犯罪不同,恐怖主义犯罪活动绝无临时起意或偶发性情况,都是在精心策划下,有目的、有组织、有计划、有步骤地进行的,是一种意志努力的结果,因为他们要在克服困难中才能实现。这些要克服的困难,其一是克服明知是违背道德和法律的行为,仍然要坚持下去的动机冲突;其二是克服自身的恐惧和紧张情绪;其三是克服犯罪行为实施中有可能遇到的各种障碍。在整个过程完成中,恐怖分子凸现出的意志力依然十分坚定。恐怖分子意志的残忍性表现在实施犯罪活动中,因为受极端宗教信仰的支撑,受长期积压的仇恨情绪驱使,并无一般犯罪常见的动机斗争和心理冲突,一旦抓住机会,就会一意孤行,不惜献出自己的生命,哪怕残害无辜,不达目的决不罢休。

犯罪与意志的关系是相当密切的,意志是意识和调节作用的表现,反映了人有能力实现有目的方向的活动和需要克服困难的行动。就实施自杀性恐怖犯罪而言,主要表现为犯罪嫌疑人的意志非常坚定,明知是违背道德和法律的行为,却仍然坚持做下去。如许多"人体炸弹"袭击者在引爆前面带微笑或高喊口号等。特别在犯罪实行阶段,为了达到目标,犯罪嫌疑人的意志努力是非常明显的,不但要努力克服自身的恐惧和紧张等内部困难,而且还要克服外部的各种障碍。

当然,恐怖犯罪个体也承受着组织内部的压力。在一些组织严密、纪律严明的恐怖组织里，其成员参加自杀性恐怖犯罪的主要动机是要与组织保持一致以及践行要服从组织、领导和目标的思想。对自杀性恐怖犯罪行动稍有疑惑或动摇，就可能遭到谴责、隔离，甚至被处决。

（六）狂热的“烈士”动机

人本主义心理学的需要层次理论认为，需要的强度决定着动机的强度，需要的性质决定着动机的性质。[29]在自杀性恐怖袭击频发的地区，实施此类犯罪的一方要满足的不仅有经济上、政治上的，还有自尊上的需要，因而，其强度不言而喻。很多参加泰米尔伊拉姆猛虎组织的妇女都有亲人在民族冲突中死亡。她们年轻且具有对僧伽罗政府的强烈仇恨，于是她们义无反顾地参加了猛虎组织。在一个女性以沉默寡言、逆来顺受著称的国度，妇女一直被认为是任人欺凌的小绵羊。如今，妇女却因参加猛虎组织的军事行动而欢欣鼓舞，倍感自豪。普拉巴卡兰利用斯里兰卡泰米尔妇女要求解放的愿望，把她们引入战争的深渊中。就理想层面而言，年轻的女成员加入猛虎组织更多的是出于对民族主义、妇女解放目标的追求。而泰米尔地区的动荡、暴力、贫困、饥饿和教育及其他发展机会的缺乏，成为她们参加猛虎组织的现实推动力。

一般而言，自杀性恐怖犯罪分子的犯罪动机有狂热的反社会性质。因此，在这种动机支配下的犯罪行为往往不计后果，危害巨大。

自杀性恐怖活动在现象上表现为弱势团体对强势团体的反抗，一种在无奈境遇下弱者与强者的“对话”方式。但是从某种程度上说，冲突是社会生活中一个不可避免的现实，其原因在于有着价值观念、文化背景等差别的人都在无限制地追求有限的稀缺资源。这种稀缺资源具有非常广泛的范围，包括个人、团体、民族、国家的经济、政治、文化等的地位或状况，甚至还有某些人病态的幻想。一个社会，无论是国内社会还是国际社会，越是缺少供边缘成员向中心流动的渠道，越是缺少给予边缘成员发泄不满的途径，这种社会越容易产生恐怖主义[1]172-173。无论是穷国还是富国，这种状况都是永远无法彻底消除的。[30]

正如联合国恐怖主义问题政策小组指出的那样，“人们对正义得到伸张不抱希望，是滋长恐怖主义的温床”。他们提出要“劝阻那些心怀不满的群体，使他们不至信仰恐怖主义”，“杜绝各群体或个人采取恐怖主义行动的手段”，并号召“开展持续广泛的国际合作，与恐怖主义进行斗争”。的确，要使恐怖主义这颗毒瘤最终被控制和消灭，只有通过国际社会的共同努力。

参考文献

[1] 胡联合. 当代世界恐怖主义与对策. 北京:东方出版社,2001

[2] 王逸舟. 恐怖主义溯源(修订版). 北京:社会科学文献出版社,2010

[3] Bruce Hoffman. Inside Terrorism. Columbia University Press, 1998:90-91

[4] 施东颖. 浅析宗教极端主义对我国新疆地区的影响. 中国人民公安大学学报,2004(2)

[5] [美]埃斯波西托. 伊斯兰威胁——神话还是现实?. 东方晓,译. 北京:社会科学文献出版社,1999:257

[6] 朱威烈. 当代中东恐怖主义研究. 北京:时事出版社,2010:159

[7] 周燮藩. 恐怖主义与宗教问题. 西亚非洲,2002(1)

[8] 马明良,丁俊编. 伊斯兰文化前沿研究论集. 北京:中国社会科学出版社,2008:157

[9] 金宜久,吴云贵. 伊斯兰与国际热点. 北京:东方出版社,2001:716

[10] 马德普,等. 普遍主义与多元文化. 北京:人民出版社,2010:4

[11] 塞缪尔·亨廷顿. 文明的冲突与世界秩序的重建. 北京:新华出版社,2002:359

[12] 张雪鹏,肖宪. 自杀式袭击的发展趋势及原因分析. 现代国际关系,2010(5):31

[13] 埃曼纽·托德. 美帝国的衰落. 北京:世界知识出版社,2003:172

[14] 东莱. “黑寡妇”悲情故事:被高利贷逼上不归路. 大洋网-广州日报,http://news.163.com/10/0404/15/63EEVB04000146BB.html

[15] 赵忠国. 海湾战争后的中东格局. 北京:中国社会科学出版社,1995:62-63

[16] 范明强. 社会学视野中的恐怖主义. 北京:解放军出版社,2005:135

[17] 彼得·卡尔佛特. 革命与反革命. 张长东,译. 长春:吉林人民出版社,2005

[18] 王伟光. 恐怖主义·国家安全与反恐战略. 北京:时事出版社,2011

[19] Assaf Moghadam. Palestinian Suicide Terrorism in the Second Intifada. Studies in Conflict Terrorism, 2003:62-92

[20] 马克斯·韦伯. 社会科学方法论. 韩水法,等,译. 北京:中央编译出版社,1999:149

[21] 黄泽珈,白群. 恐怖主义犯罪心理分析. 云南警官学院学报,2010(1):86

[22] [英]泰德·洪德里奇. 恐怖之后. 汪洪章,吴猛,译. 上海:上海人民出版社,2005:32

[23] Kurt Pawlik, Mark R. Rosenzweig. 国际心理学手册. 张厚粲,译. 上海:华东师范大学出版社,2002:450

[24] 邱国梁. 犯罪心理学的理论与运用研究. 北京:群众出版社,2005

[25] 王杏芳. 联合国春秋(下). 北京:当代世界出版社,1999:517-518

[26] 邱国梁,吴鹏. 恐怖主义“人体炸弹”犯罪探析. 犯罪研究,2008(1):5

[27] 巴勒斯坦女“人弹”:发动自杀袭击的最佳人选? 新华网,2006-12/21. http://news.xinhuanet.com/mil/2006-12/21/content_5516564.htm

[28] 吴鹏. 恐怖主义爆炸犯罪嫌疑人心理分析. 商情(教育经济研究),2008(1):142

[29] 车文博. 西方心理学史. 杭州:浙江教育出版社,1998:556

[30] 张家栋. 恐怖主义的概念分析. 世界经济与政治,2003(3):38

第五章

自杀性恐怖犯罪的影响

——以“9·11”事件为例

无论是对国际社会还是一国社会，强势蔓延、日益猖獗的恐怖主义犯罪都是一颗大毒瘤，自杀性恐怖主义犯罪尤为恶毒。其反政府、反社会、反人性、惨无人道的行为对政治安全、经济安全、公民生命安全、心理安全、日常生活及反恐形势等方面都带来了极为深刻的影响，给人类社会带来了极大的危害。本章以“9·11”事件为例，分析这起迄今为止创造自杀性恐怖犯罪之“最”的事件所带来的影响。

第一节　“9·11”事件概况

2001年9月11日，美国四架民航航班飞机被恐怖分子劫持，其中两架撞向纽约世贸中心双子楼，另一架撞向国防部五角大楼，第四架准备撞向美国总统府白宫，在机上乘客的激烈反抗下，结果在美国宾夕法尼亚州境内坠毁。袭击造成大量人员伤亡和财产损失。从袭击对国际政治格局及国家安全战略的影响、袭击实施的方式、袭击造成的人员伤亡和财产损失后果、袭击带来的心理创伤等方面来看，“9·11”事件都创造了自杀性恐怖犯罪之“最”。

弹指间，“9·11”恐怖袭击事件距今已有十二年了。十二年前，美国纽约、华盛顿等地遭受恐怖分子的突然袭击，纽约曼哈顿南端的地标性建筑——世界贸易中心两座摩天大楼双双被毁。十二年后，世界贸易中心遗址“零地带”留下的两个大坑仍然还在，仿佛一直在向世人诉说着恐怖主义对国际和平与安全的严重威胁。本节仅对策划与实施“9·11”恐怖袭击事件的自杀性恐怖组织及恐怖分子、袭击者的目的、袭击的策划与实施过程进行分析。

一、袭击行为的实施者

19 名劫机者劫持四架航班，全部劫机者在袭击中死亡。撞向世贸双子楼和五角大楼三架飞机上各有 5 名劫机嫌疑人，宾夕法尼亚州坠毁的 93 号航班上有 4 名劫机嫌疑人。恐怖组织在 93 号航班上也准备安排 5 名嫌疑人，因为各种原因，第 5 个人没有参与。

“9·11”恐怖袭击事件后，美国总统布什等谴责袭击者为怯懦卑鄙的恶徒。但事后的调查表明，这些人往往有虔诚的信仰。在日常生活中，人们对这些人的评价大多也是正面的：干净、有礼貌、谦逊等。而且，劫机者中的骨干分子，大多受过大学教育，很多是在西方接受大学教育的。甚至其中一些人在美国或其他西方国家学习、生活过多年。以前认识这些劫机者的人得知这些人发动恐怖袭击事件时，都难以置信。因为在他们印象中，这些人往往学习勤奋，与一般人并无什么不同，有些还腼腆或沉默寡言，而不是些整天放纵和为非作歹的家伙；并且，这些人大多来自比较富裕的家庭[1]。

19 名劫机者都为阿拉伯青年人，其中 15 人来自沙特阿拉伯，2 人来自阿拉伯联合酋长国，1 人来自埃及，1 人来自黎巴嫩。从宗教信仰上看，这 19 人都信奉伊斯兰教。

“9·11”袭击发生后，美国政府和很多分析家一致认为，如此周密的策划、组织以及发动如此规模的恐怖袭击事件，单纯这几个人不可能完成得了；其背后肯定有一个更庞大的组织或国家在支持这样的袭击行动。他们后来指责拉登及“基地”组织应当为此事负责。调查显示，此次袭击主谋曾是“基地”组织三号人物哈立德·谢赫·穆罕默德，此人在 2003 年 3 月在巴基斯坦被捕，并被移交给美国。

拉登最初否认与此袭击有关联，但后来开始转向承认。后来在网上传播的录像带中，显示一些劫机者在阿富汗生活、训练以及与拉登在一起的情形，也证实了拉登和“基地”组织与“9·11”事件的关联。

不过，对美国政府曾指责一些国家如阿富汗、伊拉克、伊朗等参与或支持了这个行动，美国专门成立调查委员会在最终报告中认为，虽然一些袭击者曾过境伊朗，或伊朗情报机构曾试图与“基地”组织合作等，但是，伊朗对于“9·11”袭击行动本身则不知情，也没有参与。

即便是阿富汗的塔利班虽然收留、庇护拉登与“基地”组织，并与之建立合作关系(如基地组织2001年9月5日刺杀北方联盟领导人马苏德,6日,塔利班就发动军事进攻),可是,其也曾反对"基地"组织袭击美国,并且当时对于"9・11"袭击事件计划并不知情。

如前文所述(第三章),"基地"组织中很大一部分是由松散联系在一起的伊斯兰极端分子或分支机构或其他一些组织、集团等组成的。当中有一些数量很少的骨干成员,这些人员组成"基地"组织的核心。核心层对于这些分支或联系组织,其影响往往在于传播思想,提供一定的行动指导和行动援助等,往往并不是实行严密完全的控制。"基地"组织是恐怖组织的跨国总公司。总公司只提供某种品牌、价值规范、战略规划,并不直接干预子公司的行动,而子公司相对独立自主地开展行动。恐怖分子采取行动,基本上是出于自愿的,并不完全是出于拉登和"基地"组织的强制性命令或纪律。

二、恐怖袭击目的

美国政府认为宣传伊斯兰极端分子仇视西方的自由与文明生活方式、价值观等,是拉登及其他一些极端伊斯兰分子对美袭击的行动动机。拉登及"基地"组织等也借助各种场合和方式竭力表达和宣传对西方特别是对美国的敌视与仇恨,鼓动实施对美国等西方国家目标的袭击。

据事后调查,劫机者确实都曾受到激进的伊斯兰思想影响。他们大多仇视美国和以美国为代表的西方文化与生活方式等。但是,为什么要仇视美国或西方的文化与生活方式呢?有些人把这归罪于伊斯兰教的教义本身,伊斯兰教包含圣战思想与烈士情结,促使穆斯林仇视西方并展开袭击。激进的伊斯兰思想可能对他们的行为产生了重要影响。

拉登与"基地"组织等对其思想观念的表达中,往往引用大量的宗教条文,所提到的目标与事件等往往零散而涉及面广泛。他们非常不满于目前的伊斯兰世界,特别是阿拉伯人目前所处的困境。他们仇视美国或西方等,认为美国或西方造成了目前伊斯兰世界所处的这种困境。这些困境包括一些阿拉伯国家政权腐败、独裁、背叛,以及经济上的不发达与贫富分化严重;阿拉伯人包括巴勒斯坦人在与以色列的斗争中遭受的失败与屈辱;阿富汗、伊拉克遭到美国入侵等。拉登等激进伊斯兰极端分子认为,美国、西方对这个地区的渗透与影响包括在阿拉伯的驻军,对以色列的支持,对一些腐败、独裁的阿拉伯国家政权的支持,对该地区的石油等资源的掠夺,西方文化、生活方式的入侵等。

三、"9·11"事件策划与实施过程

1996 年,在阿富汗,哈立德·谢赫·穆罕默德第一次与拉登会面时,提出训练飞行员驾驶飞机袭击美国的计划。1999 年三四月间,拉登在坎大哈会见哈立德·谢赫·穆罕默德时,决定支持此计划,此计划被称为飞机行动(planes operation)。

此后,"基地"组织和哈立德开始招募人员执行该计划。首先是培训和确定飞机的驾驶人员。除了"基地"组织一名圣战成员学过飞行技术被挑选为飞机驾驶员外,其余的驾驶员则来自德国的激进伊斯兰小组。以穆罕默德·阿塔为核心的德国激进伊斯兰小组成员,大多为在德国学习的阿拉伯留学生,大多数是在德国被思想激进化的。由于长期在西方生活和接受高等教育,他们成为最佳人选。这些人在美国学习驾驶技术,并购买了模拟飞行软件和资料等。负责劫机的人员大多数来自沙特,他们所受教育程度不高,出生于社会底层。他们先是被招募到基地组织,参加相关培训,之后被挑选参加此次袭击行动,2001 年夏被送入美国。

整个行动包括行动策划、人员招募、组织与实施等,涉及多个国家与地区,包括美国、德国、阿富汗、巴基斯坦、西班牙、伊朗、阿联酋、沙特、也门、马来西亚、菲律宾等。这些地区"基地"组织成员或其他伊斯兰圣战者或一些激进的伊斯兰极端分子,以不同方式参与这个计划,从策划、指挥、协调,到招募人员、接待、培训、提供证件与资金、联络等。

依据"9·11"委员会的调查报告,整个行动所需资金并不多,大约在 40 万至 50 万美元之间。而且,这些资金不是来自于拉登的个人资产,大多数来自阿拉伯世界一些个人或慈善组织的捐赠。当然,这些人或组织也不知道这些资金被用于袭击行动。在行动中,往往并不需要大笔的资金,这些资金大多数通过现金携带或正规的银行账户汇寄或存取等。"基地"组织的资金运作还可能通过非正式资金转移体系的哈瓦拉系统运行。

在行动中,袭击者也采取了很多方式来保证他们行动的安全,包括变更出发与到达地点,变更会面地点,变更电话号码,对大部分参加袭击的人保持行动秘密,使用暗号,更改护照上的旅行记录,改变行为方式与着装等以避免其他人注意,挑选没有行动记录的人员以免引起安全或情报机构的注意等。袭击者还采取了许多事先侦察行动,包括预先携带工具刀等劫机工具等通过机场安检系统,租用飞机练习驾驶技术并对袭击目标进行侦察。确定劫机的最佳时间(起飞后 15 分钟以后)以确保能够进入驾驶舱,并选择远程航班,因

为其装有更多燃料，从而造成更大的伤亡，还练习过如何控制乘客等。

行动者还有意同时采取袭击行动，以获得最大的冲击效果。劫持者劫持飞机所使用的工具非常简单，包括一些工具刀、小型的瓦斯喷射装置等。在其中三架飞机上，劫持者还声称他们拥有炸弹，而实际上根本没有。

“9·11”袭击者在选择目标时，曾经考虑过美国的核电站，但考虑到实施的难度以及此行动没有包括在原先计划中而停止。报告中还提到“基地”组织发展炭疽的计划，至于其是否拥有大规模杀伤性武器，分析人员认为还没有，但可能在发展这些武器。

下面分析“9·11”事件作为自杀性恐怖犯罪之“最”带来的各方面的影响。

第二节　对政治安全的影响

恐怖事件，特别是一些重大的恐怖事件，本身具有鲜明的政治目的，背后往往也具有复杂的国际政治背景。这种恐怖事件一旦发生，对国际社会影响面之广泛、程度之深刻、时间之久远，都是显而易见的。其中对国际政治的影响最为强烈。

“9·11”事件是人类有史以来规模最大、破坏最严重、对美国和国际社会震撼力最为巨大的自杀性恐怖事件。美国的一家民意机构 2003 年 9 月 5 日至 9 日对 1 037 名 18 岁以上的美国人进行了一项调查，结果有 95%的人将“9·11”事件列为过去 75 年最重要的历史事件，这个数字超过了二战中的珍珠港事件和原子弹袭击日本事件。[2]如此巨大的恐怖事件，对国际政治造成的影响是多方面的。

一、“9·11”事件改变了大国关系

“9·11”事件对大国关系的影响，表现为它对在当今世界大国关系中居核心地位的美国对外政策产生了深刻影响，并由此引发了大国关系的一系列变化。

事件之后，美国和西方世界在强烈谴责恐怖主义罪行，支持打击恐怖主义的同时，许多有识之士也痛定思痛，开始反思霸权主义的危害性和调整对外政策的必要性。[3]158美国国际恐怖问题专家鲁宾斯坦指出，为了美国的安全我们不得不思考这样一个重要问题：“是需要保持绝对的统治地位成为新罗马呢，还是必须重新评估和重建与世界其他国家的关系？布什认为，恐怖分

子想‘摧毁民主和西方文明’，电视也播出了这样的情境。但是后来阿富汗、伊拉克等地遭轰炸、贫铀弹后果、医院和学校被炸死的儿童是什么景象呢？伊拉克死亡了100万儿童，人们却看不到。”人们所要求的是从内部检讨美国的对外政策。美国的《巴尔的摩太阳报》一篇文章指出，许多地方出现了针对美国的厌恶、憎恨、愤怒和仇恨情绪，反美人士包括韩国的学生、日本的右翼分子、俄罗斯的神甫、希腊的足球迷、加纳的伊玛目、巴基斯坦的示威者等等。布什总统说，驾驶飞机撞入世贸中心和五角大楼的人是因为他们仇视自由。这可能有一定道理，但世界各地研究反美情绪根源的人们一致认为，真正的答案要更为复杂而具体。在这个由单一经济和政治超级大国支配的世界上，反美情绪是一种强大的力量。欧盟委员会外交事务委员、前香港总督彭定康针对美国当权者的“单边主义”指出：“实际上，多边主义对减少暴力行为是有帮助的。”那些参与制定美国政策的人大概也应该想一想，为什么他们在世界上一部分地区不得人心。重要的是应该承认，一个多元化的开放的社会应该受到人们的保护。当我们谈论人权的时候，我们往往把它看成是欧洲人和美国人才有的概念，就好像这种美德是我们的专利一样。

正是基于上述认识，美国在“9·11”之后不得不对自己的对外政策做了一些调整，以美国为轴心的大国关系出现了新的变化。

美俄关系出现调整。“9·11”之后，美国一方面继续推行其“帝国战略”，积极推动北约东扩，不断挤压俄罗斯的战略空间，但另一方面，为了争取俄罗斯在其“反恐事业”特别是在阿富汗和伊拉克问题上的支持，美国对俄罗斯采取了比过去更明显的怀柔政策。布什总统在2002年5月和11月两次访问俄罗斯，这在美国历史上极其罕见的。在公开场合，布什一改过去把俄罗斯称为对手的习惯，而将其称为“伙伴”、“朋友”和“反恐盟友”，称普京是“最亲近的朋友”。美国在车臣问题上的干涉明显减少，并要求车臣叛乱分子与恐怖分子脱离关系，用谈判而不是用战争的办法解决与俄罗斯联邦政府之间的分歧。这是对俄罗斯解决车臣问题最大的国际支持。美在单方面退出反导条约后，又接受俄罗斯的要求，签署新的裁减进攻性战略武器条约，也给足了俄罗斯面子，还给了俄200亿美元的裁减专款[3]159。莫斯科人质事件中，美国支持俄罗斯的处置方案。在俄罗斯方面，则务实地放弃“超级大国的架子”，不再追求与美国平起平坐的国际地位，俄罗斯在反恐、防扩散、能源、积极贸易等方面加强了与美国的合作。

中美关系也得到改善。“9·11”事件完全打乱了美国的战略。布什总统上台之后不久，把压制中国作为一个重要目标，并逐步清晰。“9·11”事件发生后，美国不得不把反恐作为首要任务，使中国在这段时间内避开了与美国的直接对撞。

“9·11”事件发生后，江泽民主席立即代表中国政府和人民向美国政府和人民表示了深切的同情和慰问，并表达了中国政府一贯反对任何形式的恐怖主义的原则立场。之后，布什总统三次与江泽民主席通话，希望在反恐战争中得到中国的支持。2002 年，中美两国最高领导人一年四次会晤，这在中美关系史上是从没有过的。为了换取中国对其反恐战争的支持，美国的对华政策也做了重要调整。不再对中国的新疆政策横加指责，把“东突”列入国际恐怖组织名单；公开承诺反对台湾独立；恢复两国军事交流，扩大两国贸易等。为此，“9·11”之后的中美关系是历史上最好的阶段。

“9·11”事件后，欧盟国家一方面对美国人民遭受苦难深表同情，并积极要求出兵与美国一道打击恐怖袭击策划者；另一方面希望发挥联合国主导作用，主张组成由联合国领导的国际反恐联盟。美国呼吁各国支持其在阿富汗的战争，另一方面对德、法、意等国的愿望敷衍搪塞，害怕这些国家参与对其战略意图有所不利。日本向美国提供军事支持方面比北约国家还要迫切，从太平洋到印度洋一直给美军护航。其主要目的显示日本向国外派兵的愿望，以便为修改二战后制定的和平宪法做出铺垫。

二、“9·11”事件改变国际社会反恐战略

“9·11”事件改变了美国人对外部世界的看法。在“9·11”事件之前，许多美国人以“老子天下第一”自居，对在美国以外发生的事情没有多大兴趣。其中典型的代表当属一位美国国会议员。他公开表示，为自己从未申请过护照、从未走出过国门而倍感自豪。他给出的理由是：自己身在美国，无须了解其他国家。“9·11”事件发生后，特别是本·拉登和“基地”组织宣称自己为这一事件背后的主谋之后，越来越多的美国人开始将目光投向北美大陆以外的世界。

尽管在“9·11”发生后不久，美国各地不时传出有留着大胡子的穆斯林惨遭毒打的消息，但越来越多的美国人开始意识到与中东地区搞好关系的重要性。现任美国总统奥巴马就是其中之一，他上任后不久就选择访问中东地区，并发表演讲，释放美国政府的善意，表达了华盛顿要与伊斯兰国家改善关系的愿望，这与在世界上奉行单边主义政策的小布什总统形成鲜明的对比，给人留下了非常深刻的印象。

“9·11”事件发生后，美国人突然从安全的幻觉中惊醒，意识到大西洋和太平洋并不能阻止恐怖组织这种非国家力量的威胁。于是美国急剧加大了

在反恐和情报方面的投入：对内，花费数千亿美元加强安全措施，重组政府安全部门；对外，迅速扩充军事力量，将国防开支从 2001 年的 3 040 亿美元猛增到 2008 年的 6 160 亿美元。

奥巴马上台以后，很大程度上在纠偏布什政府时期一些反恐战争的负面作用。由于布什政府的全球反恐战争造成了很多矛盾和冲突，这不仅使得美国和阿拉伯国家有了很深的裂痕，而且使美国及其盟国之间也出现了分歧，因此奥巴马上台以后首先就放弃了布什提出的“全球反恐战争”的提法，并且改变了布什时期的单边重视军事反恐的做法。奥巴马提出了多边综合性的反恐，并且把这个反恐聚焦在“基地”组织方面。

2011 年 6 月 29 日，美国政府公布新的国家反恐战略。该战略既是对“9・11”以来美国 10 年反恐作战的全面总结，也是针对近期全球恐怖形势变化所做的最新调整。

这些调整主要体现在：一是加强本土的防御措施，着重通过情报等手段，严防国际恐怖势力袭击美国本土的图谋，同时防范本土内潜在的个体恐怖威胁。美国在海湾战争积累的作战经验几乎不适应阿富汗，因为阿富汗是个穷国，狂轰滥炸是没有意义的。所以，美国把狂轰滥炸改成精确空袭，精确空袭需要地面引导，突击队一定要介入，由突击队引导飞机空袭。2012 年 2 月 17 日，美国执法部门在国会附近逮捕　名企图实施自杀式爆炸袭击的恐怖嫌疑人阿明・阿尔哈利菲。事后美国警方认为，阿尔哈利菲与恐怖组织并无关联，而是单独行动。2012 年 9 月，一名美国人因涉嫌企图实施针对国会和五角大楼的爆炸袭击而被警方逮捕。行动过程中，联邦调查局探员假扮成恐怖分子，向其提供了枪支、手榴弹等装备。二是在海外反恐行动中，与布什时期动用大规模地面军事力量的做法不同，奥巴马政府更倾向于实施针对性极强的特种打击。其中，“手术刀”式的特种打击被确定为美国反恐战略新思维中的重要手段之一。2011 年 5 月，本・拉登被击毙以及此次“基地”组织二号人物拉赫曼被打死，都是这一思路调整的重要体现。

奥巴马上台以后在反恐问题上的一系列政策调整，很多都遭到了反对派的强烈谴责。前副总统切尼就公开批评奥巴马在反恐问题上退缩和软弱，他说，奥巴马以为只要不提反恐战争，美国就不会受到恐怖分子的袭击了，只要不提恐怖威胁，美国的安全就会得到保证了。

奥巴马的反恐阵线是属于收缩的状态。现在奥巴马政府没有预料到的就是国际恐怖势力在美国或者全球呈现蔓延态势，所以美国面临的恐怖威胁也呈现出全球化态势。奥巴马政府现在不知道他面临的威胁究竟来自何方，这也可以说是奥巴马面临的新挑战。

“9·11”事件10周年之际，美国各媒体11日纷纷以大篇幅对“9·11”事件10周年进行报道。《纽约时报》以40个版的篇幅对事件进行反思，认为经过10年战争后，阿富汗局势仍然不稳定，巴基斯坦仍是一个不可靠的盟友，伊拉克、阿富汗两场战争的结局仍然扑朔迷离。

“9·11”事件发生时担任纽约市长的朱利安尼认为，他最大的恐惧是10年后人们会以为“9·11”事件已经过去。它还没有成为历史，还是我们现实的一部分，因为“9·11”事件中袭击我们的那些人，仍想攻击我们，也许会用另外的方式。他认为，在美国土生土长的恐怖分子是最可怕的威胁，因为他们更难被发现。美国联邦运输安全管理局局长约翰·皮斯图尔在华盛顿战略与国际问题研究中心发表讲话称：“有迹象表明，虽然空中旅行更加安全，但是恐怖分子为了通过安全检查，想出了一些极端的方法，例如最近的情报显示，‘基地’组织的分支机构想在人体中植入炸弹来通过安检。去年，还发现他们有将炸药隐藏在打印机墨盒里的方式。”

在美国战略与国际研究中心与国土安全部举行的“9·11”事件10周年研讨会上，美学者及安全官员认为，在应对当前的反恐重点区域如巴基斯坦、也门的同时，美国政府及其盟国必须着手应对其他区域正在兴起、但尚未引起人们足够关注的安全威胁。此外，应采取战略行动消除“基地”组织意识形态的吸引力。这应成为美国未来反恐战略的核心内容。

三、“9·11”事件增强了国际、国内反恐合作

国际反恐合作由来已久。从历史上看，国际上的反恐合作从20世纪30年代就开始了。从那之后，各国、各地区，包括联合国都制定签署了许多反恐的公约、条约，发表了许多联合声明，通过了许多决议，制定了许多联合反恐的具体措施，这些措施的相当一部分得到了国际社会的认同、遵守和落实，也取得了一定的成效。但是，历史上任何时期的国际合作反恐都没有“9·11”之后的力度那么大，响应那么广泛。

“9·11”之后，恐怖主义的国际性威胁暴露无遗，反恐必须国际合作也成了国际社会的共识。

首先是“9·11”的直接受害者——美国更加强调国际合作。例如，前总统老布什的国家安全顾问斯考克罗夫特著文提出，如果说这次反恐战争与1990年的海湾战争有什么不同，那就是我们目前对朋友和盟友的依赖性更大。合作不仅对反恐战争有好处，而且它还能帮助美国改掉这样的恶名：它一直在奉行单

边主义;对其他国家如果不说是傲慢自大,至少也是漠不关心;它可以使我们本着合作的精神同那些目前同我们之间存在着各种问题的国家,如俄罗斯、中国、伊朗和巴基斯坦展开合作。美国前国务卿鲍威尔著文指出,全球反恐行动可以为我们加强和重新塑造国际关系、扩大和建立国际合作领域敞开大门,俄罗斯和中国为这一空前的全球努力作出了贡献,在反恐怖主义行动中建立的磋商与合作惯例,能为加强我们与这两个国家在其他领域的关系创造机会。

俄罗斯、欧盟、非洲、阿拉伯国家以及印度、中国都在"9·11"之后强烈主张呼吁通过国际合作来打击恐怖主义。因此,恐怖主义在国际社会中成了人人喊打的过街老鼠,合作反恐成为各国共同的愿望和呼声。通过各国的积极努力,国际反恐合作取得了突破性进展。从合作内容上看,一方面采取具体措施充实、完善各种反恐协议、协定与公约,同时不断扩大合作领域,既有道义上的支持,也有司法合作;既有情报交流,也有技术合作;既有经济制裁,也有联合军事打击。从合作形式上看,主要有三种形式:一是双边合作。范围包括情报交流、司法合作、联合反恐演习,以及共同采取反恐行动等。如 2011 年美国与吉尔吉斯斯坦举行联合反恐演习,2012 年美国与俄罗斯、加拿大联合举行"警惕之鹰—2012 反恐演习"等。二是区域合作。各国在共同地缘利益的基础上进行反恐合作。在欧洲,2002 年 6 月,北约 19 个成员国国防部长举行会议,提出北约各国应调整军事能力,应对恐怖主义挑战。9 月,欧盟 15 个国家元首和政府发表联合声明,承诺要同美国一道共同打击恐怖主义。11 月北约首脑会议提出建立一支 2.6 万人的北约快速反应部队。在亚洲,2001 年 10 月,中国与中亚五国正式成立上海合作组织,联合发表反恐声明。2002 年 10 月,亚太经合组织 21 个国家领导人通过新的反洗钱方案,以切断恐怖组织资金来源。11 月,东盟首脑会议发表反恐宣言,支持各成员国的反恐工作。2003 年,中俄等上海合作组织 5 个成员国联合举行了反恐军事演习;2004 年 8 月,中巴联合举行了反恐军事演习;2006 年 8 月,中哈在阿拉木图和伊宁市举行了联合反恐演习;12 月,中巴在阿伯塔巴德地区举行了联合反恐演习;2007 年 7 月,中泰两国军队各派出 15 名陆军特种作战部队队员,在广州进行了一次为期两周、代号为"突击—2007"的陆军反恐技战术基础和应用训练;8 月,上海合作组织成员国武装力量举行代号为"和平使命—2007"的联合反恐军事演习;12 月,中印陆军在昆明举行"携手—2007"联合反恐训练;2008 年 12 月,中印陆军在贝尔高姆地区举行代号为"携手—2008"的联合反恐训练;2009 年 7 月,中俄举行"和平使命—2009"联合反恐军事演习;2010 年 7 月,中巴在宁夏举行"友谊 2010"反恐联合训练;中国在 2010 年秋季哈萨克斯坦境内参加“和平使命—2010”联合反恐军事演习；2012 年 4 月，“海上联合—2012”中俄海上联合军事演习在青岛附近海域进行。这是中俄两国海军首次海上联合军事演习；6 月，上海合作组织成员国武装力量在塔吉克斯坦胡占德市附近的训练场举行“和平使命 2012”联合反恐军演；7 月，中国与印度尼西亚特种部队展开代号“利刃—2012”的反恐联合演习；2013 年 7 月，中俄举行“和平使命—2013”中俄联合反恐军事演习；8 月，中吉在边境地区举行“边防联合决心—2013”反恐演习。三是联合国反恐作用逐渐突出。“9·11”之前，联合国就为在全球范围内消除恐怖主义做了很多努力，成立了专门的国际反恐机构，通过了 12 项反恐的国际公约和相关措施。

伴随社会的发展，私营部门越来越多地参与到公共管理之中。社会发展到今天，公共管理活动已经不再是单纯的政府行为，尤其是新公共管理运动开展以来，政府管理活动更多地有了私营部门的参与。私营部门成为公共部门的重要合作伙伴，部分公共事务甚至外包给私营部门承担。美国反恐斗争中，高度重视公共部门与私营部门之间的合作与协同，将私营部门作为反恐斗争中重要的合作伙伴，尤其是在基础设施保护方面，私营部门的地位更加突出，其发挥的作用也更为明显。在美国，政府制定的许多国家战略，对私营部门在反恐斗争中的作用给予了充分的重视，如“我们的战略利用所有主体的力量和能力，他们包括各级政府、私营和非赢利机构、社区以及公民个人。”[4]“私营部门在国土安全领域扮演着许多重要角色，与私营部门持续的合作和协调对于加强(恐怖主义)准备是必须的。”由此可以看出，美国政府把私营部门视为反恐斗争中一支不可或缺的重要力量，让私营部门承担起应有的反恐责任。

美国在某些特殊领域内发挥私营部门的作用。如在大规模杀伤性武器方面，为防止恐怖分子得到大规模杀伤性武器的原料、设备和专家，整合了各级政府、私营部门以及国际合作伙伴的力量，进一步提高预防能力。在打击恐怖组织资金来源方面，私营部门也能发挥重要作用。在对当前威胁环境的理解以及保护重要基础设施免受恐怖袭击方面，私营部门的信息是一个重要因素。美国前国土安全部长汤姆·里奇认为，私营部门在反恐方面至关重要，它们可以研发新技术，保护私有的重要基础设施，在具体突发事件中发挥协调作用，在金融服务领域也作用突出。在美国重要基础设施和关键资源领域的反恐斗争中，私营部门发挥着公共部门不可替代的作用。

公共部门与私营部门之间开展合作，并非无组织行为，也需要相应的机构来组织、规范和引导，这在美国的实践中有清晰的体现。如美国国土安全部设立私营部门办公室，在重要基础设施和关键资源领域组建“行业协调委员会”和“政府协调委员会”，国土安全部也设立了“重要基础设施伙伴关系咨询委员会”。所有这些组织机构，为公共部门和私营部门相互了解、互相沟通创造了组织条件，为两者提供了协调与合作的机会。美国还利用一些项目来推动公共部门与私营部门的协调与合作，如基础设施保护项目(Infra Gard)、海关-商贸反恐贸易伙伴项目(C-TPAT)、保护重要基础设施信息项目(Protected Critical Infrastructure Information Program)等。这些项目不仅为公共部门和私营部门合作提供了平台和渠道，而且将这种合作落实到具体的行动中。[5]

四、“9・11”事件促成情报反恐工作新蓝图的构建

在情报的收集和交流方面，美国 2009 年已经援助了也门 6 700 万美元，为也门政府提供了很多反恐高科技设备，帮助也门培训反恐的检查和安全部队。美国近几年会进一步扩大和加深这些举措。美国可能会派少数的特种部队进行一些精确的打击或者是援助一些无人驾驶飞机在也门进行反恐行动，表面看很多的行动是也门政府在进行，是也门的安全部队和反恐警察在实施，但是最终的幕后指挥者应该是美国。

奥巴马和希拉里都在努力弥合美国与伊斯兰世界的裂痕，比如奥巴马在开罗大学的演讲，向伊斯兰世界释放善意。但是无论是在伊拉克、阿富汗、巴基斯坦，还是也门等国家，造成很多无辜民众伤亡最根本的原因还是美国。包括在很多政策和具体的措施上，美国的政治表态实际起到一种反效应的结果，所以这个矛盾和问题并不是美国的一些政治人物发表讲话就能够改变的。这是由美国和伊斯兰世界更长期的问题所决定的，如果单靠奥巴马讲话而没有具体措施，这种矛盾将会长期存在。

2011 年 9 月 28 日，美国公布了国会情报委员会 9 月 13 日举行的听证会内容，参与者包括情报委员会主席和议员、国家情报总监克拉珀、中央情报局局长彼得雷乌斯、国家情报主任办公室、国家反恐中心主任奥尔森等情报高官。听证会不仅回顾了“9・11”事件以来美国情报界在反恐上的得失，分析了当前的反恐形势，更重要的是规划了未来一段时间美国情报界的反恐工作新蓝图，以图彻底击败“基地”组织，确保美国的绝对安全。

在新蓝图中，美国情报界将发展全球多边伙伴关系，在世界范围内追踪“基地”组织分子。本・拉登等人的相继毙命，使盘踞在巴基斯坦和阿富汗的“基地”组织核心机构受到重创，也为美国彻底将其消灭提供了千载难逢的契机。但同时，“基地”组织的分支机构却开始走上前台，成为美国的劲敌。这

些分支机构分布于阿拉伯半岛、索马里、北非、东南亚等地区，都拥有自己的指挥机构和补给基地，在行动上保持着很大的自主权，这给美国情报界的追踪行动带来了极大不便。因此美国情报界将以反恐为标杆选择情报合作对象，既包括传统盟国和对手国家的情报机构，也包括跨国组织、私营部门、民间团体、学术界和工业界等非正式组织。美国情报界认为，只要有利于反恐，就可以"为我所用"。在情报合作的范围上，则力图从单纯的情报资料共享，扩展至情报人员和技术交流、情报基地共享等，以最大限度地利用世界的情报资源为自己的反恐政策服务。当然，这种共享更多的是美国单方面使用他国的情报基地等。

为增强美国的反恐力量，美国情报界还将与国内的其他部门加强协调合作行动。经历过"9・11"事件后，美国国内一致认为情报和执法机构在反恐行动中的合作非常必要。为此，美国情报界将继续建设"情报共享环境"，弥补情报与执法合作中存在的漏洞。同时，基于在海外猎杀恐怖分子，尤其是击毙本・拉登的经验，美国情报界还将继续扩大与军方，尤其是特种部队的合作，努力将情报人员融入军队中，建立一支"情报作战队伍"，以更加有效地发现和打击"基地"组织。此外，美国情报界还将继续督促各州建立和完善各自的情报融合中心，并向这些中心派遣情报官员，以最大限度地在联邦、州、市、县范围内建立一个纵横交错的反恐情报共享网络。

鉴于"基地"组织的活动更加诡异不定的特征，美国情报界还将在内部加强整合，推进一体化进程，为反恐行动提供更具时效性、更准确和更精确的情报。美国10多年的反恐经历表明，如果无法接触广泛的情报，就算是最优秀的情报分析人员也很难得出准确的结论。为此美国情报界将继续努力改变各情报机构间缺乏合作的陈规陋习，使情报界真正成为一个"联合体"。为此国家情报总监将利用"国家情报计划"对情报界的资源进行调配，使各情报机构的计划与行动符合情报界整体的反恐战略规划。同时国家情报总监将建立统一的先进网络，打造虚假情报库，使各情报机构的分析人员可以在海量情报中识别关键的主题词，交流和共享反恐情报成果。为防止在情报共享时可能发生泄密事件，美国情报界还将建立一整套统一的保密和防护措施。

美国情报界的反恐工作新蓝图体现出"合作与融合"的特征，合作的范围广泛，融合的程度严密。当然，这只是理想的规划而已，其实现过程中必然充满了种种困难与挫折。

"9・11"事件在改变美国的同时，也改变了世界。一时间，"非国家行为体"、"不对称攻击"、"非传统安全因素"等新名词充斥各国媒体，这些被各国学者和官员经常引用的字眼也在很大程度上揭示了新形势下国际社会所面临的新问题。这一恐怖袭击导致来自40多个国家的三千余名无辜平民失去生命，受到国际社会的强烈谴责，使美国博得了国际社会的广泛同情，国际反恐阵线迅速形成。与此同时，联合国安理会也迅速通过相关决议，对“基地”组织和“塔利班”等实施制裁，并要求联合国各成员国根据国际法，将恐怖分子及其资助者、收留者和窝藏者绳之以法。毋庸置疑，美国的反恐行动得到了国际社会的支持，但并非所有国家对美国的每一个反恐行动都表示赞同。比如，当年的美国总统小布什在反恐问题上“以我划线”，将反恐扩大化，遭到了许多国家的批评；2011年5月，奥巴马总统下令美军海豹突击队深夜从阿富汗悄悄越境进入巴基斯坦击毙“基地”组织头目本·拉登的行为也受到了一些国家的批评。巴方对此强烈谴责，认为美军突击队此举已经损害了巴基斯坦的国家主权。

从纽约世界贸易中心的双子楼轰然坍塌到本·拉登被击毙至今，时光已走过了十二年。在此期间，联合国和有关国家出台了一系列反恐怖文件，进一步加大了打击恐怖主义的力度，同时也进一步加强了国际反恐领域的合作。但是，必须指出的是，迄今为止国际社会仍未就恐怖主义的定义达成一致，这充分说明各国对恐怖主义问题的认识依然仁者见仁、智者见智，这势必会影响国际反恐斗争的进一步深入开展。

众所周知，当前产生恐怖主义的根源依然存在，滋生恐怖主义的土壤尚未铲除，恐怖主义对国际和平与安全依旧构成威胁，而且这种威胁将长期存在。可以预见，反恐斗争和反恐合作势必是国际社会面临的复杂而又艰巨的长期任务。

第三节 对经济安全的影响

“9·11”袭击对美国经济造成了非常大的冲击。美国股市自2001年9月17日重新开市后的一周内，道琼斯指数骤跌14.3%，创造大萧条以来最大的单周跌幅，股市缩水1.4万亿美元。而且，其他一些行业受到了更严重的损失，比如旅游业、保险业、航空业等。

对于“9·11”袭击给美国造成的经济损失，有不同的估计。纽约曼哈顿区，总共有25栋建筑遭到毁坏，其中包括因损坏而需要完全拆毁的世贸中心所有的7座建筑。还有其他几栋建筑因毁损严重而需要拆除。五角大楼也遭到比较严重的破坏。在2001年末纽约市就“9·11”袭击给全市做的一个损失评估，认为其大约为950亿美元；2002年联合国欧洲经济委员会就“9·11”袭击给美国造成损失的评估为2 000亿美元；而根据2005年亚太经合组织的一份报告，其造成的损失大约为6 620亿美元[6]。

“9·11”事件之后，投资人对美国投资环境的安全性表示忧虑和担心，大批资金从美国撤离。美国需要恢复投资人的信心，迅速打垮塔利班算是给全球投资人一个交代。这其实是阿富汗战争在极短时间内就发动的最重要原因。战争也的确留住了投资人的信心。美国的战况进展良好，道琼斯指数立刻回升600点，全球投资人的信心渐渐恢复，撤出美国的资金渐渐回流。

“9·11”事件代表冷战结束十年后，美国又出现一种新的潜在的敌人——伊斯兰极端主义。这个敌人不同于以往的敌人，它不是以国家形态出现、传统意义上的敌对势力，这个敌人是不为人见的、潜在的，且不一定以组织的形态出现，却又有一定号召力。哥伦比亚大学政治学教授吕晓波指出，因为反恐，美国花了很多钱，有些钱，我个人认为是花错了的。打伊拉克、阿富汗，美国这方面的开支一定影响到了美国经济。反恐战争究竟花了美国多少钱？美国总统奥巴马在2012年6月22日发表从阿富汗撤军的计划时提到了一句，“十年反恐战争花了美国一万亿美元”。但按照美国一些经济学家的估算，这个数字甚至还要高出两倍。如此巨大的花费拖垮了美国经济，造成数百万人失业。民众要求尽快结束伊拉克战争、阿富汗战争。

从伊拉克战场、阿富汗战场上的军人回来，包括军人的治病、抚恤、待遇等长期的问题，需要很多资金，从长期角度看，对美国是一个问题。如果美国经济好，这也不算是个问题，问题是这两年美国经济出现了问题，经济危机、实体经济受到打击，美国人现在对自己更缺乏信心了。联想到近几年美国国债危机，何尝不是源于这些年来不断上涨的美国国债额，而其中反恐战争的确做出了不小贡献。

“9·11”事件十二年之际，美国人最关心的可能不是反恐本身的问题，而是美国经济衰退的问题。十二周年反恐纪念的焦点，或不在反恐议题，而在美国经济问题。

战争给美国造成了沉重的经济负担。2011年，美国主权债务已经突破14万亿，债务率接近100%。大大超过公认的国际警戒线标准。当然，美国目前的经济困难并不主要是由战争引起的，而主要是由于美国经济金融化的结构性矛盾、政府的借贷度日的执政方式和民众的超前消费理念，但战争消耗的巨额人力、物力、财力对美国经济起到了雪上加霜的作用。相对于十二年前，今天的美国经济更加脆弱，美国支撑目前全球战略摊子更加吃力，经济安全的形势更加令人忧虑。

第四节 对公民生命安全的影响

一、造成大量人员伤亡

根据“9·11”事件调查委员会报告估计，在世贸双子楼飞机撞击区下部，约有16 000人，其中大部分生还；在撞击区之上的人大部分丧生。包括劫机者之内，约3 000人在袭击中丧生或失踪，其中包括300多个前去救援的消防队员。

2001年9月16日，时任美国总统乔治·布什在戴维营称，“反恐战争将持续一段时间，美国民众要保持耐心。”5天后，他正式宣布发动“反恐战争”：“我们的反恐战争从针对‘基地’组织开始，但不会终止于此，除非我们找到、停止、打败每一个全球性恐怖集团。”10月7日，美军开始对阿富汗正式展开“持久自由军事行动”，空袭了阿富汗首都喀布尔的敌方目标。此次空袭之后，“基地”组织和塔利班政府残余分子便躲入了阿富汗和巴基斯坦的偏远山区，此后一直保持游击状态。拉登也由此消失，并秘密隐藏了近十年。

为此美国牵头，北约合作，国际支持的反恐战争已持续了十年，战争范围遍及阿富汗、巴基斯坦、伊拉克、美国本土等多个角落。与此同时，美国在世界多地加强了反恐行动。在菲律宾、索马里、撒哈拉等地区都展开了打着“反恐”名义的军事行动，其中最大最受争议的当属2003年正式发动的伊拉克战争。美军先空袭，后发动地面袭击，入侵了伊拉克首都巴格达，尽管布什政府于2003年5月称伊拉克战事已结束，但是，伊拉克却进入了全面游击状态，令美军陷入军事泥潭。2003年12月，伊拉克前总统萨达姆·侯赛因被美国空军逮捕，于2006年执行死刑。

尽管美国在反恐战争中得到了大部分国际社会的外交支持，但从伊拉克战争开始，反恐战争便遭到了美国本国和国际反战人士的质疑。美军在伊拉克战争中造成了6万到11万的人员伤亡，在阿富汗战争中造成了近5万的人员伤亡，在整场反恐战争中，美军死亡近6 000人，伤4万多人。

拉登死了，美军要撤了，奥巴马向塔利班伸出了和解的橄榄枝……一切，似乎开始转变。阿富汗困局破解的曙光已现？然而，战乱、恐怖袭击、贫穷依然笼罩着这个苦难深重的国度。十年来，有超过 2 万名阿富汗平民在战争中死亡。现实依旧残酷:2011 年 1 至 6 月，有 3 606 名阿富汗平民在冲突中伤亡，其中 1 462 人死亡，八成由反政府武装团体造成。美军及其盟军的撤离，并没有因此带来太平，塔利班的反击愈发猛烈。

二、上万人受疾病困扰

2001 年纽约世贸大楼恐怖袭击事件十年后，仍有 18 000 多人因大楼倒塌吸入粉尘，受到疾病困扰。据英国广播公司报道，这一数字来自美国政府对紧急救援人员、志愿者以及当地居民跟踪和治疗项目的结果。负责有关研究的美国官员还警告说，“9・11”幸存者也可能发生早逝的情况。美国职业安全与健康国立研究所的霍华德医生表示，尘埃所造成的肺病是最严重的疾病之一。因吸入有害灰尘会给肺造成疤痕，从而影响肺功能，导致呼吸困难。这些灰尘中含有很多有害的化学物质，例如大楼倒塌时有许多碱性粉尘、石棉以及铅和汞等重金属颗粒被人体吸收。

世贸大楼倒塌后，大约有 8 万名消防人员、紧急救援工作者、警察以及清洁人员等在现场参与抢救和清洁工作。很快，这些人当中就出现了咳嗽症状，被称为“世贸中心咳嗽症”，并且越来越严重。美国政府的世贸中心健康项目共有 6 万多人登记，很多人可能会出现健康问题。

根据对上万名纽约消防人员的调查，在世贸大楼倒塌后 6 年，一些人的肺功能出现严重下降。这项调查结果据信是比较可靠的，因为共有 12 781 人参加了“9・11”前后的肺功能测试。

2013 年 9 月 11 日，“9・11”事件届满 12 年。最新报告显示，因“9・11”事件罹患癌症而接受国家健康计划保险的人数高达 1 140 人，实际的患癌人数应该更多。

毫无疑问，有数千人由于吸入大楼灰尘而患上慢性疾病和残疾，而且根据已知的知识和医学常识，医生们现在认识到这些生理上以及心理上的疾病很可能会是终身性的。2011 年初，美国通过一项法律，批准了 47 亿美元的资金用于跟踪、治疗“9・11”所造成的疾病，以及对受害者进行赔偿。

杰夫当时是参与救援行动的一名警察，“9・11”后，他因为健康原因退休。他患有呼吸系统疾病，以及头疼和鼻窦炎。他说，不好的时候呼吸非常困难，不断地咳嗽，同时还头疼。他以前还坚持跑步，头疼之后就无法跑步了。他妻子说，尽管杰夫接受治疗，但健康状况却越来越糟。

第五节 对心理安全的影响

一、最强烈地冲击社会公众心理

一条价格不过100多美元的自杀式腰带可以造成巨大的杀伤和破坏力。由此带来的惨烈与恐惧场景引发了人们内在的不安全与脆弱感，十分自然地对其受害者进行拟人化的联想与移情投射，“这种惨剧可能会发生到我或我的家人身上”。

自杀性恐怖袭击往往造成血腥恐怖的场面和巨大的轰动效应，它内在的突然和神秘对于众多的媒体有着不可抑制的吸引力，所以得到媒体的广泛报道。“以行动为宣传”的恐怖主义需要这种公开的社会影响达到其目的。自杀性恐怖犯罪是个很有新闻价值的事件，它显示了恐怖分子的巨大决心及自我牺牲精神，而且可以对公众舆论和决策者造成深刻的心理影响。这类犯罪能够最大限度地杀伤民众和造成财产损失，不仅能让人们的视线关注受害者，而且将更多地关注恐怖分子自身，能给公众心理造成最强烈的冲击。

爆炸会伴随着明显的爆炸现象，如光亮、火焰、声响、烟雾和气味，普通民众受到惊吓，往往失去控制，结果爆炸现场的秩序十分混乱。“9·11”事件中，两架装满航空燃料的飞机撞击世贸大厦并引起爆炸，周围一些车辆在燃烧起火的情况下发生爆炸。数小时内，两座大楼坍塌，附近相当大的一片区域被毁。据估计当时大楼内有5 000多人，由于正值上班高峰，成千上万的民众受到惊吓而四处奔逃，一度秩序非常混乱。爆炸现场上空弥漫着浓烟。爆炸波及周围房屋及街道，很多楼房的玻璃被震碎，不少房屋坍塌，停在街道上的汽车玻璃被震碎，一些汽车车体变形。市内通信、交通一度瘫痪。到处是烟雾，加载着人们的惨叫声，时不时地出现着断腿残肢，这一切都给现场上的人们带来心理上的巨大恐惧。

在“9·11”事件十周年之时，纽约曼哈顿下城医院的急救员胡安娜·洛米回想起十多年前的那一幕时，眼里仍充满泪水。她告诉记者，对她来说最大的伤痛就是她亲眼看见很多人从世贸中心大楼上跳下来。洛米说：“我从未这么清晰地看见人从高楼上跳下时在空中的动作，这种记忆非常痛苦。之后很长一段时间，我一闭上眼睛脑海里就会出现这样的情景。我觉得很无助。作为一名救护人员，我的职责就是救人，但那时我就只能站在那里，眼睁睁地看着他们跳下来，什么忙也帮不上。”

二、打击社会公众的精神信仰心理

恐怖主义虽然以政治、经济利益为主要目的，但背后却蕴含着深刻的打击敌方精神信仰心理的动机。以政治权力、宗教文物以及相关人员等象征性目标为攻击对象，对社会的精神信仰体系来说，是一个沉重的打击。美国人自夸是自由世界的天堂，是最高文明的榜样，也是世界上最安全的地方，但“9·11”事件却彻底击碎了这种神话：自由世界不再自由了，文明榜样受到了挑战和对抗，最安全的地方也不安全了。美国公众的精神信仰心理为此受到了重创。

三、加剧社会公众对社会的怀疑和不满心理

现代社会问题成堆，不少人本来就对政府的社会政策不满，对人类社会的未来持悲观态度，恐怖主义大行其道以及现实社会对恐怖主义的无能为力，无疑加剧了人们的这种心理。

恐怖主义的发生，往往有复杂的社会原因，如贫困、不公甚至社会压迫等等，因此人们常常指责这是由于国际社会或某国政府的社会政策造成的。恐怖活动发生后，人们又会因为政府对事态的处置，尤其是对事件的无能为力或者措施失当，降低对政府的信任，增强对政府能力的怀疑。为了防范与打击恐怖主义，国际社会和各国政府不得不增加财政开支，加强社会控制，牺牲公众的自由甚至利益，这同样会降低公众对现实社会和政府的满意度与信任度。

“9·11”事件发生在纽约，“基地”组织选择世贸双子楼作为目标，有一定的偶然性。这种精心选择毫无疑问是有战略头脑的，知道选择什么目标最有震撼力，最有影响力。通过 CNN 的实时播放，视觉是有震撼力的，影响力则反映在纽约是美国的金融中心，华尔街是纽约的中心，世贸大厦是华尔街的中心，把它摧毁，不仅仅是心理震撼，实际带来了全球投资人对美国投资安全环境的巨大担忧。

四、增强社会公众的恐慌心理

恐怖主义本身就意味着恐怖。危言耸听的宣传，蛊惑人心的谣言，神秘反人性的组织形式，幽灵般的行踪，残忍的手段，强大的杀伤力，这些都是形成社会成员心理恐慌的原因。“飞机炸弹”、“车辆炸弹”、“人体炸弹”、“船舶炸弹”式的自杀攻击以死亡为武器、以同归于尽为结果去制造更多的死亡，想

起来就让人不寒而栗。恐怖活动之所以恐怖，还在于它的无限制性、突然性和不确定性。无限制性使恐怖活动没有游戏规则，没有法律限定，恐怖分子肆无忌惮，无法无天，只有想不到，没有做不到的事。突然性和不确定性使人们无法预测恐怖袭击会在什么时间、什么地点以什么样的方式出现。就像悬在头上的达摩克斯利剑，说不定什么时候就会掉下来落到自己的头上。这种恐怖威胁比恐怖本身更让人惊恐不安。

作为一种以生命为武器的极端暴力行为，自杀式袭击容易引起社会关注和民众震惊，其造成的破坏和伤亡经媒体广泛报道后，可以在袭击对象国家人民心中引起巨大恐慌。本·拉登评价“9·11”袭击时指出，“这些年轻人在纽约和华盛顿以实际行动发出的声音使世界所有其他地方进行的演讲黯然失色。这些声音能为阿拉伯人和非阿拉伯人理解……美国从南到北、从东到西到处都惊恐不安。为此，我们感谢真主。”

2001 年之后的每年节假日，9 月 11 日前后，看到外面荷枪实弹的警察、频繁的安检、不间断的交通管制等等，人们都担心是否会再次遭受恐怖袭击。纽约时报广场位于纽约曼哈顿区，地处据称全世界最为繁忙的交叉路口，因而获称“世界的十字路口”，是纽约乃至美国地标之一。广场曾经被炸过两次。2008 年 3 月 6 日凌晨，位于纽约时报广场交叉路口中间环岛的美军征兵站遭小型爆炸装置袭击。爆炸发生时征兵站内无人值守，除门窗玻璃破碎外损失有限，无人员伤亡。监控录像显示，爆炸发生前，一名嫌疑人骑自行车前行，在征兵站门口下车，大约两分钟后，骑自行车离开。征兵站随即发生爆炸。警方后来一直未能抓获任何嫌疑人。2010 年 5 月 1 日晚，纽约警方在时报广场中心地段发现一辆运动型多功能车（SUV）可能隐藏爆炸装置，迅速疏散数以千计游客和百老汇观众，封锁广场及周边街区。警方动用机器人和拆弹人员，在车内发现黑色火药、两桶 5 加仑容量桶装汽油、3 个烧烤时常用的丙烷气罐以及两个闹钟。闹钟连有导线、装有电池，显然是计时装置。警方最后确认并拆除了这个简易爆炸装置。

美国媒体评论指出，纽约时报广场爆炸未遂事件显示出了恐怖主义活动的新动向，从大规模袭击转向简单易行的小型袭击。时报广场的汽车炸弹没有爆炸，纽约这一次很幸运，但是这一未遂爆炸背后的目的——引起恐惧、造成破坏、伤害无辜生命，这值得警惕。这次美国纽约时报广场汽车炸弹虽然爆炸未遂，但人们的恐惧心理反而增强了。

2011 年 9 月 6 日，纽约市长彭博表示，“9·11”事件发生后的十年间，纽约市共挫败至少 13 起潜在的恐怖袭击。《纽约时报》和 CBS 电视台 5 日公布民调显示，民众广泛认为，纽约市仍未从恐怖袭击中完全恢复，在世贸遗址附近建造清真寺引起深刻分歧和焦虑，遗址救护人员没有得到公正待遇。民众表示，现在的世界已经改变，不像以前那样安全。79%的纽约市民说，纽约市将永远面临恐怖威胁，83%的美国人认为，美国将永远面临威胁。

但总体而言，纽约人安全感在增强。38%的纽约市民说，美国未来数月可能发生另一起恐怖攻击，少于五年前的57%。认为很快将面临恐怖攻击的全国民众，也从五年前的59%降至目前的42%。越来越多的民众说，安全感日益增强与政府的努力有关。近半数纽约市民说，联邦政府的反恐措施，可保国家在面对恐怖威胁时安全无虞，而五年前只有四分之一的民众这样认为。半数稍多的纽约市民说，市府在保护措施上尽到了责任，纽约足可应对另一起恐怖攻击。[7]

五、加深部分公众对穆斯林的敌视心理

我们再来看看《我的名字叫可汗》的电影：

"总统先生，我的名字叫可汗，我不是恐怖分子！"信奉伊斯兰教的里兹瓦·可汗费尽千辛万苦终于对美国总统奥巴马喊出了这句话。里兹瓦·可汗的呐喊最终被奥巴马听到了，然而那只是印度宝莱坞电影《我的名字叫可汗》的场景。在现实生活中，大约275万的美国穆斯林依旧生活在"9·11"恐怖袭击挥之不去的阴影中。

一身伊斯兰装扮的本·拉登已成为美国民众集体的心理阴影。仅仅是有一顶和拉登一样的白帽子和穆斯林身份，影片中的可汗陷入了意料不到的敌视与麻烦，甚至继子被人活活打死。

"9·11"不仅撞毁了双子塔，更击碎了美国曾引以为荣的人性包容与种族和谐。整整十二年之后，多数美国穆斯林仍然感觉到受歧视。皮尤研究中心日前公布的一项数据显示，52%的美国穆斯林感受到情报机构的"特别监控"，43%的受访者表示过去一年受到过骚扰。

这样的场景在现实生活中也屡屡上演。美国司法部民权司负责宗教歧视案件的特别顾问伊立克·特内坦言，"9·11"后美国社会对穆斯林及南亚裔的仇恨犯罪案件在迅速增加。司法部负责民权事务的助理部长托马斯·佩雷斯曾在国会的一场听证会上说："不断有穆斯林向我抱怨说，孩子们在学校遭到骚扰，被称为恐怖主义分子，被要求滚回家去，尽管美国就是他们的家。"

第六节 对日常生活的影响

“9・11”事件不仅摧毁了纽约世贸中心的双子楼，也深刻改变了这十二年来美国的政治生态和民众的日常生活。严格的安保措施影响到每个人的生活，反恐需要与个人隐私之间的紧张关系日渐呈现。“9・11”事件也改变了美国人对外部世界的看法。

“9・11”事件发生之前，美国《纽约时报》和《华盛顿邮报》等主流媒体留给国际新闻的版面很少，即使有些国际新闻，那也仅仅是美国众多国内新闻的点缀而已。“9・11”事件发生之后，美国主流报纸上国际新闻稿件的数量明显增加，这适应了广大读者希望了解外部世界的心理需要。从美国媒体的报道情况来看，“9・11”事件后，美国对中东、北非地区的关注程度一直有增无减。

世界贸易中心双子楼原是纽约市的最高建筑，其高度超过了曾多年雄霸纽约天空的帝国大厦，一直是纽约市闻名世界的旅游景点之一。“9・11”袭击事件使纽约市失去了一个著名的地标，却多了一处令人伤心的地名——“归零地”(英文为 Ground Zero，原意为导弹瞄准目标或核设备爆炸点)。十多年来，各国政要与百姓每年都在这里举行各种活动，悼念那些在恐怖袭击事件中死去的众多遇难者。

“9・11”事件是自珍珠港事件以来美国遭受的最为严重的袭击，曾大大激发了美国人的民族情绪与爱国热情。事发当天，几十万纽约市民自发而又有序地徒步撤离曼哈顿地区；一向以自我为中心的美国人纷纷向需要帮助的人伸出援手；纽约市许多小商店免费向市民提供蜡烛，低价销售手电筒、电池和收音机等，很少有店铺借机哄抬物价。有美国记者曾一度身披美国星条旗、手持话筒，面对电视镜头侃侃而谈，不过这种丧失职业记者应有的客观、中立的做法很快受到了新闻界的批评。

“9・11”事件改变了美国，这是许多学者专家当时的一个基本判断。正如他们所言，在“9・11”事件发生后，美国的政治生态和普通民众的日常生活都发生了明显的变化。

“9・11”事件后，美国国土安全部应运而生，对美国本土及其海外利益的安全保卫工作也有所加强。现在，美国在重大节日庆典、国家领导人活动的现场以及纽约时报广场和联合国总部等重要场所都会部署众多警力，或检查可疑物品，或实行交通管制，其主要目的就是维持秩序，防止恐怖分子发动袭击。在华盛顿，白宫和国会山不再接受普通游客入内参观。在纽约，要想从自由女神塑像的“体内”顺着狭窄的梯子攀爬到她的帽冠，俯瞰曼哈顿的美景，就必须提前两个月预约。

每年元旦，都会有数百万人来到纽约时报广场，观看闪闪发光的水晶球从高空支柱上缓缓落下这一传统庆新年活动。为了确保新年庆典活动的安全，纽约市政府这十二年来都要调集大量警力，采取严格的安保措施，并对每一个入场的人进行安检。此外，警方还会将时报广场及其附近街道的下水道井盖用电焊封死，以防止恐怖分子从下水道进入时报广场发动恐怖袭击。

虽然美国的一些大型博物馆和旅游景点在“9·11”后开始实行安检，但变化最大的要数美国各地大大小小的机场。旅客在进入候机大厅之前，都必须先脱掉皮鞋，解下腰带，取出行囊中的笔记本电脑与钱包等个人物品，并将它们分别放入安检人员提供的塑料筐中，再放到X光机的传送带上接受检查；旅客本人则光脚穿过设在一侧的安全门，接受安检人员的人工检查，水果刀、打火机以及各种液体和任何尖锐、有刃的用具都在新增的禁止携带物品之列。如果安检人员认为有必要的话，还可以对旅客搜身，或当着旅客本人的面对其行李开箱检查。

实际上，就在机场安检措施加强之初，有不少人还不太适应，美国媒体也报道了有些乘客与机场安检人员发生口角的新闻。不过，如果在机场不服从安检人员的指挥，甚至出现谩骂安检人员等妨碍他们履行职责的行为，当即就会遭到机场警察的逮捕。2010年美国在机场设置了X光透视仪，所有举起双手接受安检的旅客在这个仪器面前将毫无保留地暴露自己的隐私，这实际上就等于是裸体接受检查。

当然，严格的安保措施给民众带来了诸多不便。与“9·11”事件之前相比，坐飞机的乘客需要提前动身，并在飞机起飞前两个小时赶到机场排队接受安检。凡是通过邮局投递的各类信件和包裹都要经过严格的检查才能到达收件人的手中。美国政府部门、联合国机构以及外国常驻纽约的外交机构还会对邮局和快递公司送来的物件进行安检，这可能会耽误收件时间。与此同时，美国还在要求赴美签证申请者到美国驻各国使领馆按指印的基础上，要求世界各地的赴美旅客在登机前往美国之前也必须接受严格的安全检查。即便如此，仍有一些恐怖分子还是设法混上了飞往美国的班机。西方媒体不时对此类事件进行报道，这使普通的民众了解到诸如“鞋底炸弹”、“内裤炸弹”、“乳房炸弹”等恐怖分子企图用来干坏事的“新式武器”。而这类事情的披露，也有利于人们理解和支持安检措施。

与此同时，美国政府也在一定程度上加强了对本国公民和外国移民的监控。

这促使《纽约时报》和《华尔街日报》等美国主流媒体一度就政府是否应监听民众电话和调阅他们的电子邮件等敏感问题展开了激烈的讨论。其中，一个关键的问题是：为了反恐的需要，美国民众应当在隐私权方面做出多大程度的让步？

尽管美国报刊上对政府严格的安保规定不时发表议论，近年来对有关新举措的批评之声也不绝于耳，但是美国大多数民众对政府的这些行为还是采取了理解与合作的态度，即使等待安检的队伍排得再长，旅客们也都能耐心等候，因为他们心里非常清楚：美国政府严格的安保措施有利于保障自己和社会的安全；与人身安全相比，个人的一些不便实在算不上什么。随着时间的推移，对繁琐的安检措施表示理解的人也越来越多。正如一位美国人对记者所说的："为了反恐，这点牺牲非常值得！"

第七节 对反恐形势的影响

十二年前的9月11日，美国本土遭到恐怖主义袭击，美国经济实力的象征世贸双塔在袭击中轰然倒下，美国军事实力的标志五角大楼在袭击中局部坍塌，3 000多无辜平民在袭击中死于非命，道琼斯指数骤跌14.3%，股市缩水1.4万亿美元。十二年来，美国政府把反恐作为压倒一切的要务。为了打击国际恐怖主义、改善美国的安全环境，美国政府采取了许多惊人之举，也让美国民众承受了许多不堪之重。

十二年过去了，美国促成了全球反恐合作，推翻了支持恐怖主义的塔利班政权，击溃了从事恐怖活动的"基地"组织，击毙了恐怖大鳄本·拉登，美国本土没有再发生既遂的大规模恐怖袭击事件。

但美国真的更安全了吗？国际社会也更安全了吗？国际反恐形势呈现一片大好的局面了么？答案显然不那么肯定。耗费巨大人力、物力、财力的两场反恐战争恐怕会滋生出更多的恐怖病菌。

美国通过阿富汗战争虽然击溃了"基地"组织，但美国组建的卡尔扎伊政府远未控制住局面，塔利班势力仍然活跃在阿富汗各地，"基地"分子策划的暴力袭击事件仍在不停发生。为迅速摆脱阿富汗难局，美国开始设想把塔利班纳入阿富汗政治进程。但美国通过战争都未消灭塔利班，怎么可能通过谈判来改变塔利班？从美军战火下九死一生挺过来的塔利班一旦重新得势，怎么可能对美国友善？阿富汗政府在数万北约联军协助下都无法消除反政府暴力活动，怎么可能在美军撤离后控制住局面？谁能保证美国扬长而去后，阿富汗不重新成为反美极端主义的温床?

2011年8月6日晚间,一架“奇努克”运输直升机在阿富汗登吉山谷遇袭坠毁,31名美军“海豹”突击队队员丧生——这是美军最精锐的特种部队。三个月前,正是来自这支部队的特种兵,在巴基斯坦击毙了“基地”组织头目本·拉登。这一天,是美国2001年10月7日发动阿富汗战争以来,美军阵亡人数最多的一天。此前不久,美军及其盟军相继公布了撤离阿富汗的时间表。这场美军最惨痛的战术行动,似乎宣告美国的阿富汗战争政策以虎头蛇尾结束,几成定局。

尽管阿富汗战争的结果不尽如人意,但这毕竟是联合国授权并获得国际社会支持的、合法的反恐战争。伊拉克战争就完全不同了。伊拉克战争前夕,全球600多个城市连续数周爆发了反战游行,联合国安理会拒绝授权,美国绕开安理会,不顾国际社会的强烈反对,悍然发动战争,“理由”是萨达姆政权研发大规模杀伤性武器,支持国际恐怖主义活动。时任美国国务卿鲍威尔曾言之凿凿地在安理会论证美国掌握的“铁证”,但事后证明伊拉克战争是一场既没有证据也没有授权的非法战争。围绕这场战争的是非争论仍在继续,战争造成的几十万伊拉克人伤亡和基础设施的毁损却是实实在在的,萨达姆没有解决的问题美国仍然没有解决,伊拉克的族群矛盾仍然尖锐,宗教冲突仍然激烈,反政府暴力活动仍然频发。现在的伊拉克再度成为美国的盟友,面对成堆的战争遗留问题和复杂的宗教部族矛盾,伊拉克政局走向蕴含颇多未知因素,谁又能保证将来的美伊关系不再发生新的轮回。

外界对于反恐战争最大的质疑在于,美军以“反恐”之由滥加军事行动以施以其他目的,如美国前总统小布什所声称的伊战理由,即伊拉克具有大规模杀伤性武器之由,始终没有得到证实。此外,反恐战争中爆出的侵犯人权的案例也增加了民众对此战争名义的怀疑。

有舆论认为,美国发动的战争破坏了中东地区的战略平衡,其结果是:阿拉伯民众反美情绪高涨、伊拉克战争后伊朗在中东地区影响力扩大、美国调停巴以冲突的能力下降。此外,美国的反恐战争还激发了更多的恐怖主义和伊斯兰激进主义。

如果说,美国十二年反恐是否给自身带来了更多安全还是一个见仁见智的问题,那么十二年来国际社会面临的反恐形势更加严峻则是不争的事实。如今,“基地”组织已进入“2.0”时代。阿富汗的“基地”分子逃到世界各地并随着伊拉克战争后中东局势而重趋活跃,建立了类似“基地阿拉伯半岛分支”、“伊斯兰马格里布基地组织”等分支机构,并具备了再度组织恐怖袭击的能力。“9·11”事件12周年之际，巴基斯坦伊斯兰堡战略研究所主任菲扎尔·拉赫曼接受《环球时报》记者采访时表示，站在全球反恐的层面上说，美国使得当今世界的安全形势比“9·11”之前更糟糕，因为“9·11”之前，反恐目标集中在世界的特定区域，而如今反恐已经演变成一个全球性问题。恐怖分子会寻找伊拉克、也门、利比亚等地方发展恐怖主义，扩散恐怖主义。美国能够杀死主要目标——“基地”组织领导人，但他们并不知道，将这些领导人打死后，会由谁接替他们，将如何发动恐怖行动。美国只是让“基地”组织分散化，形成了更多分支。这种分散化更加危险，因为不同的分支有不同的方向、动机和着眼点，更难控制和防御。

2011年8月26日发生的联合国尼日利亚大楼爆炸案、9月13日发生的美国驻阿富汗大使馆附近连环爆炸案、2012年9月11日发生的美国驻利比亚班加西领事馆遭冲击案、2013年2月1日发生的美国驻土耳其安卡拉大使馆爆炸案等，也能见到“基地”组织恐怖袭击的鲜明特征。此外，恐怖袭击在埃及、沙特、俄罗斯、巴基斯坦、约旦、印度、印尼等地也多次发生，形成从西亚、北非经南高加索、中亚、南亚到东南亚的一个恐怖主义活动猖獗的地带，给相关国家造成了严重的人员伤亡和财产损失。

2013年4月15日，波士顿举办马拉松比赛期间遭遇爆炸事件，造成包括一名中国留学生在内的3人遇难，260多人受伤。“9·11”之后，7年多时间美国本土没有受到袭击，这也是布什政府的成果。但在奥巴马执政以来，在反恐问题上有些轻敌，一方面美国击毙了拉登等一系列“基地”组织的头脑，觉得主要问题解决了，反恐问题已告一段落，奥巴马把布什的反恐战争改成了反恐斗争；另一方面近几年美国外交政策有所调整，把重返亚太当作重心工作。这就使得奥巴马政府在国内安保问题上不会那么用心，投入也不会很多。第三，近几年美国经济比较困难，不断削减预算，安保无形中就降级了。所以这个问题本身就显示出奥巴马时期在反恐问题上出现了很大的漏洞[8]。

综上所述，“9·11”袭击对美国及世界的影响是深远的，其中包括美国外交、国防、内政的一系列变化。如发动阿富汗战争、伊拉克战争导致全球反恐形势的变化，增加国防开支，设立国土安全部，加强国内安保，强化对社会的监视等等。此次袭击还带来了比较严重的民众心理恐慌、环境污染等问题；美国人的生活方式等也受到了严重影响。值得注意的是，“9·11”袭击所造成的冲击和损失并不限于美国，其中造成的伤亡，有很大一部分是非美国公民；“9·11”袭击给其他国家的经济、内政等也带来很大的冲击，如股市下跌，某些特殊行业如航空业、旅游业的损失，更严格、更多的社会监控与检查等。

美国通过战争摧毁了两个反美政权，确实让“9·11”后悲愤的美国人“出了一口恶气”。但美国在反恐行动中加载过多非反恐因素，如国内政治考量，大国关系博弈，油、气资源控制，地缘战略布局等，在一定程度上分散了反恐物力、财力，偏离了反恐重心，忽略了标本兼治。

恐怖主义是人类社会的公敌，反恐是国际社会不二的长期选择。但反恐必须坚持标本兼治，如果在国际关系中轻率使用武力，不但无助于国际反恐事业，反而会营造更多的恐怖主义土壤；反恐不能搞双重标准，如果让那些打着“民族权利”旗号从事恐怖活动的人得以逃脱法律的制裁，那么国际社会只会见到越来越多的恐怖分子。

参考文献

[1] [德]《明镜》周刊.“9·11”恐怖背后的历史. 金浩等，译. 上海：上海远东出版社，2002

[2] 参考消息，2003-9-12

[3] 范明强. 社会学视野中的恐怖主义. 北京：解放军出版社，2005

[4] Homeland Security Council. National Strategy for Homeland Security，2007(1)

[5] 胡建奇. 美国反恐斗争中公私部门间的合作及其对我国的启示. 中国人民公安大学学报(社会科学版)，2010：64-73

[6] http://news.xinhuanet.com/world/2005-11/16/content_3789988.htm

[7] http://news.xinhuanet.com/world/2011-09/07/c_121990632.htm? prolongation=1

[8] 张国庆. 波士顿爆炸案反映奥巴马政府出现反恐漏洞，2013-04-16，中国广播网 http://china.cnr.cn/gdgg/201304/t20130416_512373461.shtml

第六章

自杀性恐怖犯罪理论诠释

自杀性恐怖主义犯罪作为当今各类恐怖主义犯罪中最极端的犯罪活动，逐渐成为国际恐怖主义组织越来越流行的一种犯罪方式之一。自美国“9·11”事件使得自杀性恐怖犯罪活动达到了顶峰，现阶段在西亚、中东、南亚、北非等相关国家和地区，自杀性恐怖犯罪频频发生。作为国际政治学科领域关注的国际政治现象，迄今为止，并未形成一个能够对这类恐怖犯罪进行完整系统解释的专门理论。本书试图根据相关的社会科学理论和学者们的研究成果，提出或归纳出有助于认识自杀性恐怖犯罪、对这类犯罪现象进行不同程度的理论解释的若干种理论，并对其进行简要评析。

第一节 自 杀 论

社会学家强调，不能脱离自杀发生的社会环境来理解自杀。在社会学对自杀的研究中最有影响的是迪尔凯姆的《自杀论》。迪尔凯姆是在社会学领域内最先采用比较法进行社会学经验研究的法国社会学家。他在《社会学方法的规则》中写道：“证明一种现象是否是另一种现象的原因，只有一种方法，这就是比较它们同时出现或者不同时出现的情形，考察它们在不同结合中的变化迹象，从这些变化量中观察它们是否相互依赖。如果这些状况可以由研究者用人为的方法观察得清清楚楚，那么可以用实验的方法。如果用人为的方法不能观察出来，并且所有能够与事物接近的只限于自然得出的结果，那么就必须用间接的实验方法或者比较方法。”[1]102-106 同时，他又认为，社会现象的因果关系往往是潜在的、纷繁复杂的，研究者很难用实验的方法观察出来，所以"考察这些现象只能用比较方法,这是社会学研究唯一适当的方法"[1]102-106。

迪尔凯姆认为社会学本质上是一门比较科学。迪尔凯姆的《自杀论》被誉为是西方社会学史上第一部用经验资料写成的标准的社会学著作,在这部经典著作中,迪尔凯姆的任务之一就是要践行他的社会学方法准则,实践他的比较方法。迪尔凯姆也正是通过成功运用比较方法,一步步呈现自杀现象的原因的。[2]

在《自杀论》中,迪尔凯姆认为,人们把任何由死者自己完成并知道会产生这种结果的某种积极或消极的行动直接或间接地引起的死亡叫做自杀。在其研究自杀现象之前,普遍认为有两类非社会因素影响自杀率,即肉体——心理的素质和自然环境的因素。而迪尔凯姆认为影响自杀率的原因既不是心理的,也不是自然的,而是社会的,社会才是影响自杀率的真正原因。

许多精神病医生认为,自杀是由精神疾病引起的。迪尔凯姆据此认为,如果自杀真的是由精神疾病引起的,那么这种现象就应该在不同的群体中共变,即一个群体的精神病患病率越高,自杀率也就越高。通过统计资料分析发现,患神经衰弱的女性任何时候都多于男性。因此,按照因果关系的共变原则,女性的自杀率也应该高于男性。可是根据不同国家的统计资料分析发现,男性的自杀率却是女性的四倍。从后面本书论述的关于自杀性恐怖犯罪特征及新态势可以看出,女性自杀性恐怖犯罪数量是近几年才开始逐步增加的,但总体上看男性依旧是实施自杀性恐怖犯罪的主体。

迪尔凯姆将自杀率与精神患病率在不同社会中的变化情况作了一次比较,在欧洲各国自杀与精神错乱的关系比较中发现,"疯子最少的国家却是自杀最高的国家"。本书在第三章论述自杀性恐怖犯罪分子及组织时提到,很多人认为实施自杀性恐怖犯罪的人精神不正常,是疯子。实际上他们大多是精神正常,智商较高的人。

迪尔凯姆认为,自杀起因于个人在社会中经历的"适应性"。他提出了四种类型的自杀。第一类是利己型自杀(egoistic suicide),当个人与生活之间的联系变得松弛的时候,当个人远离社会生活,并表现出极端的个人主义的时候,这类自杀就有可能发生。迪尔凯姆通过统计资料后发现,不同宗教信仰的群体有着不同的自杀率:信仰新教人群的自杀率显著高于信仰天主教的人群,信仰天主教人群的自杀率显著高于信仰犹太教的人群。虽然新教和天主教都明确规定禁止自杀,但是二者有着明显的差异:新教在更大程度上允许教徒自由思考，没有等级之分，而天主教徒则往往不加思考地全盘接受教义，因为天主教不允许对他们的教义进行历史的检验。为了保证传统不被改变，天主教还建立起了一整套完整的等级制度。总之，新教教会的集体意识并不像天主教那样强烈，那样普遍。这种情况所导致的极端后果是社会的整合程度低，个人游离于集体生活之外，个人采取的自杀行动也不会考虑集体的规范和意识，这使得新教徒的自杀率明显高于天主教徒。迪尔凯姆将这种形式的自杀称之为利己主义自杀。当个人太脱离社会并表现出极端的个人主义的时候，社会中个人和群体的关系过于疏远时，个人就会偏向于自我孤立和独立思考，这就降低了人对于自杀的免疫能力。

第二类自杀是利他型自杀(altruistic suicide)。自杀者出于高尚的信念，为某种主义和团体竭尽忠诚而舍身。当个人过度整合于社会时，这类自杀就可能发生。利他型自杀的目的是满足社会规范的要求。尽管某种极端的个性会导致自杀，某种不充分的个性也会产生同样的结果。当一个人脱离社会时，他很容易自杀，而当他过分地与社会融为一体时，也很容易自杀。如果个人所处群体的内聚力过强，以至于贬低了个体的性格和地位，使得个体只能作为群体的一部分而存在，此时的个体已经不能够独立地思考和行动，迪尔凯姆把在这种情况下发生的自杀称为利他主义的自杀。自杀者为了群体的利益而履行了自杀的义务，而非自杀的权利。迪尔凯姆将这一类自杀进一步划分为三种：强制性义务利他主义自杀、非强制性利他主义自杀、强烈的利他主义自杀。在我们所熟悉的范围内，这样的事例包括美国人民圣殿教的集体自杀事件、第二次世界大战期间日本空军的“神风突击队”以及印度的“殉夫”恶俗等。可见，单从自杀类型上看，这种自杀性恐怖犯罪属于利他型自杀。自杀者出于所谓高尚的信念，为恐怖主义组织和团体目标宁愿肝脑涂地、视死如归。他们疯狂地与目标同归于尽。这样做一方面可以使攻击者不需要准备逃跑路线，可以确保袭击的成功；另外，袭击者在攻击过程中死亡，他的组织就不用担心袭击者会落入敌人手中，泄漏组织的有关信息。如本书中所述的“9·11”事件、近几年在中东、西亚、南亚等地发生的自杀性恐怖犯罪均属于此类。

第三类自杀为失范型自杀(anomic suicide)，起因于个人的行为失去了规范。主要发生在社会控制瓦解之时。迪尔凯姆认为，在正常和稳定的社会条件下，个人的愿望总是受到由一般道德原则支撑的规范的调节的，它们保证了个人的愿望或抱负大体上与可以运用的手段相一致。但是，当社会控制减弱、上述规范受到破坏时，对个人愿望的制约就不复存在。此时，个人的生活目标和人生抱负失调，他们衍生出难以实现的个人愿望，这必然导致挫折丛生，以及自杀率的上升。

第四类自杀是宿命型自杀（fatalistic suicide）。迪尔凯姆认为这类自杀几乎与失范型自杀相反，它起因于社会对某一部分人的过度压抑与管制，例如奴隶与囚徒的自杀率一般较高，特别是在野蛮、残暴的条件下。当今世界，由于美国等西方国家针对伊斯兰世界采取单边霸权主义的做法，阿以冲突中偏袒以色列，压制阿拉伯，伊拉克战争、阿富汗战争中导致越来越多的穆斯林平民伤亡，居无定所。这些激起了许多穆斯林的愤怒，加上“基地”、塔利班等组织的煽动，越来越多的伊斯兰极端分子投身到针对美国等西方国家的自杀性恐怖犯罪中。

实际上基督教、伊斯兰教都禁止自杀。基督教社会刚一形成，自杀就被正式禁止。伊斯兰教社会同样坚决禁止自杀。穆罕默德说：“人只能按真主的意旨根据生死簿上规定的寿限去死。”当寿限到来时，他们既不能推迟片刻，也不能提前片刻。我们已经确定，死亡将一次袭击你们，谁也不能比我们先走一走。事实上，再也没有比自杀更违背伊斯兰教文明的一般精神了，因为高于一切的美德是绝对服从神的意旨和“使人耐心地忍受一切”的顺从。自杀是不顺从和反抗的行为，因此只能被看作严重地缺乏基本的责任感。[3]

通过以上层层分析，迪尔凯姆得出这样的结论：自杀是一种特殊的社会现象，它跟种族、遗传、心理状态、自然条件、气候变化无太大关系，然而它跟社会环境（包括经济危机、政治危机、社会动荡、改朝换代、工作变迁、生活变化等）有着密切的关系。虽然组成自杀事件的个别原因是多种多样的，但群体自杀率却受基本社会事实的制约，自杀率只能从社会学角度加以解释。社会整体具有的基本性质是社会成员的结合状态以及伴随这种结合状态的集体意识或集体情感。自杀率随社会基本性质的变动而起伏。

为防止和消除自杀，迪尔凯姆提出设想：①对自杀者进行惩罚，不给他的尸体落葬，剥夺其公民权利、政治权利和家庭的权利，没收其财产，以警告其效尤者；②对悲观主义者采取必要的措施，使其精神状态恢复正常；③改进教育，培养人们的坚强性格，增强信念；④重新发挥家庭在防止自杀中的作用；⑤最主要的是恢复行会，建立不同职业的职业组织，使个人命运与集体组织联系起来。迪尔凯姆在这里提出的职业团体或行会正是今后可以继续做研究的方面。他不仅找到了自杀形成的原因，而且为避免自杀提出了解决的途径，为以后的研究者提供新的研究方向。这几种设想对于自杀性恐怖犯罪的预防和治理都具有一定的参考价值。

第二节　挫折—攻击理论

约翰·达莱德最早提出来了挫折—攻击理论，后来逐步得以完善。该理论基本思想是：攻击是挫折带来的后果，即攻击行为的产生是因为受到挫折，受挫折后必定发生某种形式的攻击冲动或行为。人们只有在追求目标的活动受到阻碍时才会发生攻击，无意识剥夺情况不在此列。引起攻击行为的刺激强度因下列三个因素的影响而不同：一是引起挫折和反应的刺激强度，二是对受挫折反映进行干预的程度，三是受挫折的反应序列的数目。无论一个人追求目标的行为遇到什么阻碍，都会产生一种攻击冲动；但不是一切挫折情况都会引起公然的攻击行为；由于社会文化与社会控制机制的作用，攻击行为可能被抑制，或者以间接替代的方式出现。在攻击行为可能导致惩罚或其他不良后果的情况下更是如此。对惩罚的预感会干预攻击行为，从而引起更大的挫折感；这种挫折感转而使压力增加，导致把攻击矛头直接对准干预方，或是转向其他间接形式的攻击。例如，受到挫折又遭抑制的个人在不改变攻击对象时，可以改变对其的攻击形式（例如，想象或盼望对象受到伤害，而不是自己去攻击对象）；还可能发生攻击的“替位”与“投射”现象，把本人、本国不愿意承认自己具有的那些不良品质与罪恶动机归于其他人、其他国家，并夸大其他人、其他国家的这些品质与动机，把敌意转向某个并非是造成原先挫折的对象，从而导致将攻击冲动导向替罪羊（其他人、群体、物、国家等目标）的现象；还可能发生一种个人伤害自己的自我攻击或回归现象[4]。

按照挫折—攻击理论的范式，恐怖主义活动之所以发生，是源于恐怖组织与恐怖分子心理上的受挫感。有多种不同的理论解释范式来阐述受挫感滋生的根源。一是不平等理论，该理论认为社会经济、政治的不平等是导致受挫感的根源，经济上的贫富分化特别是贫困程度的日益严重化、政治上的独裁与不公正统治、社会上的受歧视与社会地位的日益边缘化发展态势等都是引发人们心理上的受挫感的诱因。二是阶级压迫论，该理论认为统治阶级的压迫政策是被压迫人们产生受挫感的根源。三是有所期望理论，该理论认为由于经济或政治条件的改善，总是使人们期望情况变得更好，但是由于期望值的增长速度往往超过客观条件的改善。随着时间的推移，人们的期望与现实之间的差距就会越来越大，于是人们产生受挫感，并在受挫感的情绪下看待现实。而当这种期望与现实之间的差距达到一定程度时，就可能爆发暴力恐怖攻击甚至是自杀式恐怖袭击行为。四是短期障碍理论，该理论认为当经济或政治条件的改善在某一个障碍点突然中断时，由于人们的期望仍然以中断（障碍点）出现之前的速度增长着，这就导致期望与现实之间产生差距，为此导致受挫感的滋生。五是地位不协调理论，该理论认为在社会经济状况迅速变化的年代，人们往往会有一种地位不协调感，一些人在经济条件获得改善后，要求改善政治地位，如果政治地位持续低下，就会使其经济地位与政治地位产生差距不断扩大，这也会产生受挫感。六是相对剥夺理论，该理论认为人们往往并不简单地只与自己的过去相比，而总是与自己的参照群体进行对比。如果一个人感到其所得到的如金钱、地位比其参照群体得到的要少，那么不管他得到的绝对数额有多大（包括比过去多得多），他都有“相对剥夺感”。如果这种比照参照群体比较差距越大，相对剥夺感就会越强烈，攻击行为就越可能发生。从理论上说，相对剥夺的受挫感，有时甚至比绝对剥夺的受挫感更危险，它常常成为人们反叛现行社会或诉诸暴力恐怖活动的重要诱因[5]186。

总而言之，能够引起受挫感的因素是很多很复杂的。这种因素既可能存在于绝对贫困落后的经济社会环境中，也可出现在政治、经济、社会条件得以迅速改善的现代化进程中。在现实世界，恐怖分子的受挫感，可能来源于恐怖分子及其所在社会阶级、民族、种族、地区等在政治、经济、社会上所遭受的歧视与不公正、不平等待遇，也可能来自恐怖分子在个人生活或事业中的失败遭遇，也可能来自在迅速变迁的现代化进程中被抛弃和相对剥夺，还可能来自恐怖分子所在组织追求实现某种政治、经济、社会目标（寻求政治独立或高度自治）时受阻，等等。总之，在各种复杂的、变化的外部因素影响下，在人们的心理中会形成不同程度的受挫感。在这种受挫感的驱使下，于是出现了一些极端分子诉诸恐怖活动的行为。

当代恐怖主义奉行的行动—镇压—再行动—再镇压—继续行动的逻辑循环的行动战略理论无疑受到了挫折—攻击理论的影响。他们期望在自己的恐怖主义行动与政府反恐怖镇压的恶性循环中，能够造成社会日益加剧的挫折感，从而促成广泛的反政府心理与外在的攻击行为。该理论的基本思想是：通过恐怖主义行动可以招致政府的镇压（这是恐怖组织所期望的），政府的镇压必然使人们的自由与民主权利遭到限制，增强人们的不安全感与挫折感，从而加剧社会的恐怖气氛(这对恐怖组织是有利的)。因而应该坚持发动恐怖主义行动，迫使政府的镇压行为在恐怖组织的攻击行为与政府的被迫镇压之间的反复循环中不断升级、越来越严厉并走向极端化，使恐怖气氛得以不断升级，并最终使一个国家的政治形势变成军事斗争形势，致使政府变成残酷无情的专制政府，越来越频繁地侵犯与限制公民的自由与民主权利，露出其假“民主”的真面目，增强人们的不安全感与挫折感，使政府逐渐失去民心，招致人们的反对与造反行动。最终使得恐怖组织实现其政治目标，赢得革命成功。挫折并不必然导致外在的攻击行为。因为姑且不论挫折—攻击理论本身是否错误，就是在该理论看来，挫折能否引起外在的攻击行为，还与相应的国家机器的社会“硬控制”与社会文化的“软控制”的力量的强弱息息相关。如果这两种社会的“硬控制”、“软控制”较强大的话，那么攻击行为就可能被抑止或转移。[6]

恐怖组织从挫折—攻击理论与行动—镇压—再行动—再镇压—继续行动的行动战略理论中得以受益。他们不断通过制造耸人听闻的恐怖攻击活动，将人们(尤其是恐怖分子)的挫折感有意识地归咎于政府的残酷无情与缺乏人性，结果导致恐怖组织内部的凝聚力与战斗力增强，恐怖活动不断升级，加剧恐怖气氛。使得政府耗费了巨额的人力、物力、财力，甚至不得不做出一定的让步，从而实现了一定的社会变迁。

挫折—攻击理论在一定程度上明确解释了暴力攻击活动所赖以滋生的一个重要原因(受挫感)，对于我们全面认识恐怖主义滋长的复杂原因具有重要的参考价值。但是，它把侵犯始终看做是挫折的一种后果，侵犯行为的发生总是以挫折的存在为前提条件，而挫折的存在也必然导致某种形式的侵犯；这就将挫折与攻击的关系过于简单化与绝对化，因而是有明显缺陷的。[5]188

挫折—攻击理论在反恐怖斗争中启示各国政府及相关部门，要努力解决国际国内社会存在的不公平、不公正、不合理现象，努力解决贫困、失业、贫富两极分化等经济与社会问题，不断提高政治民主，保障人民的政治参与等政治权利，从而减少挫折心理的滋生与蔓延，从根本上遏制恐怖主义等攻击行为的发生数量与频率。与此同时，要正确引导业已滋生的社会挫折心理，使其以相对和缓的方式表达或发泄出来，而不是诉诸恐怖主义犯罪包括自杀性恐怖犯罪的发泄或表达方式。

第三节　越轨(失范)理论

越轨(失范)理论是从社会行为的角度来探讨越轨或偏差行为的一种社会学理论。其主要的代表人物是美国的功能主义大师罗伯特·默顿和芝加哥学派的爱德文·苏德兰。该理论的主要观点是:

首先,社会越轨行为的产生是由社会所推崇的目标与达到这些目标的正统手段之间的矛盾和不一致造成的。[7]121 每一个社会都有自己的文化目标,也都为实现这一目标提供了种种手段。当社会成员通过社会化过程的教育认同和接受这一目标,并通过正统手段可以实现这一目标时,他们就处于平衡状态;而当通过正统手段无法实现这一目标时,他们就处于失衡状态,就会通过非正统手段包括暴力手段来实现自己的目标,这样越轨行为就产生了。比如在美国社会中,社会文化规定的目标是所谓"成功",而成功的主要标志是金钱。社会也提供了赢得金钱的正统手段,如上学、工作及其他机会等等。可是当一些人无法用这些手段获取金钱时,他们就会用非法的盗窃、抢劫、诈骗等各种其他非法手段来实现这一目标。

按照越轨理论,恐怖主义作为一种越轨行为,其原因就在于社会结构的某些紧张状态,即在社会所推崇的正统目标与达到这些正统目标的正统手段之间存在着矛盾与不一致的失衡状态。如果社会一方面过分强调正统目标的重要性,另一方面又不能提供给人们以达到正统目标的足够的合法机会,那么那些没有合法机会去实现正统目标的人们就可能在追求成功目标的欲望的不断膨胀中,产生对政府的不满与敌对情绪,并可能引发一些极端分子诉诸暴力恐怖手段。如果一方面人们认定现存社会提供的正统目标是虚假的、非道德的,另一方面又认定现存社会提供的正统手段是不公平的、不公正的,那么人们就可能对正统目标与正统手段持彻底批判与完全抛弃的态度,并进而可能对现行社会与政府体制持完全否定态度,结果他们可能建立新的目标与手段模式,这样反政府的恐怖活动就有可能发生。

其次,当文化目标和制度化手段产生矛盾、出现断裂时,社会成员对这种断裂往往会出现五种适应方式,即遵从、创新、仪式主义、隐退主义和反叛。[8]

一般来说,恐怖主义往往是属于反叛性质的特殊越轨行为。其之所以发生,是由于社会的正统目标与正统手段之间的矛盾与不一致所造成的社会结构性紧张,使得恐怖组织与恐怖分子感到他们已被现存的社会制度所抛弃,使其对现存社会制度结构充满敌对情绪,于是想用一套全新的关于成功目标与合法手段的社会制度结构来取代原有的社会结构的制度安排。当代世界的民族分离型恐怖主义活动、宗教极端型恐怖主义活动、极左或极右的恐怖主义活动大部分都属于这种反叛性的恐怖主义活动，他们对现存社会从根本上持排斥态度，企图通过各种暴力恐怖手段来破坏与推翻现存的社会体制并建立自己的新政权或国家。

按照越轨理论，恐怖主义有时也可能是某种“创新型”的越轨行为。一些恐怖分子经社会化教育而接受了现存社会的正统目标（如追求本社会文化所推崇的平等、自由、民主，追求经济上的成功），但是由于他们没有得到或不知道实现这些正统目标的正统手段，因此他们便可能采取非法的手段（如绑架、暗杀、劫持人质、劫机等）去寻求正统目标的实现。事实上，在美国、法国、西班牙等西方国家，巴勒斯坦以及其他地区，都存在这种形式的恐怖主义。在巴勒斯坦被以色列占领地区，巴勒斯坦人民争取生存权与发展权的正当权益斗争中，少数激进分子迫于对以色列占领统治与美国中东政策的不满，迫于对缺乏应有制度性表达机制的不满，也会诉诸恐怖暴力手段[5]202。

再次，越轨行为的产生主要有两个原因，一是社会的不公平。由于个体差异和社会制度的缺陷，事实上，并不是每个社会成员都具有同等的能力、拥有同等的机会，社会不平等是不可避免的。这就决定了必然会有一部分社会成员无法通过正常手段达到社会的文化目标，只有通过越轨行为来实现。二是不恰当社会化的结果。所谓“近朱者赤，近墨者黑”，社会成员在不良环境中沾染和学习了越轨行为。

最后，解决越轨行为有两个主要方法，一是努力克服社会缺陷，达到社会的相对平等，尤其是为社会成员提供机会的平等，尽可能使他们能够通过正统的手段实现社会的文化目标。二是重新社会化，即再社会化。个体为了适应新的环境，或者重新适应社会，需要对自身的生活习惯、行为准则、价值观念等做出重大调整，进行重新学习。再社会化有主动再社会化和强制性再社会化两种基本形式。前者是个体自觉主动地适应新的生活环境；后者是指诸如罪犯、劳教人员等社会越轨者，被强制接受教育和改造，以便重新回归社会。

越轨理论对解释恐怖主义的社会原因是有所启发的。按照这个理论，可以把恐怖主义活动看成是一种越轨行为。恐怖分子都有很强的政治目标，或为了铲除异己，或为了打击敌对势力，或为了民族独立，或为了宗教信念，甚至为了公平正义。就这些目标本身而言，有些是正当的，而且充满理想色彩。通常他们应该而且也能够通过正当合法的手段来实现这些目标。与他们的对手相比，恐怖分子在力量上是非对称的，通常处于弱者的地位，他们很难通过正当合法的手段达到目的,甚至没有采取正当合法手段的机会。在这种情况下,他们便铤而走险,为达目的而诉诸恐怖手段尤其是自杀式手段。像哈马斯、泰米尔猛虎解放组织、车臣非法武装等就是如此。

越轨理论对理解恐怖主义成因的另一个启示是:社会不公平往往是造成恐怖主义的要因。不公平阻塞人们用正当手段实现目标的道路,不公平引起人们对现实社会的仇恨、不满和反叛。正如本书前文所述的,民族分离主义的影响,宗教极端势力的蔓延,普遍主义传统的冲突,社会、经济因素的影响,贫富分化所蕴含的不公平的财富分配,弱势群体所处的不公平的社会待遇,反恐问题标准不统一,政府与恐怖组织力量对比的失衡等等,都是产生越轨行为包括自杀性恐怖主义犯罪行为深刻的社会原因。

越轨(失范)理论对于解释恐怖主义犯罪行为提供了一种功能分析的视角。其强调社会结构要素的相互依存性及其对功能的内在影响,强调社会规范与文化价值对于个人行为的影响,阐明了在手段与目标之间冲突的危害性。这对于认识并分析某些类型的恐怖主义现象具有一定效力。但是,它过分强调社会秩序与均衡的重要性,过于强调现存的社会结构、社会规范与文化价值体系的合理性,常常将个人行为与社会文化规范的不一致性夸大为社会体系内矛盾与冲突的最主要根源,因而也就不可能看到社会的经济矛盾、阶级矛盾等导致恐怖主义犯罪现象等越轨行为滋生的真正根源。

第四节　模仿与传染理论

模仿与传染理论作为心理学与社会心理学的重要理论之一,它经历了一个由本能论到社会学习论的发展过程。塔尔德与麦独孤等人的模仿理论认为,模仿是人类的一种先天性的本能,是社会发展与社会存在的基本原则,是人类社会进步的源泉。模仿产生了群体的规范与价值,使新的发明与发现进入社会结构。随着时间的推移,人们对模仿的本能论的批判越来越突出,于是出现了以米勒、多拉德、班杜拉等为代表的模仿的社会学习论。他们强调模仿并不是人类先天性的本能,而是在后天的社会环境中通过强化等方式逐渐习得的。[9]本书以班杜拉的社会学习论为例进行介绍。

班杜拉认为,人的行为受到内在因素与外在环境因素交互作用的影响。行为、环境与个人三者相互影响,形成了一种三角互动关系。人的行为不仅受到环境与个人的认知与需要的影响,同时还可以创造与改变环境。个人的不同动机以及对环境的认识使人表现出不同的行为，这种行为反过来又以其结果使人的认知与动机发生改变。人们具备通过观察而模仿他人习得社会行为的能力。与传统的行为主义理论不同的是，班杜拉强调人有使用符号的能力，具有通过语言与非语言形象获得信息并进行自我调节的能力。正是这种能力使人能够不必经过亲身体验，通过观察他人来获得复杂的行为。人的行为不仅受到自己行为的直接后果（直接酬赏或惩罚）强化的影响，而且受到观察他人所遇到的结果（替代强化）以及个人对自己的评价、认知所产生的强化（自我强化，又有正、负之分）的影响。一般来说，具有较高社会地位、富有魅力等特征的示范者容易被模仿。观察者与示范者的人生目标、生活风格越相似，越容易发生模仿行为。

在对暴力攻击行为的解释上，社会学习理论强调的是社会对攻击行为的影响与控制，强调社会学习、社会情景、社会角色、模仿与强化、社会评价过程对攻击行为的控制与影响过程。认为人类学习的巨大潜力比天性更重要。尽管人的神经生理机能使其能够表现出一定的攻击性，但是攻击行为的发生取决于适当的刺激，并受到社会批评控制机制的制约。人类的侵犯行为是一种习得的社会行为，与其他的社会行为一样受到刺激、强化与认知控制。社会经验在很大程度上决定着攻击行为的具体形式，攻击行为发生的频率、攻击行为表现的场合以及被选择进行攻击的具体目标与对象。

根据班杜拉的社会学习理论，可以认为模仿与传染是当代世界恐怖主义暴力攻击行为泛滥的重要动因。当代社会对恐怖主义等暴力活动的大量新闻宣传（特别是网络、电视等），成为人们（主要是青少年和儿童）对恐怖主义活动的观察学习或替代性学习过程。社会学习理论既不赞成暴力侵犯行为是人类本能的不可避免的发泄的本能论观点，也不赞成“挫折—攻击”说，它认为挫折并不必然引发攻击行为（如恐怖暴力袭击）。挫折是否能够引起攻击行为，取决于人们对挫折如何解释。人们往往是根据自己攻击行为结果的预期来决定采取何种方式来应付挫折的。采取攻击行为外，人们还能够采取建设性解决问题的方式、退缩与忍让、吸毒等行为。由于青少年和儿童往往缺乏社会生活经验，他们的预期常常并不恰当，为此在暴力恐怖活动的新闻报道中（网络、电视、杂志、报刊等），自杀性恐怖袭击等行为往往受到强化。这使一些青少年和儿童往往容易模仿此类侵犯行为，以诉诸暴力恐怖等攻击行为作为解决问题的方式。正如本书在第三章所述，巴基斯坦塔利班训练少年儿童做“人体炸弹”，通过极端宗教思想的讲解及媒体宣传报道,对青少年彻底洗脑,使得越来越多的青少年投入到“人体炸弹”的队伍当中。

根据社会学习论,新闻传媒的暴力宣传报道的消极作用主要表现在:一是激发青少年和儿童的暴力冲动;二是对青少年和儿童进行如何实施恐怖主义活动的教育;三是使青少年和儿童对周围的暴力恐怖行为习以为常,漠然视之;四是使青少年和儿童感到暴力恐怖手段是解决问题的最佳方法,因而导致恐怖主义犯罪行为经模仿、传染而不断滋生与泛滥。

模仿与传染理论一定程度上正确地反映了人类暴力攻击行为的模仿与传染性,反映了人们能够通过替代性学习习得暴力行为,它突破了传统行为主义理论关于没有强化物行为学习就无以产生的观念,指出人有能力调节自己的反应,有时没有强化的模仿也能发生。但是,它并没有能够摆脱行为主义的束缚,仍然没能从根本上超出强化、环境刺激等行为主义的理论框架,不但忽视人们的内心冲突、社会认知等对暴力攻击行为的影响力,而且更常常忽视从复杂的社会矛盾、文化规范等层面去透视暴力攻击行为的复杂原因。因而,它就不能不表现出明显的欠缺与不足,导致在解释恐怖主义等暴力攻击行为发生的原因时往往过于强调与集中于模仿与传染性,而忽视更本质的根源,常常犯简单化与片面化的错误。[5]194

模仿与传染理论对于反恐怖斗争的启示在于,政府要考虑改善相应的社会大环境或局部小环境,媒体要坚持正确的舆论导向,社会、学校、家庭要通过对青少年的教育,减少恐怖主义犯罪对青少年的心理刺激与影响,努力遏制模仿与传染效应的发生,避免人们(特别是青少年)因受恐怖主义的模仿与传染性的影响而走上实施自杀性暴力恐怖犯罪的道路。

第五节　文明冲突论

文明冲突论是自由主义的国际机制理论最具代表性之一的经典模式,其代表人物是美国著名学者塞缪尔·亨廷顿。该理论的核心观点是:在后冷战世界里,人民之间最重要的差异既不是意识形态的,也不是政治的或经济的,而是文化的不同;21 世纪的全球政治正在沿着文化或文明的界线形成,文明的差异正成为人类冲突的根本原因;国际力量的划分和组合不再是冷战时的三个集团,而是世界的七个或八个主要文明:中华文明、日本文明、印度文明、伊斯兰文明、东正教文明、西方文明、拉丁美洲文明和非洲文明(可能存在的)[10]24-27;最危险的暴力冲突形式是不同文明的主要国家之间核心国的战争,这两种形式的冲突以及穆斯林和中国的崛起将是21世纪导致国际政治局势不稳定的主要根源;族群之间的冲突一旦涉及不同的文明群体时,将会威胁到世界和平,因为它们可能演化为更大规模的战争并牵涉到其他国家;当文明和文明的差异将人们分开时,文化的相似性又会将人们联系在一起,并促进相互信任和合作,使地区经济一体化的努力正在世界范围内进行。

按文明冲突论的理论分析对当今国际关系中起推动作用的已不再是权力与安全的问题,而是文明的特殊性的功能与机制,国际冲突主要由文明的差异所引起。这使得当前的国际合作与冲突具有很强的种族——民族的色彩。恐怖主义则是这种不同文明间冲突的产物与外在表现形式,它更多的是被处于弱者地位文明的一方用来反对处于强者地位文明的另一方的常用手段,是弱者的武器;而且,冲突也不再仅仅由国际关系体现出来,因为文化的姻缘关系已超越了对国家的忠诚,其他的更能反映民族或种族本性的力量与角色。这些已经深深地卷入到了不同层面的争斗之中。

这种新变化产生的根源首先在于,不同文化的人们对于个人与社会、权利与义务、自由与权力、平等与不平等的概念有着不同的理解;其次,由于全球化压缩了世界时间　空间关系的方程式,缩小了文化间的距离,文化不同性的冲突必然会更多地发生;再次,经济与技术的全球变革进程正逐渐把人们从其民族性中分离出来,作为对这种现象的反应,对保护和复兴正在消失中的文明认同的愿望不断高涨,尤其是在宗教方面。并预言,国际关系已经进入了一个触及国际社会更深层次的文明冲突和对抗的新阶段,它的走向将由共同文明间合作与不同文明间的互动和张力来决定。

在文明冲突论的分析框架中,文明是人类的终极部落。文明间的冲突就是全球规模的部落冲突,它一般有两种形式:

一是在地区或微观层次上,它认为不同文明的邻国或一国内部不同文明的集团之间的冲突常常导致严重的恐怖主义暴力冲突,其中尤以伊斯兰文明与非伊斯兰文明的断层线冲突最为突出。例如,中东地区犹太教教徒与伊斯兰教教徒之间,穆斯林的不同派别特别是什叶派与逊尼派之间,俄罗斯车臣伊斯兰教教徒与东正教教徒之间,南亚地区斯里兰卡的僧伽罗族佛教徒与泰米尔族印度教徒之间,克什米尔地区的伊斯兰教教徒与印度教徒之间的冲突,常常发展为持久的暴力冲突。暴力冲突除了此起彼伏的战争之外,往往就是持续不断的恐怖主义活动。

二是在全球或宏观层次上，亨廷顿认为不同文明的主要国家之间的核心冲突所引发的战争是最危险的暴力冲突形式，其中尤以西方文明与伊斯兰文明之间的冲突以及中国的崛起对21世纪的国际政治局势的不稳定冲击最大。恐怖主义成了伊斯兰等非西方的弱国反对西方强国的最常使用的杀手锏。由于地理上的隔离，伊斯兰与西方的冲突较少表现为边界冲突，更多地表现为西方干涉、移民、武器扩散、人权与民主等文明问题的冲突。伊斯兰文明之所以与西方文明屡发冲突，频频爆发战争和针对西方的恐怖主义，就是由于伊斯兰文明的“好战”和“不相容”造成的。

文明冲突论认为，西方文明与伊斯兰文明之间的冲突是造成伊斯兰与西方冲突的根本因素，具体表现是：一方面伊斯兰被西方视为恐怖主义的一个根源和有主要威胁的敌人，穆斯林反美的国际恐怖主义则被美国很多公众与领导人视为对美国的最大威胁，美国政府将五个伊斯兰国家（伊朗、伊拉克、叙利亚、利比亚和苏丹）列为“支恐”名单；而另一方面，西方世界又被伊斯兰世界的许多民众认为是“万恶之源”和他们的主要威胁，因而喜欢进行“圣战”。之所以造成这种冲突宿怨，源于历史上的冲突遗产、恐惧不安和彼此仇恨的历史记忆、人口比例的巨大变化，以及一方对另一方造成的政治、经济和社会压力，政治上新兴政治实体对民主化进程的强烈要求等诸多因素。

其实，亨廷顿所谓的西方文明与伊斯兰文明之间的冲突，就实质来说，是伊斯兰教文化中浓厚的封建色彩与基督教文化中狭隘的文化优越感之间的冲突，或者说是两种宗教各自的落后面之间的冲突。由于都想用各自的价值观来塑造世界，由于都受直接的政治利益和经济利益的影响和驱使，至少美国总统布什和被推翻的伊拉克总统萨达姆所依托的这两种宗教文化（狂热基督教文化和狂热伊斯兰教文化）不但无法和平共处，而且互为仇敌。

按照亨廷顿的所谓“文明冲突论”分析框架，全球文明间战争的避免则有赖于世界领袖接受并合作维持全球政治的多元文明。在未来时代，主要文明间战争的防止需要各国遵守三个规则：避免原则，即核心国避免干涉其他文明的冲突，这是多文明和多级世界的和平的首要前提条件；共同调解原则，即核心国相互协商遏制和休止彼此文明间的断层线战争；求同原则，即所有文明的人民都应探寻并努力扩展与其他文明在价值观、惯例和习俗方面的共性，学会如何在复杂的多极的多文明的世界内共存。该理论还预言：在正在来临的时代，文明的冲突是对世界和平的最大威胁，而建立在多文明基础之上的国际秩序是防止世界大战的最可靠保障[10]297。

亨廷顿的"文明冲突论"在20世纪90年代提出来之后,曾一度引起国际政治学术领域内的较大"地震",学术观点褒贬不一。客观地说,在美国"9·11"事件发生之前,国际政治学术界对这一理论的看法普遍是贬大于褒,但"9·11"事件发生过后,西方文明与伊斯兰文明在全球的剧烈碰撞以及由此诱发的席卷全球的伊斯兰极端分子发动的针对美国和西方世界的恐怖主义袭击浪潮,无形中为这一理论提供了现实依据,这使得国际政治学术界不得不重新审视亨廷顿的"文明冲突论",不得不重新估价亨廷顿的学术成果。

如今国际政治学术界普遍接受这样一个认识,即现代性造就整个世界的辉煌,特别是物质的辉煌和人的心灵的丰富的同时,也使得宗教信仰、价值观的认同问题变得越来越尖锐和对立,尤其是当人们经历过"9·11"事件之后,再反思前些年惊世骇俗的"文明的冲突"的论断时,渐渐承认他的观点不是用简单的批评就可以掩盖起来的"狂言"。就像亨廷顿后来反复说明的,关于文明的冲突实际上是一个所谓关于世界政治的思维框架。在他看来,世界总是处于一种冲突之中,在不同的时段里冲突的中轴线是不一样的。第一次世界大战时,主要是欧洲范围内民族国家的冲突;第二次世界大战以后,中轴线变为冷战的意识形态的冲突,即所谓资本主义与社会主义之间的两大阵营的冲突;冷战结束以后,文明的冲突可能将成为主宰今后整个21世纪主要冲突的渊源。因而特别需要注意到文明冲突的威胁,需要特别加强文明之间的对话,否则,由于对世界的不同理解,文明之间不同的宗教和文化会产生出很多分歧来,而一旦这些分歧与民族国家利益的冲突纠结在一起,就会给整个世界带来灾难性的后果。为此我们对"9·11"事件的反思不能仅仅停留在一个简单的所谓文明和野蛮之间的冲突,应当从文明深处来观察它,从而才能真正地在文明的夹缝中间消除恐怖主义的根源问题。

当然,"文明冲突论"对国际政治冲突的解释也存有一些明显的理论缺陷。首先,文明冲突论对国际政治冲突的解释存在一些问题。文明冲突论第一次开创性地从文明的角度提出,世界性的冲突不仅仅是因为权力、财富、影响和分配不公以及大国不尊重小国等经济利益得失的因素引起的,而且还由于基督教与伊斯兰教之间的七八个文明之间的"文明冲突"因素所引起的,使得人们观察国际政治的视野不再像过去那样那么单一化。但该理论带有明显的文化决定论的色彩。它忽略了文化毕竟只是表达冲突的一种载体,而非主要原因,冲突的真正原因虽不能像过去一些观念所阐述的那样,只有经济一个原因本身,但至少应该承认,社会经济仍是主要原因之一。虽然文明差异确实助长、促成了许多冲突,但它们与一些冲突并无太多的必然关联,只作为诸多因素中的一个,或许在有些情况下,文明的差异甚至于有助于避免战争。

其次,"文明冲突论"虽避免了以往的一些国际政治理论片面强调或夸大经济因素在国际冲突中所起的唯一或根本性的作用的错误,但自己又陷入了过分强调文化因素在国际政治中的重要性,并把文化差异看做是国际冲突最根本的促动力,而不是诸多因素中的一种因素。忽略了权力、财富、影响和分配不公以及大国不尊重小国等经济利益方面对国际冲突所起到的重大的影响作用的事实,因此它对国际冲突动因方面的许多理论阐述和解释自然也就有许多不恰当之处,甚至是重大缺陷。实际上,这一理论从某种意义甚至可以说是对西方文明的一种赞美性的"图解"。[11]207

尽管这样,我们应当看到,文明冲突论的许多观点和看法对于应对自杀性恐怖犯罪,加强国际反恐怖合作有一定的借鉴和参考价值,尤其是应该求同存异。它不仅开拓了我们的视野,还留下了许多思考的理论空间。如何重视和加强不同文明之间的交流、沟通与合作,如何增进彼此了解和相互信任,如何努力消除或减少不同文明之间的隔阂或敌意,如何做到不同文明的友好与和平共处、共同繁荣等等。用亨廷顿的"文明范式"概念来看后冷战时代的世界政治图景,亨廷顿在省略了一些事物,歪曲了一些事物,模糊了一些事物之后,描绘了一幅国际政治的新图景,即"文明冲突"的图景,构成了后冷战时代国际政治的新范式——即由文明的冲突所决定的范式。其由两个相互关系的范式构成:一是国际政治的冲突范式即文明间的冲突;二是国际政治的秩序范式,即由文明的冲突和合作所决定的新型国际秩序——文明多级秩序。

第六节　亚文化理论

亚文化(subculture),整体文化的一个分支,它是由各种社会和自然因素造成的各地区、各群体文化特殊性的方面。如因阶级、阶层、民族、宗教以及居住环境的不同,都可以在统一的民族文化之下,形成具有自身特征的群体或地区文化即亚文化。亚文化具有本民族整体文化的基本特征,如语言文字、行为模式等,又具有自己的独特性。亚文化一经形成便是一个相对独立的功能单位,对所属的全体成员都具有约束力。亚文化(特别是反文化)与社会的主流文化可能有很多冲突之处(有些是根本对立的),对于不少群体来说,亚文化对群体及其成员的影响将远远超过主流文化的影响;对于该群体内的成员来说,亚文化具有强烈的社会化学习与指导作用,为其成员的行为提供了强有力的合理化的意义阐述与道德辩护,对其行为与心理影响的作用相当大,且相当直接。在有的国家与社会中,可能存在着暴力亚文化(群体),而这种暴力亚文化往往是导致人们从事暴力活动的重要诱因。从这种意义讲,一个人被统一(整合)到他所属的暴力亚文化(群体)中的程度越强,其行为具有暴力性质的可能性就越大。简言之,一个人诉诸暴力活动的可能性与其接受(内化)该群体的暴力亚文化的程度成正相关[12]。

根据亚文化理论,一个国家与社会的恐怖主义的滋生与蔓延与下列两方面的因素有关:

第一,该国与社会存在的文化多元化问题,特别是当其文化的整合(融合)问题没有解决好时,更容易滋生恐怖主义犯罪活动。

文化对于一个国家与社会(特别是多民族、多元化的社会)来说,既是凝聚因素,又是分裂因素。因为在任何一个国家与社会中,文化不可能是绝对一元化的主流文化,必然存在或多或少的不同种类的亚文化。亚文化对于本群体内的成员而言是一种凝聚力、向心力;对于本群体外的人来说,很可能就是一种排斥力、分裂力。特别是在各种亚文化整合(融合)以前,或是某种亚文化不甘心于现有的次要与从属地位时,或是某种亚文化面临生存危机时,亚文化之间为谋求使本群体的亚文化(价值观、行为规范、生活方式等)成为全社会的主流文化,或企图从现存的主流文化中分裂出去,或为抵抗主流文化的压迫与侵蚀而维护自己的生存的合法地位时,常常展开激烈的斗争。这时候,诉诸各种恐怖暴力手段就可能成为一种维护本群体亚文化的方式,甚至往往被赋予一种"神圣"、"正义"的道德色彩。更进一步地说,被社会(主流文化)视为不道德的、不正当的恐怖主义活动,在恐怖组织的亚文化中则往往被视为"道德"的、"正当"的。如在宗教极端分子眼里,自杀性恐怖犯罪行为是一种"殉教"行为,实施这种行为的人被称之为"英雄"等。在很多情况下恐怖分子诉诸恐怖暴力活动可能并不是某种外在冲动驱使的结果,而可能是恐怖分子为达到某种政治或社会目的而心甘情愿采取的一种自愿行动[5]204。

世界上一些发展中国家的一些少数民族为谋求本民族亚文化的主导地位则采取分离主义对策,企图从主流社会中分离出来,建立以少数民族集居区为领地的从而以本民族亚文化为主流文化的国家。本书第二章所述的斯里兰卡"泰米尔猛虎解放组织"为建立独立的泰米尔人国家,印尼亚齐省"亚齐自由运动”为建立独立的亚齐人国家，菲律宾棉兰老岛与苏禄岛“阿布·沙耶夫”非法武装等伊斯兰激进组织为建立独立的伊斯兰国家，印度锡克教人为建立独立的锡克人国家而进行的斗争，就伴有经常性的暴力恐怖活动。

在美国等发达国家内部，由于占支配地位的主流文化对少数民族有歧视、压迫、打击甚至消灭政策，一些少数民族（如印第安人）为维护自身亚文化存在的权益，有时也实施针对美国政府与白人的暴力恐怖活动。在英国北爱尔兰地区、法国科西嘉地区、西班牙巴斯克地区、俄罗斯车臣地区，加拿大魁北克等地区为建立独立的本民族国家，谋求本民族亚文化占据主流文化地位的斗争中，常常爆发针对当地政府的暴力恐怖犯罪活动。

第二，一个群体与个人热衷于诉诸恐怖主义活动，往往与其所属亚文化的特性有很大的关系。这种亚文化可能是贫困亚文化，可能是宗教亚文化，可能是民族（种族）亚文化，更可能是直接的暴力亚文化，或者是所有这些亚文化的混合物。在一些暴力恐怖活动发生频率高的地区，经济极度落后的贫困亚文化，对伊斯兰教原教旨主义、犹太教复国主义或白人基督教（原教旨主义）狂热的宗教原旨主义亚文化，誓死要谋求建立单一制的本民族独立国家的极端民族主义的民族亚文化，以及特别崇尚暴力倾向与尚武精神的暴力亚文化（如自杀式人体炸弹手辈出的中东恐怖组织），都对恐怖主义活动的滋生、蔓延与泛滥有着重要的基础性的内在推动作用，为从事暴力恐怖活动提供了重要的道德信念、价值体系、行为规范等全方位的支持力量，甚至使献身暴力恐怖活动成为该民族或该群体成员的一种基本生活方式，使很多成员陷入为恐怖主义而献身的职业恐怖分子生涯中难以自拔。[5]205

亚文化理论使我们正确地认识到了不同群体的亚文化对于人们行为取向的影响，显示文化因素在引发恐怖主义活动中可能存在的重要作用。但其认识比较肤浅，而且存在明显的缺陷与错误。其将人们行为的原因（如恐怖主义活动）简单地归结为人们所处亚文化环境的特点，带来了夸大亚文化作用的错误，并且掩盖了隐藏在亚文化因素背后的更为复杂而具决定性作用的经济与政治根源等。

亚文化理论应对反恐怖斗争的启示在于，国家应该高度重视主流文化与非主流文化的融合与共处问题。要加强不同文化之间的交流、沟通与合作，要大力弘扬主流文化，努力引导亚文化，使各种亚文化与主流文化的发展相适应，杜绝或减少反文化的滋生与蔓延；要坚决反对各种分裂国家与社会的民族分裂主义或宗教极端主义亚文化的滋生与蔓延，遏制其社会影响，坚决消除各种暴力亚文化对人们价值观、行为规范、生活方式等的不良影响。

第七节 冲突功能论

冲突功能论是20世纪50年代之后,流行于美国社会学界的一种主要冲突理论。刘易斯·科塞是冲突功能论代表人物。其理论既有结构功能论的背景,又有冲突论的立场。社会史学家认为,科塞与那些把结构功能论和冲突论作为两种互不相容观点的社会学家相反,他致力于探索把这两种理论方法结合起来的可能性。他承认有些结构的形成是结构功能论者所强调的认同和一致的结果,但他也指出社会群体得以建立和维护的另一过程是社会冲突。[13]

科塞在结构功能理论影响下,在重新论证冲突的性质和功能方面做了大量工作,确立并形成了冲突论发展史上的冲突功能论形态。

一、社会冲突的根源

首先,科塞从结构功能论立场出发,认为社会系统内的每一种成分、部门都是彼此相关联的。当这个彼此相关联的社会系统运转时,由于各个部门对社会系统的整合与适应程度不一致,导致不同社会部门的操作、运行方式和过程的不协调。因而,社会系统运行不可避免地伴随出现紧张、失调和利益冲突现象。冲突现象在社会现实生活中的具体形态不一,但大致表现为暴行、偏离、变态等传统上被人们认为是对社会有百害而无一利的矛盾现象。科塞认为社会冲突对社会不一定是有害的,相反却可能是有益的。他的基本观点是,社会整体内各部门间的协调,必然导致各式各样的冲突,冲突引起社会重组,增强其适应性,可以促进或至少是有益于社会变迁。

科塞在《社会冲突的功能》一书中给冲突下定义说,冲突是价值观、信仰以及稀少的地位、权力和资源分配上的斗争,在这一斗争中,一方的目的是企图中和、伤害或消除另一方。从科塞对冲突的解释,可以看出他将冲突的原因分为物质性关系和非物质性关系。物质性冲突原因,是指权力、地位和资源分配方面的不均。非物质性冲突原因是指价值观念和信仰的不一致,在他的详细叙述中,他十分重视非物质性的原因。[14]首先,他把自己的注意力集中在人们的心理、情感方面。科塞同意齐美尔有关人类身上有着侵略性或敌对性推动力的观点,认为在密切接近的人类关系中,爱和恨同时存在;密切接近本身就意味着存在有大量滋长憎恨的机会。为此,科塞认为冲突与不和是人际关系的组成部分,而不一定是不安定和分裂的征兆。

其次，科塞认为，冲突只要不直接涉及基本价值观或共同信念，其性质就不是破坏性的，只能对社会有好处。他举例说，天主教会内部有各种各样的冲突，但只要这些冲突不涉及天主教的基本教义，这种冲突就不会危及天主教本身，而只会对教会有好处。比如信徒们对如何选择主教和教皇有异议，这些都是正常的、无害的。但如果涉及到底是谁创造了世界，就意味着动摇了信奉教义的基本立场。由此可见，科塞不仅看到了非物质性原因这一方面，而且把它摆到了一个很重要的位置，把它当成了最基本的分界线。那些不直接涉及价值观、信仰的冲突，有利于整个社会系统和群体原有结构的完善以及新规范的制订，否则会造成整个系统的混乱、瓦解和重组。

在区分了社会冲突的物质性和非物质性起因之后，科塞还分别就社会冲突产生的这两种方式做了进一步的说明。对于冲突的非物质性原因，科塞认为它源自于社会合法性的撤销。即人们对现有的制度怀疑并缺乏信心，不再接受现有制度是合理合法的。

对于冲突的物质性原因，科塞认为，当过多的人要求得到充足的报酬机会时，冲突便会产生。换句话说，冲突起因是由于社会报酬的分配不均以及人们对不平均分配表现出的失望。报酬的分配不均是社会结构本身的问题，引起冲突的这类原因属于物质性原因。科塞承认并指出这类原因，但并不十分重视它。他把物质性原因最后归并为非物质性原因，因为人们对分配不均表现的失望，已属于心理方面的反映，等于又回到非物质性起因范围。对此科塞解释说，冲突的严重程度取决于社会结构与心理因素两者间不同程度的相互作用。当然，科塞理论的根本落脚点是冲突功能论，他不认为冲突会给社会带来什么危害，而是认为冲突因此可能导致群体与群体间界限的扩大，也可能导致决策过程中集中与民主的结合及社会控制的增强。

一些社会学史学家分析科塞有关冲突原因的见解时，认为他在《社会冲突的功能》一书中所讲的问题和结构模式很有说服力。科塞认为，弹性比较大、比较灵活的社会结构容易出现冲突，但对社会没有破坏性作用；僵硬的社会结构不允许或难以出现冲突，这是采取压制性手段的结果，由于压制，冲突一旦积累爆发，其程度势必会非常严重，或对社会产生破坏作用。

二、冲突的社会作用

如果功能主义认为冲突仅仅是社会紊乱现象的话，那么，科塞强调的是冲突的积极方面，即对社会的整合和稳定作用。它认为，解决西方社会学最重要的社会秩序问题，保存现存社会的稳定性，不仅不应该排除冲突，而且应完全承认社会冲突能为现存社会制度服务。此外，科塞的方法论确信，探讨社会学的社会冲突概念，把它与结构功能主义的均衡整合理论、价值规范定向和协同原则相结合，就可以克服结构功能主义的缺陷，并可证明它企图取得一般社会学的社会理论地位的要求是正当的。这就是科塞在其有积极功能的冲突概念中所体现的主要意图。

在科塞的理论中，最引人注目的是两个基本观点，一是认为冲突是一种社会过程，他对于社会结构的形成、统一和维持可以起到一种手段作用；二是冲突可以激励社会革新导致社会变迁。科塞在分析齐美尔有关冲突的命题时，涉及的一个比较集中的问题，即社会冲突对于群体的建立和维持的功能。由齐美尔的命题一，即冲突促进群体整合，科塞得出结论说，冲突有外部冲突和内部冲突之分；由齐美尔的命题二，即冲突的维持功能及安全阀制度的意义，科塞谈到了社会安全阀制度问题。此外，科塞还区分了现实冲突与非现实冲突的两种情况。

（一）外部冲突与内部冲突

一个社会系统与其外部的矛盾和对抗，称为外部冲突，一个社会系统内群体的不和，称为内部冲突。

一般地说，外部冲突有助于明确群体之间的界限，加强群体内部的整合。但在科塞论述时更多注意的是这样一些作用：首先，它是确立群体认同感的基础，是形成群体的必要因素。那么，冲突为什么能在同一社会体系内使各个群体形成鲜明的界限？科塞认为，冲突可以引起阶级的自我觉醒或自我觉悟。外在的冲突使各个群体强烈地意识到自己是独立的、分离的，而且由此在体系内部确立了群体的认同感，强化群体的共同意识。

其次，外部冲突还能使群体发展、壮大、坚强。敌对群体的出现，外部冲突的产生，一方面是确立并证实这一群体的认同感，同时由于树立了一个强大的反面参考集体，促使群体成员意识到他们之间的一致性，这样便增加群体的整合，增强成员的参与感。外部冲突的这一作用也有限定条件，即如果冲突发生前该群体内聚力很弱，那么冲突只能加速该群体的解体。二战前的英国和法国，前者内聚力很强，外部冲突加强了它的整合和全民的参与程度；后者内聚力很弱，结果在战争中崩溃。

科塞有关内部冲突的见解与杜尔克姆、米德的观点十分接近，认为内部矛盾、冲突或斗争有界定群体和增强群体认同的功能，能使群体成员认同于规范所定义的正确行为，使人们推崇社会所赞许的价值。因此，科塞认为内部冲突可对群体起到这样的作用，即它增强群体生存、整合及稳定，尤其是当冲突能提供给人们更一致的认同、能重新建立平衡或重新整合失序了的社会时，更是如此。社会群体由此获得更高的生命力、内聚力和稳定性。除此之外，科塞还详细谈及内部冲突作用的具体方面：第一，群体内部冲突可重新导致团结和平衡。齐美尔的思想中就有这样的看法，即人类的任何关系中都存有敌对情绪，这种敌对情绪的发泄将有利于群体的统一。但科塞也指出，如果冲突在某种关系中涉及事物的根本基础时，就很难形成新的和谐，反而导致关系破裂。第二，内部冲突可以在压力状态下通过排除反对者来避免群体的解体。为此，内部冲突同时是社会群体一种至关重要的安全阀机制。

（二）社会安全阀制度

社会安全阀制度或体制是社会的一种机制，它通过潜在的社会冲突来维持一个群体。安全阀可以使过量的蒸汽不断排出，而不破坏整个结构。冲突也能帮助一个动乱的群体净化空气。这样一个安全阀"可以充当发泄敌意的出口"，及时排泄积累的敌对情绪。

齐美尔认为，社会之中有冲突不完全是坏事。科塞发现并弥补了齐美尔观点中的两方面缺点。第一，应看到冲突和敌对情绪有多种表现。首先，当敌对双方的关系因敌意而被割裂时，可有一个替代的对象用于发泄敌对情绪，替罪羊式的安全阀机制恰好能起到这种作用；其次，敌对情绪的表现可有直接宣泄、转移宣泄和不需要对象的直接表现的三种形式。第三，应区别冲突和敌对情绪。敌对情绪不是冲突，政治笑话、讽刺戏剧之所以存在，就在于它不是冲突，而是宣泄敌对情绪。发泄敌对情绪具有安全阀作用。

此外，科塞注意到安全阀体制与社会结构之间的关系。第一，社会结构越僵化，安全阀体制就越重要。一个结构松散的社会由于存在连续不断的交叉施加影响的冲突，所以冲突并不是发生在同一断裂带上，加上由于人们参加各种组织，并在组织中追求各自的利益，所以不可能把全身心投入到瓦解社会的一种冲突中去，因此这种结构的社会是稳定的。而僵化的社会不允许有冲突，如果再取消发泄敌对情绪的途径，造成敌对情绪的积累，一旦爆发必然造成对整个社会结构的威胁。第二，安全阀体制必须在社会结构中加以制度化。这样可以使统治者得到社会信息、体察民情；各种群体的人能够发泄敌对情绪以避免灾难性冲突的最终实现。

（三）现实冲突与非现实冲突

为了详细论证冲突，科塞把冲突区分为现实性冲突和非现实性冲突两种类型。现实性冲突指的是个人或群体运用冲突这一最有效的方法，来达到自己确定的目的。现实性冲突产生于特定要求受到挫折。科塞认为，绝大多数冲突都可以看作是现实性的或理性型的，尤其是以组织形态出现的社会冲突基本上都属于这一类。因为人们不过是想经过一场斗争，促进对话和谈判，引起当权者的注意，得到问题的解决。

非现实性冲突源自于某种难以捕捉的外在因素，其对象不是冲突的根源，冲突的目的纯粹是为了宣泄敌对情绪。或者说，它是一种不求达到某种特殊效果，即可自行结束，而只求一次消除心理紧张，或用来证实人们原有认同感的方式。这种冲突的特点在于，无论人们是否承认冲突的存在，冲突本身就是它的目的，它是用来发泄不满情绪的途径。科塞说，非现实性冲突不是由竞争性的目标引起的，而是由其中一方发泄紧张情绪的需要引起的。

三、社会冲突的功能

首先，科塞将冲突的功能分为正功能与反功能。决定其是正向的还是反向的，主要看冲突的问题和社会结构。冲突问题的类型不涉及冲突双方关系的基础性问题，冲突就具有积极的功能；反之，冲突涉及核心价值，就会具有消极的功能。由于表面的问题发生冲突时，这种冲突可以成为维护结构的工具；当冲突是围绕核心价值而发生时，它就有可能威胁社会群体。

发生冲突的社会结构，也可以作为区别冲突正功能和反功能的尺度。科塞通过观察那些结构松散的开放社会，发现这类社会允许非实质性冲突而防止了危害群体核心价值的破坏性冲突的发生，因此得出结论说：我们对于冲突类型的区别和社会结构的区别的讨论，使我们得出这样的结论：如果没有或只有不充分的对冲突的容忍和冲突的制度化，冲突将会具有反功能。那种造成分裂的威胁并冲击社会系统一致性基础的冲突强度与结构的僵化有关。就这一点而论，威胁这种结构均衡的东西并不是冲突，而是自身结构的僵化。这种僵化使敌意累积起来，这种敌意一旦在冲突中爆发，就会沿着一条主要断裂带而形成有力的冲突。

科塞论及的有关社会冲突功能的内容或方面主要有三项，即冲突的社会功能、社会心理功能和分裂性功能或反功能。如果把这些内容与它区别的正向功能、反向功能结合起来考察，应作这样的归类：冲突的正功能包括它的社会功能和社会心理功能；冲突的反攻能就是指它的分裂性功能。

自杀性恐怖犯罪现象也是一种极其严重的暴力冲突现象。用冲突理论来分析其产生的社会原因，可以给我们这样一些启示：

按照冲突理论，作为一种激烈的暴力冲突现象，恐怖主义的根本原因在于社会的压迫和不平等。对冲突论者而言,恐怖主义是社会不平等和压迫的自然而然和不可避免的后果。社会中财富和机会的分配不公,迫使人们选择恐怖犯罪;所产生的压力和绝望也导致了恐怖行为。[7]124恐怖主义只是解决社会冲突的一种极端方式。要理解恐怖主义,就必须首先理解权力是怎样在社会中分配和运行的。只有消灭了压迫和不平等,才能消除个人、国家和国际上的恐怖主义行为。

冲突理论关于社会成员的不公平感和相对剥夺感的理论命题,在恐怖主义问题上也同样适用。即可以形成以下两个命题:如果一个社会的社会成员的不公平感越强烈,对社会关系合法性的否定越强烈,该社会就越可能出现恐怖主义;如果一个社会的社会成员的相对被剥夺感越强烈,该社会就越可能滋生恐怖主义。中东地区自杀性恐怖犯罪事件高发原因之一就是如此。同样根据科塞的安全阀理论,一个社会越是缺乏缓解压力和冲突的合法渠道,该社会也就越可能出现恐怖主义。

除了利益冲突以外,冲突理论中的价值冲突理论对解释恐怖主义的原因也有启发意义。该理论认为,在国家内部的各群体、集团之间或不同的国家之间,由于历史、文化、宗教等多方面的原因,人们对于同一命题往往会有完全不同的价值判断标准和不同的立场态度,这种价值观念的对立也可以引发冲突。这一观点启示我们,恐怖主义不仅是利益冲突的产物,同时也是价值冲突的产物。宗教、文化、价值观、理想、信念这些社会软因素的异质性冲突在催生恐怖主义中具有不可低估的作用(如认为自杀性恐怖犯罪行为不是自杀,而是“殉教”,自杀者会被授予“烈士”称号等观点)。这就是我们在自杀性恐怖分子身上看到为理想信念而“抛头颅”、“洒热血”、“视死如归”的原因。

第八节　大众传媒效应论

大众传媒的新闻报道对恐怖分子和反恐怖主义的人来说,都具有非常重要的意义。处理得好,大众传媒将会成为动员民众团结一心一道反恐怖的有力武器;反之,大众传媒不但会成为恐怖主义的帮凶,而且还有可能会成为“媒体恐怖主义”(Media Terrorism)。因为报纸、杂志、新闻频道、网络、微博等通过大幅的版面、预备的图像、相关的视频、假造的政治声明,也能够“劫持”民众的舆论和散布恐慌。

现代恐怖主义分子要通过民众意见来影响决策者,他们发动恐怖袭击就是要打一种心理战，让民众来接受他们通过发动袭击所要给予民众的某种心理暗示。遗憾的是，恐怖分子欲表达的这种心理暗示非但没有得到新闻媒体的揭露，相反，他们发动的这种心理战还常常获得一些缺少职业道德的新闻媒体的支持。这就引出了一个恐怖主义与大众传媒效应论的问题。[11]216

当今社会，传媒技术高度发达，人们的衣食住行已越来越离不开大众传媒的各种功能服务，但人们在尽享大众传媒给社会政治文明、物质文明和精神文明带来的正面和积极的作用的同时，亦开始思考一些为大众传媒系统负效应所带来的困惑。比如，现代大众传媒系统对恐怖暴力事件的报道若处置不当，尤其是连篇累牍地炒作，常常会对国际恐怖主义起到了一定的鼓励和刺激作用。

之所以恐怖分子要采取恐怖暴力行为，一个重要原因就是希望新闻媒体介入和进行炒作，以此来吸引公众关注他们的政治主张，并向要打击的对手施加媒体的舆论压力。如果新闻媒体不注意报道效果，而是一味考虑报刊的市场销路或是新闻的商品性，就很容易成为传播恐怖主义的环节和工具，扮演了恐怖主义主张代言人的角色。现实生活中有些大众传媒对暴力恐怖事件的报道是不考虑社会效果的。他们采用一些耸人听闻的手法来报道或渲染恐怖主义事件，特别是自杀性恐怖袭击事件。恐怖分子的“大义凛然”、“视死如归”，画面的血腥残酷，政府或军警部门的无可奈何，这些都吸引了大量的听众和观众，在广播、电台、电视台、报纸杂志、网络等媒体广为传播，无形中被恐怖组织利用来宣扬他们的事业和使命，结果扩大了恐怖效应，最后成了恐怖分子的帮凶。

确切地说，媒体自身不是恐怖主义，但是很多恐怖袭击的发生，媒体是应当负有相当大的社会责任的。大多数民众有关恐怖主义的认识是来自媒体的新闻报道，可是我们的许多媒体对恐怖袭击事件的报道，关注的仅是恐怖分子袭击的现场，热衷的是如何在袭击现场发掘出能提高新闻收视率的“镜头”，于是抢先播放或不断发现新的死亡和毁坏的场景的“画面”。至于恐怖分子实施袭击背后潜藏的动机、社会背景，以及恐怖主义分子罪恶思想的形成，这些媒体却并不怎么关心。

这样的报道需要深入细致地调查和采访，有时甚至需要艰苦卓绝地努力工作，但是未必能获得满意的收获。这与记者在现场拿着话筒，刻意戴着一顶防弹钢盔，以“参与者”身份姿态，在现场比比划划的报道来说，光环自然要少多了。可是，他们却忽略了一个事实，新闻媒体播放他们拍摄出来的这些图片一旦到了恐怖分子那里就是最强有力的武器。因为这正是恐怖分子要展现给被袭击民众、要播放给国际社会的情景。这些图片还能够向恐怖分子的支持者们证实，恐怖分子发动的袭击行动非常成功，他们的这些支持者和同伴们会因此而更赞美他们的这种自杀与滥杀无辜的恐怖犯罪的动机。

现代社会大众传媒工具日益发达，能够快速地让地球各个角落的人们同时目睹到在某一个地点上演的自杀性暴力恐怖事件。这恰好充分满足了恐怖分子扩大其影响、宣传其主张的欲望。2003 年 3 月的攻打伊拉克战争，现代化的数码传媒技术第一次让全球各地的观众得以同步“观赏”战争的纪实场景，人们坐在电视机前就像是在欣赏一场精彩的足球赛那样，面对即时播报的杀人战场的恐怖场景品头论足。

另外，新闻媒体如果缺乏自律，常常发表各种误导观众的舆论，如去充当什么遇难者家属的代言人，探寻什么恐怖分子的“合理动机”，不负责任地随意发表对政府所谓“失职”的批评意见等等，只会给政府施加巨大的社会舆论压力，并会干扰政府制定周密地打击恐怖主义的行动计划。新闻媒体如何科学报道恐怖暴力事件，如今已经引起西方国家政府和有关媒体的重视，美国甚至还出现了专门研究这类报道的所谓“如何组织危机报道理论”（How to Organize the Crisis reports）。美国反恐怖专家拉斐尔·皮尔在谈到对付恐怖主义的工具时，提出了“传媒自我约束”（Media Self -Re-strain）的设想，在《恐怖主义、未来和美国外交政策》一书中还介绍了《芝加哥太阳时报》和《每日新闻》等美国报纸的一些做法和规定。比如，记者不得与恐怖分子进行谈判，不得以任何方式报道恐怖分子提出的主张以避免不加约束的宣传，必要时要停止或推迟对恐怖活动的报道等等。但这些规则仅仅靠大众传媒系统自身的协调和约束是不够的。在大众传媒市场竞争日益激烈的今天，难免会有人为了报刊的销路和市场效益、商业利益而打破这些规则。因而，对大众传媒有关恐怖暴力事件的报道的管理还必须纳入到政府的行政管理以及法律的制约之下。

媒体不应成为恐怖主义组织的工具，相反，应当在减少民众对恐怖主义的心理恐惧方面发挥关键作用。在一个现代文明的社会里，媒体的任务是及时提供真实的信息。但是，他们必须竭力避免扩大恐怖袭击的凶残性，从而避免成为恐怖主义的工具。他们不应对恐怖袭击做实地报道，而应竭力降低民众的惊恐感。此外，他们应当避免播放恐怖组织制造的录像带以及对恐怖分子的采访报道。

为此，对于新闻媒体，一方面对恐怖主义的袭击报道要提高他们的责任意识；另一方面对报道的内容要有所取舍。哪些是恐怖分子的帮凶，哪些是反恐怖合作的良好伙伴，哪些是殃及无辜的民众，什么该报道，什么不该报道，应当把握好报道尺度。避免发生新闻媒体只是报道袭击现场，而忽略了现场以外许多更值得关注和追踪的题材的情况。这样一来，我们才能将恐怖分子企图要利用新闻媒体的大肆渲染来达到的宣传效果降低到最低程度。

大众传媒效应论在反恐怖主义的斗争中的启示在于：要加强新闻和影视传媒、网络、微博等工作人员的社会责任意识和行业自律及职业道德教育，净化教育和舆论环境，努力减少恐怖主义视觉因素对社会公众尤其是青少年的刺激与影响，遏制模仿与传染效应对社会公众的行为与心理造成的不良影响，从而避免自杀性恐怖主义犯罪行为的发生。

参考文献

[1] 埃米尔・迪尔凯姆. 社会学方法的规则. 胡伟，译. 北京：华夏出版社，1999

[2] 风笑天，许传新. 比较中呈现因果. 探索与争鸣，2007(9)：31

[3] 迪尔凯姆. 自杀论. 北京：商务印书馆，2010：356

[4] 周晓虹. 现代西方社会心理学——社会学、心理学和文化人类学的综合探索. 南京：江苏人民出版社，1991：212-217

[5] 胡联合. 全球反恐论. 北京：中国大百科全书出版社，2011

[6] [美]卡尔・多伊奇. 国际关系分析. 北京：世界知识出版社，1992：248-249

[7] 范明强. 社会学视野中的恐怖主义. 北京：解放军出版社，2005

[8] 宋林飞. 西方社会学理论. 南京：南京大学出版社，1997：126-127

[9] 周晓虹. 现代西方社会心理学流派. 南京：南京大学出版社，1990：62-81；346-348

[10] [美]塞缪尔・亨廷顿. 文明的冲突与世界秩序的重建(修订版). 周琪，等，译. 北京：新华出版社，2010

[11] 李湛军. 恐怖主义与国际治理. 北京：中国经济出版社，2006

[12] [美]杰克・D. 道格拉斯，弗兰西斯・C. 瓦克斯勒. 越轨社会学概论. 石家庄：河北人民出版社，1987：280-295

[13] [美]M. 波洛玛. 当代社会学理论. 北京：华夏出版社，1989：65

[14] 贾春增. 外国社会学史. 北京：中国人民大学出版社，2000：264

第七章

自杀性恐怖犯罪特征与新态势

自杀性恐怖犯罪是一种极其严重的暴力犯罪活动，也是现代恐怖犯罪的最主要的形式之一，不仅会造成众多的人员伤亡和财产损失，危害公共安全，而且极易造成社会恐怖感，对所在国乃至整个国际社会的安全与稳定构成严重的威胁。当前自杀性恐怖犯罪的特征是什么，呈现了哪些新的发展态势等，这些问题将在本章继续研讨。

第一节　自杀性恐怖犯罪特征

一、投入成本低，见效明显

恐怖组织喜欢实施自杀性恐怖犯罪的一个重要原因是：低投入，高产出。发动一次自杀性恐怖犯罪无需太多成本：一条“自杀式腰带”价格仅仅100多美元，“人弹”多是来自伊斯兰宗教极端势力的“志愿者”。以色列在一次军事行动中曾缴获一张阿克萨烈士旅的发票，发现制造一枚“人体炸弹”所需要的成本，包括电子元件和化学物品在内，大约为150美元。但“人弹”袭击对社会产生的危害和影响却是其他形式恐怖犯罪活动所无法比拟的。如“人体炸弹”的大规模使用源自1996年被以色列杀害的学习工程专业的大学生阿亚什的启发。阿亚什建议哈马斯组织采用将这种破坏与恐怖结合而代价又低的攻击方法，除了志愿者之外，只需要炸药(弹)、电池、电线、钉子等物。“人体炸弹”不过是一种“组合型”的爆炸装置，即一个能携带爆炸物到适当场合并在适当的时候引爆它的移动爆炸装置。操作非常简便，可它的危害并不比价值几十万乃至上百万美元的导弹小。

传统的恐怖主义“人体炸弹”携带炸药的方式，主要以捆绑为主，最多只能携带几公斤的炸药。现在恐怖组织发明了“炸弹背心”，能携带重达16.5公斤烈性炸药，足以炸毁一幢三层楼房或摧毁一辆坦克。更有甚者，恐怖主义“人体炸弹”袭击能遂人愿，在最合适的时间和地点进行爆炸，以最大限度地造成人员伤亡[1]。

“9·11”事件既是国际恐怖主义犯罪活动的分水岭，又是自杀性恐怖犯罪活动的分水岭。19名恐怖分子劫持美国四架民航飞机和机上数百名乘客，以自杀性恐怖袭击的方式，开着飞机直接冲向纽约世贸大厦、五角大楼、白宫，结果造成国际恐怖史、自杀性恐怖袭击史上最大的惨案。110层高的世贸大厦彻底坍塌，造成3 000多人死亡，3 000多人受伤。其危害程度远远超过日本1941年12月7日在二战期间发动的“珍珠港偷袭事件”。日军数百架飞机对美军太平洋舰队轮番狂轰滥炸的偷袭战中，造成美军2 300多人死亡和1 100多人受伤。“9·11”事件中实施自杀式攻击的恐怖分子创下了历史上恐怖袭击事件的“效费比”之最。恐怖组织为策划、组织、实施恐怖行为，凭借19名恐怖分子实施自杀式攻击，花费仅仅10万多美元的成本，但却导致3 000多人死亡，使得全球经济损失达3 500亿美元(美国经济损失近1 000亿美元)，相当于世界GDP增长降低了七个百分点。

二、难度小，成功率高

目前，世界各国都在不断地加强军政要员的安全保卫，提高对飞机、轮船安全的防范措施，使得暗杀、劫机、劫船等的难度加大。相比之下，实施自杀性恐怖犯罪的难度小，成功率高。一方面，恐怖分子能够比较容易地获得制造爆炸装置所需的原材料，特别是目前安全检查难以发现的塑性炸药、液体炸药等；另一方面，恐怖分子不需要制订逃跑计划，选择逃生退路，能够选择在最适当的时间和地点实施袭击，能够最大限度地扩大杀伤范围。恐怖分子一旦开始进行攻击，就具有很强的随机性和不确定性，要想有效地阻止这种袭击的进行，对防范单位来说是非常困难的一件事情；即使军警部门能够成功阻止恐怖分子进入或接近其袭击的目标或范围，恐怖分子仍然还有机会引爆身上、车上、船上等所携带的炸药，对军警人员和周围民众造成伤亡及周边场所、设施带来破坏。

三、被害对象大都为“软目标”

从被害角度来看，自杀性恐怖犯罪攻击的大多都是“软目标”，且多是针对平民目标。这类犯罪活动的场所，主要包括商场、酒店、公共汽车、火车

(站)、地铁、飞机等。这些场所防范薄弱,人员集中,既容易得手,又可以造成大量的人员伤亡,形成社会轰动效应。[2]正如哈马斯组织的训练手册上所写:"当周围有足够的羊时,捕猎老虎是愚蠢的。"这一特点在局势极度混乱的伊拉克表现尤为突出。自伊拉克战争结束后,有关伊拉克自杀式汽车炸弹爆炸及其造成的巨大人员伤亡的报道充斥着人们的耳目。如 2009 年 8 月 19 日,巴格达市中心发生的两起自杀式汽车炸弹爆炸袭击事件已造成 95 人死亡,563 人受伤。恐怖分子除袭击驻伊美军和伊拉克政府官员、军警外,还在商场、市场、清真寺等人员密集场所实施一系列针对无辜平民的袭击活动,造成重大的人员伤亡和财产毁损,给平民带来了巨大的心理恐慌。

少数自杀式恐怖犯罪是为了执行暗杀式的任务,而对特定目标进行攻击。如斯里兰卡泰米尔猛虎组织曾多次对特定目标实施自杀式恐怖攻击:1991 年 5 月印度总理拉吉夫·甘地遭"人体炸弹"袭击身亡,1993 年 5 月斯里兰卡总统普雷马达萨也被同样的方式炸死。2007 年 12 月 27 日,巴基斯坦前总理、人民党领导人贝·布托在首都伊斯兰堡邻近的拉瓦尔品第市举行的竞选集会上遭遇自杀式袭击身亡。

四、取材便利,控制难

在世界各国加强对爆炸物品的管控,广泛运用新的检测器材和方法后,恐怖分子通过自学和简单的训练能够掌握一般技术的同时,在取材上把目光更多地转向了既能够方便购买到,又能够制造炸弹,产生同样效果并且不易被发现和对付的原料。如苏格兰格拉斯哥机场爆炸事件中,恐怖分子就利用丙烷气罐和汽油充当炸弹;伊拉克恐怖分子使用普通家庭常用的消毒剂——氯气和常见的油罐车发动自杀式炸弹袭击。此外,用来制作普通炸弹的化肥、柴油、糖粉等配料,都可以方便地购买到,因而更便于制造炸弹。近年来,随着电脑网络普及,出现了利用网络销售自制炸弹的现象。

五、女性参与事件的比例增加

自 1985 年黎巴嫩出现第一宗"女人弹"事件以来,以自杀性恐怖犯罪为特征的女性恐怖活动,主要发生在中东、南亚、东南亚、北高加索等信奉宗教激进主义的地区。在极端宗教思想的控制和影响下,越来越多的女性参与到对"异教徒"的"圣战"当中,她们以自愿、盲从或被迫的方式从事恐怖活动。近年来,女性"人体炸弹"活动犯罪日益增多,如截止到 2009 年,在斯里兰卡的泰米尔猛虎组织发动的近 200 起自杀性"人体炸弹"袭击事件中,女性参加的占到30%～40%；2008年前8个月，针对驻伊美军实施的自杀性犯罪中，由女性实施的达29起。2009年8月28日，《环球时报》驻英国特约记者殷娜报道，统计显示，尽管伊拉克目前的暴力袭击事件已经降到了2004年以来的最低水平，但女性自杀式袭击者的数量却急剧上升。在伊拉克发生的大约有60起自杀式爆炸事件是由女性试图参与或亲自执行的，以2007年、2008年、2009年最多。2009年，伊拉克有23起自杀式袭击事件是由女性实施的。仅7月28日一天，就有4名女人弹实施袭击，炸死60人，炸伤250人[3]。

女性参与自杀性恐怖犯罪活动呈现加速蔓延之势。如车臣地区出现的"黑寡妇"已成为恐怖势力实施杀人行动的"主力军"；法国"直接行动"组织中的女性实际上已取代男人掌握了其国际支队的行动指挥权等。有学者指出，"妇女一旦参加恐怖主义组织，往往比男性恐怖分子更加强硬、狂热和忠诚，更有承受痛苦的能力，服务期更长。"[4]2008年我国某地区相继发生的"3·07"、"8·10"、"8·12"、"8·27"等恐怖事件中，2009年"7·5"事件等重大恐怖事件中均有女性参与，有的甚至是主责实施。

第二节　自杀性恐怖犯罪新态势

一、地域分布全球化

根据美国政府统计，从1981年到2008年3月，全世界共发生1 840起自杀式恐怖袭击，其中，2003年前的22年里发生339起，仅占总数的18%，82%的自杀式袭击出现在伊拉克战争后的5年里。[5]"9·11"事件之前，自杀性恐怖犯罪主要发生在巴勒斯坦、以色列、斯里兰卡、土耳其和俄罗斯车臣等地区，袭击的规模和数量也都有限。在美国对阿富汗、伊拉克发动所谓的反恐战争之后，情况发生了根本性变化。一方面，"基地"组织、塔利班、伊拉克反美武装等恐怖组织和伊斯兰极端势力为反抗美军入侵，对以美军为首的多国部队和阿伊两国政治、军事、平民目标实施了广泛的自杀性恐怖犯罪。另一方面，美国反恐战争的重要盟友——巴基斯坦对恐怖主义和极端主义的严厉打击激起了巴境内极端主义势力的愤怒，导致他们频繁地进行自杀性恐怖犯罪活动。当前，伊拉克、阿富汗、巴基斯坦三国境内的自杀性恐怖犯罪活动数量急剧上升，规模不断扩大，大有愈演愈烈之势。伊拉克、阿富汗、巴基斯坦已经成为新的自杀性恐怖犯罪活动的"重灾区"。伊拉克战争后，除上述国家和地区外，还有俄罗斯、以色列、黎巴嫩、沙特阿拉伯、伊拉克、约旦、也门，中亚的阿富汗、乌兹别克斯坦，南亚的巴基斯坦、印度，欧洲的英国、西班牙，北非的埃及、阿尔及利亚、摩洛哥，东非的索马里、肯尼亚和南美的阿根廷等20多个国家遭到自杀式袭击(见图1)。正如美国密苏里大学教授穆罕默德·哈菲兹(Mohammedm Hafez)所言，“自杀式爆炸正日益全球化，已不限于冲突地区，而是在任何地方都会发生”。[6]

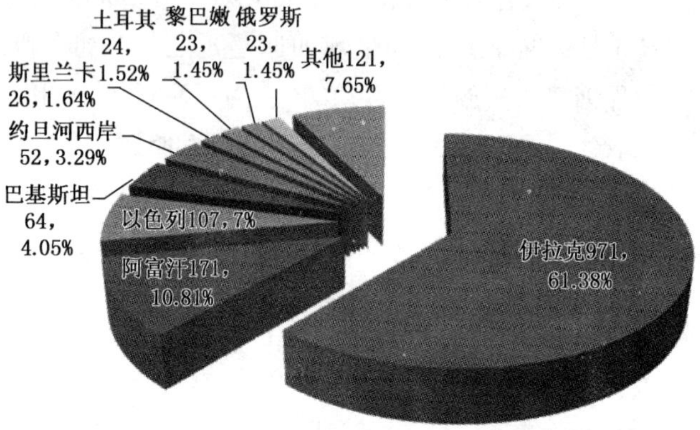

图1①　自杀性恐怖犯罪国家分布(兰德公司)

“9·11”事件在令世人震惊之余也向世界宣告，“基地”组织已经把自杀式恐怖活动输出到了北美大陆。西班牙马德里列车爆炸案、英国伦敦地铁及公交巴士连环爆炸案、2006年阴谋炸机未遂案及苏格兰格拉斯哥机场爆炸事件说明，恐怖组织已将目光投向了欧洲。随着经济全球化的迅猛发展，恐怖组织的势力也迅速向全世界扩展，他们在世界各地均设有办事处。可以从世界范围内招募“志愿者”，而不必仅限于某一地区。

根据图1和图2的统计(数量、比例均按从高到低排列，“其他”除外)，可以看出，自杀式恐怖犯罪主要集中在西亚几个国家，特别是伊拉克和阿富汗、巴基斯坦。两个图表数据的统计看出，一大半的自杀性恐怖犯罪发生在伊拉克，约占自杀性恐怖犯罪总量的60%，阿富汗仅次于伊拉克，约占16%。巴基斯坦所占比例也比较高，约占7.1%。此外，中东、北非、俄罗斯等地区也有分布。可见，自杀性恐怖犯罪地域分布从整体来看已逐步呈现全球化的趋势。但地域分布不均衡。这种不均衡，在很大程度上反映了美国发动阿富汗战争、伊拉克战争带来的影响，也进一步验证前文关于自杀性恐怖犯罪数量增长的表述。

① 兰德公司数据库，涵盖1968年至2009年的国内和国际恐怖主义事件。

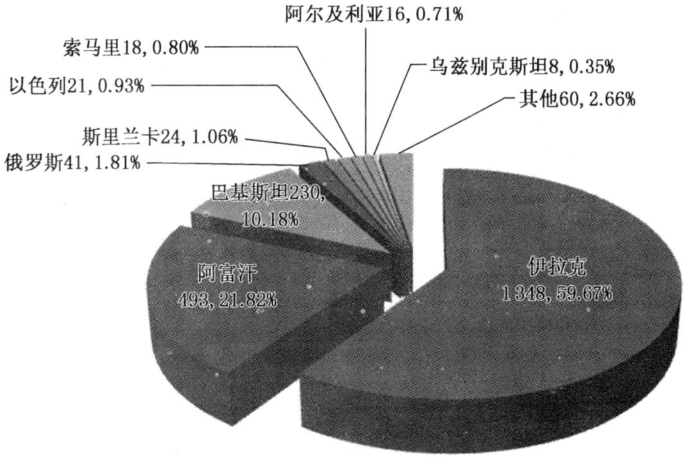

图 2[①] 自杀性恐怖犯罪国家分布(美国国家反恐中心)

二、犯罪频度、烈度总体上呈上升趋势,伤亡率高

自20世纪80年代黎巴嫩真主党发明了“人体炸弹”以来,这种以非常规、非对称、以小对大的犯罪方式,在整个20世纪80年代风靡黎巴嫩,但进入90年代后,虽然仍然在使用,但曾一度处于下降趋势。自进入21世纪以来,这种极端暴力恐怖犯罪又有复苏和扩大的趋势。以2001年上半年为例,这一期间全世界共有14个国家遭到17个恐怖组织发动的300起自杀性恐怖犯罪,其中大多数是“人体炸弹”。在巴以地区,随着双方冲突的加剧,越来越多的巴勒斯坦人投身到“人体炸弹”的恐怖犯罪中来。他们认为,在以色列占据绝对军事优势的情况下,“人体炸弹”、“车辆炸弹”等恐怖袭击方式是他们最好的也是最有效的选择。在伊拉克、阿富汗、巴基斯坦等地,针对国外联军的自杀性恐怖袭击也接连不断。在地区冲突愈来愈烈的背景下,这种自杀性恐怖犯罪将呈进一步上升态势。

自杀性恐怖犯罪主要发生在美国占领下的伊斯兰国家,以美国及其盟友作为主要打击对象。美国占领的阿富汗、伊拉克成为自杀性恐怖犯罪最主要的发生地。根据美国政府统计,从伊拉克战争爆发到2008年3月,发生在上述两国的自杀式袭击超过1 180起,占同期世界自杀式袭击事件总数的近80%。另据不完全统计,从2008年到2009年底,发生在这两个国家的自杀式袭击超过540起。阿富汗战争前,关于发生在阿富汗的自杀式袭击报道是很

① 数据来源:美国国家反恐中心,2004—2010年。

少的。美国占领阿富汗后的2002年，也只发生了一起自杀式袭击。伊拉克战争后，自杀式袭击在阿富汗泛滥。2003年到2005年发生29起；2005年下半年塔利班卷土重来，2006年自杀式袭击发生数量跃升到123起。2007年年初，塔利班声称已准备了2 000名人弹，可随时向外国军队和阿富汗政府军发起攻击，当年发生自杀式袭击140余起。2008年的自杀式袭击达到近150起，2009年前6个月就发生60起自杀式袭击。2010年至今发生在阿的自杀式袭击趋于下降的趋势。据不完全统计，2010年、2011年、2012年，每年在阿富汗至少发生30余起自杀式袭击。

从伊拉克战争爆发至2009年，伊拉克共发生自杀式袭击1 000多起，占1981年以来全世界此类袭击总数的一半以上，其中2003年25起，2004年由于美军虐囚等事件发生，自杀式袭击数量增加至140起；2005年1月伊拉克大选后当年的袭击数量跃升到478起，2006年发生297起；2007年1月美军增兵后，当年的自杀式袭击增加到442起。此后，自杀式袭击有所减少，2008年到2009年共发生自杀式袭击333起。2010年以来，伊拉克的自杀式袭击呈现反弹趋势，发生多起重大的连环自杀式袭击事件，每次都造成上百人伤亡，如5月10日伊拉克多个省发生连环自杀式爆炸，造成百余人死亡，近300人受伤。8月25日上午，伊拉克接连发生针对伊安全部队军警的连环汽车炸弹袭击事件共7起，死亡人数已升至64人，另有272人受伤。2011年5月1日，美国宣布打死"基地"组织头目本·拉登后，5月5日，伊拉克南部城市希拉当天上午发生的自杀式汽车炸弹袭击造成至少21人死亡，75人受伤，至少10名警察丧生。12月22日，最后一批驻伊拉克美国军队撤离后第四天，巴格达发生连环爆炸，至少63人死亡，180多人受伤。2012年7月23日，伊拉克反政府武装分子在至少14个城市，发动至少22次人体炸弹、汽车炸弹、路边炸弹爆炸袭击，死亡人数不断创新高。据伊拉克安全与医疗部门透露，袭击造成至少91人死亡，161人受伤。2013年1月23日，一名自杀式袭击者在什叶派-穆斯林的Sayidat al Shuhada清真寺内举行葬礼期间引爆爆炸物，爆炸导致至少42人死亡，70人受伤。

尽管自杀式袭击发生在多个国家和地区，但主要还是针对美国及其盟友，极端组织的目的是要"在任何可能的国家里杀死美国人和他们的盟友，不管是平民还是军人。……直到敌人撤出所有的伊斯兰土地"。[7]除美国外，英国、西班牙、巴基斯坦、埃及、沙特等美国盟友都遭到自杀式袭击，其中英国、西班牙和巴基斯坦的情况尤为严重。英国由于支持美国发动伊拉克战争，2003年11月在伊斯坦布尔的英国领事馆和汇丰银行遭到连环爆炸袭击；2004年3

月和 2005 年 7 月，西班牙马德里、英国伦敦分别遭到两国历史上最严重的连环爆炸袭击，共造成 300 多人死亡，上千人受伤。2006 年英国警方挫败了利用人体炸弹同时炸掉 20 架客机的特大恐怖袭击阴谋。2008 年 6 月后，巴基斯坦在美国的压力下，对境内的基地组织和塔利班武装进行清剿，自杀式袭击由此更加频发。据统计，2008 年巴发生自杀式袭击 61 起，造成 889 人丧生和2 072 人受伤[8]，2009 年发生 87 起，造成 1 299 人死亡和 3 633 人受伤。[9]2010 年发生 52 起，造成 1 224 人死亡。[10]2011 年巴基斯坦共有 51 名自杀式袭击者发动了 41 起炸弹袭击，造成至少 606 人丧生，1 002 人受伤。[11]2012 年巴基斯坦发生 36 起自杀式炸弹袭击，已致 306 人死亡，559 人受伤。[12]

图 3 的数据呈现出不同袭击方式数量比例在年度间的变化（自西而上各折线与示例中自下而上图例形成一一对应关系）。相邻两条折线之间垂直于 Y 轴的距离（最下面一条折线，则是与 Y 轴的距离），体现上面一条折线所代表的袭击方式数量在各种袭击方式总数中所占的比例。从表中可以看出，爆炸、绑架、纵火、自杀式袭击、暴力攻击、劫持人质等恐怖袭击方式所占比例是比较高的。而且其所占比例，大体上比较稳定，并没有随着时间的变化而发生根本改变。2004 年，各类恐怖袭击方式达到高峰，这与美国入侵阿富汗和伊拉克两场战争影响有关。2005 年大部分恐怖袭击数量比例有所下降，到 2008 年之间逐渐趋于平稳。2008 年之后又有所下降，这可能与伊拉克和阿富汗的局势改善有一定关系。

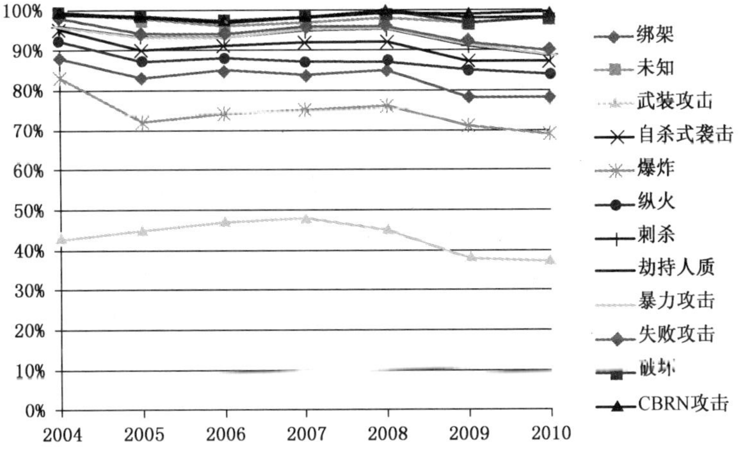

图 3 不同恐怖袭击方式数量比例的年度变化①

① 本表数据来源于美国国家反恐中心 2004—2010 年数据。

图 4、图 5 所示的是不同恐怖方式带来的死亡及比例、伤亡及比例。一种恐怖袭击方式的死亡或伤亡，即统计数据库中采用该种袭击方式的所有袭击造成的死亡或伤亡总和；比例是死亡或伤亡总和除以采用该方式恐怖袭击次数总和。需要指出的是，因为一些恐怖袭击的方式方面的数据缺失，没有被计算，可能使各种恐怖袭击方式带来死亡或伤亡总量少于所有恐怖袭击带来死亡或伤亡总量；也可能一次袭击被归类为多种袭击方式，造成重复计算，使得各种恐怖袭击方式带来死亡或伤亡总量超过所有恐怖袭击带来死亡或伤亡总量。

从图 4、图 5 看出，爆炸、武装攻击、自杀式袭击这三种恐怖袭击方式所造成的死亡或伤亡比例最大。三种方式造成的死亡总和为 124 691 人，所占比例为 83%；三种方式造成的伤亡总和为 400 521 人，所占比例为 91%。比较自杀式袭击，在死亡数量上为 21 315 人，占 14%，伤亡数量达 77 795 人，占 18%。

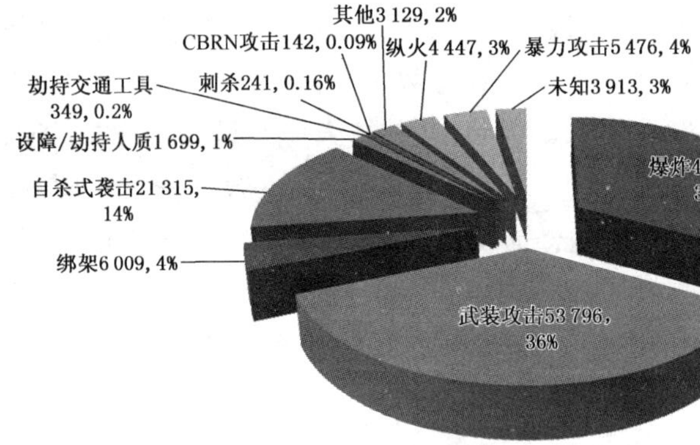

图 4　不同袭击方式带来死亡及比例①

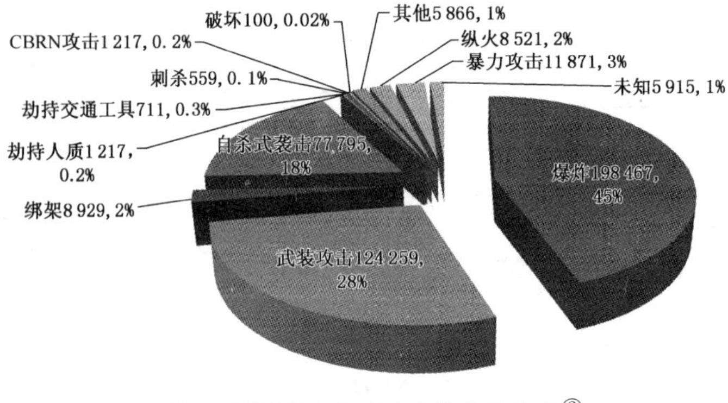

图 5　不同袭击方式带来伤亡及比例②

---

① 本表数据来源于美国国家反恐中心 2004—2010 年数据。

② 本表数据来源于美国国家反恐中心 2004—2010 年数据。

图 6 显示了不同恐怖袭击方式的杀伤性;死亡率和伤亡率分别是一种恐怖袭击方式带来的死亡和伤亡人数除以该种袭击方式的数量得出的百分比。为更清晰显示出不同袭击方式的死亡率与伤亡率,对 Y 轴刻度进行调整;有些数值超出刻度范围的,在柱上部标出数值。从图中可以看出,爆炸与武装攻击作为最常见的两种恐怖袭击方式,带来的死亡率与伤亡率并不是最高的,特别是死亡率。自杀式袭击拥有最高的死亡率,伤亡率是次高。

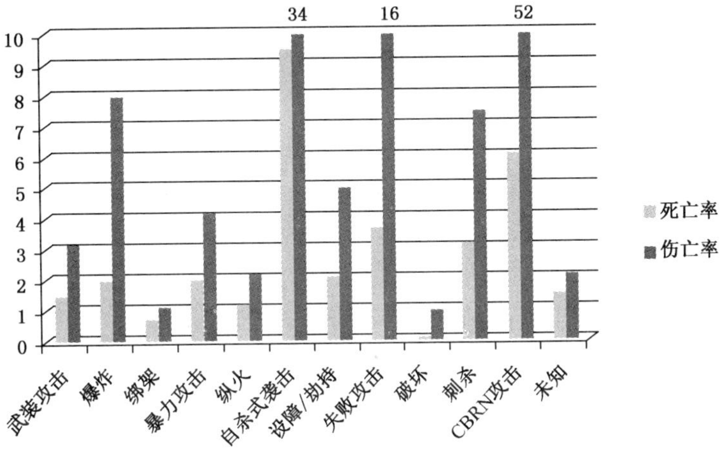

图 6 不同恐怖袭击方式的死亡率及伤亡率[①]

以自杀式汽车炸弹恐怖犯罪为例,当前伊拉克、阿富汗、巴基斯坦三国境内的汽车炸弹恐怖犯罪活动数量急剧上升,规模不断扩大,大有愈演愈烈之势。伊拉克、阿富汗、巴基斯坦已经成为新的汽车炸弹恐怖犯罪活动的"重灾区"。据不完全统计,2009 年,伊拉克发生汽车炸弹犯罪事件 30 余起,造成近 500 余人死亡,2 000 余人受伤。仅 10 月 25 日,在巴格达就发生了两起自杀式汽车炸弹袭击,造成至少 160 人死亡,500 多人受伤。2010 年伊拉克发生汽车炸弹犯罪事件 30 余起,造成近 200 余人死亡,800 余人受伤。仅 8 月 25 日,接连发生 7 起针对伊安全部队军警的连环汽车炸弹袭击事件,死亡 64 人,272 人受伤。2011 年,伊拉克发生汽车炸弹犯罪事件 30 余起,300 多人死亡,800 多人受伤。美国于 5 月 1 日夜间宣布打死"基地"组织头目本·拉登后,伊拉克在 5 月发生了 10 余起汽车炸弹事件,造成 51 人死亡,170 多人受伤。其中伊南部城市希拉 5 月 5 日上午发生的自杀式汽车炸弹袭击造成的伤亡人数升至 96 人,至少 10 名警察丧生。2012 年伊拉克发生自杀式汽车炸弹袭击

① 本表数据来源于美国国家反恐中心 2004～2010 年数据。

20余起，造成至少220多人死亡，700多人受伤。

三、犯罪目标泛化、针对平民多采用“人弹”方式

伊拉克战争后的自杀性恐怖犯罪袭击既针对军事目标，也针对无辜平民、政府机构、政治人物、使领馆甚至联合国机构等非军事目标。在伊战前，直接针对美国人的自杀式袭击以美国外交人员和平民为主要对象，伊战后则更多地指向在阿富汗和伊拉克的美国军队，因为美国占领军是美国霸权主义的主要象征，是激起广大穆斯林仇美情绪的最直接原因。伊拉克的自杀式袭击除针对美军外，大多数以伊安全部队、政府官员和什叶派平民为对象。在阿富汗，塔利班发动的自杀式袭击主要是针对美军、北约军队、阿军警以及政府人士的游击战，但造成了大量平民伤亡。这些宗教极端组织的理由是：伊安全部队是占领军的爪牙，伊现政府是傀儡政权，是在敌人扶持下上台的，而什叶派与占领军合作，是美国的工具。由于巴基斯坦是美国发动阿富汗战争的重要基地，从2003年起，巴基斯坦多次发生针对其政要和军事目标的自杀式袭击，当年发生两起暗杀穆沙拉夫总统（未遂）的自杀式爆炸。2007年下半年，发生多起针对巴军人和警察的自杀式袭击。2007年12月，恐怖分子用自杀式袭击杀死了受美国支持、即将出任总理的贝·布托。在巴基斯坦政府对国内的塔利班和“基地”组织势力进行清剿后，当地发生的自杀式袭击的对象从军事目标和政要扩大到平民、政府机构、支持政府的部族长老和联合国驻巴机构。如2010年1月1日，巴基斯坦西北边境一个村庄的排球场发生自杀式汽车炸弹袭击，一名炸弹袭击手在人们观看排球比赛时引爆汽车炸弹。据法新社消息，爆炸造成88人死亡，37人受伤。[13]

自杀式恐怖袭击行动多选择防范薄弱、人员集中的平民目标作为袭击对象，且精心挑选时机。例如，伦敦、马德里、莫斯科爆炸案发生在交通高峰时的公交车、地铁或车站；伊拉克的极端分子常常选择集日的午后在集市附近、或星期五穆斯林做礼拜时在什叶派清真寺制造自杀式爆炸。在行动方式上，针对普通袭击难以达到目的或守备森严的目标，袭击者常常驾驶速度快、突防能力强的汽车冲向目标；针对平民目标，就会利用人体炸弹混迹其中，选择时机实施爆炸。

四、个案和系列爆炸结合起来

自“9·11”以后，恐怖组织多次针对目标制造大规模的系列爆炸事件，即在很短的时间内，针对同一目标制造系列爆炸袭击或多个目标连续进行连环

爆炸袭击，将自杀式爆炸和连环式爆炸结合在一起，以加强其攻击力，以制造恐怖活动的“规模效应”，其危害更大，防范更难。

2002 年 10 月 12 日夜，在印尼巴厘岛一家夜总会里，一名自杀式袭击者引爆炸弹，导致多人伤亡，幸存者惊慌失措地跑向外面的广场。很快聚集了很多人，这时，事先停在广场的一辆“汽车炸弹”突然爆炸。这次系列爆炸造成了 202 人死亡，323 人受伤。2003 年 5 月 16 日晚，恐怖分子利用“汽车炸弹”和“人体炸弹”分别袭击了摩洛哥卡萨布兰卡市中心和旅游区的五个目标，造成 41 人死亡，其中包括 13 名自杀袭击者，100 多人受伤。2010 年 5 月 10 日，从早晨到晚上，伊拉克巴格达、安巴尔省、尼尼微省、瓦西特省和巴比伦省先后发生 20 多起连环炸弹袭击或枪击事件，上百人在连环事件中死亡。2011 年 4 月 11 日，伊拉克西部安巴尔省重镇费卢杰发生连环汽车炸弹袭击事件。警方拆弹组正在拆除一辆汽车内的炸弹时，汽车突然爆炸。两分钟后，事发现场附近另一辆车又在人群聚集时发生爆炸。两次爆炸共造成 3 名军警和 3 名平民死亡，20 人受伤，以及数辆停在周边的汽车严重损毁。2010 年 3 月 29 日至 4 月 5 日，俄罗斯一周内遭遇五轮自杀式爆炸袭击，多是连环式爆炸。共造成 58 人死亡，百余人受伤。

五、意识形态渗透，伊斯兰极端组织成为袭击主体

许多新生的恐怖集团是自发形成的，而将这些人凝聚在一起的便是“圣战”意识形态。“圣战”一词被一些伊斯兰极端主义组织用来作为恐怖主义宣教的工具。那些被边缘化的群体和涉世不深的青少年，就极易受“圣战”理论的诱导走火入魔。专家就此指出：“意识形态在恐怖组织招募和训练新成员过程中起着非常重要的作用……”

以 2005 年为例，当年有 35 个恐怖组织运用自杀式策略，其中 31 个(86%)是伊斯兰宗教极端组织。这些组织要么是“基地”组织的分支或打着“基地”的旗号进行活动，要么接受“基地”组织的人员训练和技术、资金支持以及思想指导。例如，发生在伊斯坦布尔、伦敦和马德里的连环爆炸案是“基地”组织在欧洲的分支机构“阿布·哈夫斯·马斯里旅”所为；“基地沙特及阿拉伯半岛分支机构”声称对 2004 年沙特的多次自杀式爆炸负责；制造埃及沙姆沙伊赫连环爆炸袭击的组织自称是“基地组织埃及及地中海分支机构”。“基地”组织宣称对截止 2006 年 2 月在伊拉克发生的 30%的自杀式袭击事件负责。自 2006 年 10 月以来，为“基地”组织作掩护而建立的“伊拉克伊斯兰国”(Islamic State of Iraq)声称对那里发生的几乎所有自杀式袭击事件负责；[14]

阿富汗和巴基斯坦发生的自杀式袭击几乎都是由“基地”组织和其盟友塔利班及其他组织发动的。2012 年 9 月 18 日早上 6 时 45 分左右，阿富汗首都喀布尔发生一起自杀式爆炸袭击事件。一名袭击者驾驶载满炸药的汽车，在通往喀布尔机场的公路上撞向一辆小型客车，包括 8 名外国公民在内的 12 人遇袭身亡。袭击者本人被当场炸死。阿富汗第二大武装组织“伊斯兰党”发言人当天发表声明说，该组织一名 22 岁女性自杀式袭击者制造了这起袭击事件，以报复美国有人制作诋毁伊斯兰教先知穆罕默德的影片。这种袭击方式也和“基地”组织如出一辙。“基地”组织编写的“行动手册”成为大部分恐怖组织的教科书。

从前文图 1 和图 2 可以看出，除了伊拉克和阿富汗、巴基斯坦以外，其他自杀性恐怖犯罪高发的国家与地区，往往都是伊斯兰极端思想传播广泛的区域。这种现象也说明，当前这种极端恐怖犯罪方式的增长，与伊斯兰极端思想的影响有些关系。即便自杀性恐怖犯罪并非极端伊斯兰分子或组织首创，也并非某种极端思想或意识形态所特有的袭击方式，但极端伊斯兰组织却是在一定程度上把自杀性恐怖袭击作为一种有效的恐怖袭击手段，并加以渲染和应用。

六、犯罪主体年轻化，女性自杀性恐怖犯罪迅速扩大蔓延

自“9·11”以来，“基地”等恐怖组织吸纳了一批年轻又有“圣战”经验的成员充实领导核心。同时，各类恐怖组织加强了在欧美发达国家年轻人中的招募。在 2007 年夏参与英国系列恐怖袭击的人中，就有不少是受过良好训练的医学院学生。英国情报机构负责人埃文斯警告：“恐怖分子正在有系统、有意识地把目标对准国内的年轻人和孩子。”在发展中国家，恐怖组织更容易发展年轻人，因为那里存在大量的“弱势”群体，其中那些因无业和赤贫而“绝望”的年轻人是最容易接受极端思想的，而大批无辜平民在“反恐战争”中被杀害，往往是促使他们加入恐怖组织的直接原因。据以色列特工部门公开的研究结果表明，64%的执行自杀性恐怖犯罪任务的人年龄在 18 岁到 27 岁之间。大多数人出生于巴勒斯坦中产阶级，半数以上是大学生或研究生。美国《外交政策》杂志惊呼：“第三代圣战者”已成为反恐斗争的大敌。

“基地”组织创办了名为《艾尔·坎萨》的女性杂志，专门招募和指导有志成为“女壮士”的妇女献身“圣战”。由于恐怖组织的重视和推波助澜作用，女性参与恐怖活动呈现加速蔓延之势。一是组织化趋势明显。除车臣的“黑寡妇”、泰米尔猛虎组织的“自由鸟”等女性恐怖团体外，巴勒斯坦极端组织正积

极组建“玫瑰军”，库尔德游击队在“PKK”组织中增加女性比例，挪威的一个右翼集团专门成立了妇女恐怖组织，美国 3K 党积极招募妇女种族主义激进分子，我国境内的“东突”、“藏独”势力也在积极使用女性实施恐怖活动。二是向本土化渗透。据英国反恐专家称，已有 48 所英国大学被宗教极端分子渗透，约 3 000 名在英国出生或生活过的伊斯兰青年在境外接受了恐怖训练，其中一半是女性。三是向低龄化发展。当代的许多恐怖组织常常招募 14～15 岁的少年和中学生作为自杀式炸弹手，而女孩因更容易被控制、感染和“塑造”，成为恐怖组织招募的重点。

七、高科技倾向更加明显

1995 年奥姆真理教在东京地铁施放沙林毒气和“9・11”事件后发生在美国的炭疽菌恐慌至今仍使人记忆犹新。而将“人体炸弹”与“生物、化学、放射性”物质结合在一起实施恐怖袭击的阴影已悄然升起。人们把传统炸药(弹)与放射性物质混合在一起的炸弹，称为“裂变性炸弹”；让一个狂热的“人体炸弹”、“汽车炸弹”染满病毒或毒剂，称之为生化炸弹。“生、化、放”武器具有巨大的杀伤力，成本低且从技术上说制造比较简单，获取途径比较广泛。2007 年，伊拉克反美武装引爆载有爆炸物和氯气罐的卡车，先后制造了四起自杀式氯弹爆炸袭击事件，开启了使用化学武器制造汽车炸弹的先河。2010 年，阿富汗塔利班发明了一种“艾滋炸弹”，将废弃的刀片和针头等埋在炸弹正面。炸弹一旦爆炸，杀伤力会大大增加。

2002 年 1 月 2 日，英国《泰晤士报》披露说，以色列情报部门已得知，哈马斯不久前通过了一项决议——今后的“人体炸弹”要尽可能添加有毒的化学物质。2002 年 8 月，美国广播公司和英国路透社报道说哈马斯的“人体炸弹”再次升级换代，将添加物从滚珠和铁钉换成杀虫剂和老鼠药。以色列医生甚至还发现了自杀性爆炸受害者因被肉弹碎骨划伤而感染上 B 型肝炎。[15]可以预见，由于恐怖组织的攻击原则已从过去的“让更多的人看，而不让更多的人死”转向现在的“既要让更多的人看，又要让更多的人死”，因此，使用这些武器造成的危害在增加。

随着计算机技术的普及及高科技的发展，恐怖分子越来越多地使用生物、化学、网络及核技术等高科技手段。其中，网络正成为恐怖组织的主要信息来源和活动平台之一。1998 年被美国认定的恐怖组织网站只有 18 个，到 2007 年激增到 5 000 多个。美国陆军首席信息官鲍特尔将军认为，恐怖组织正“将战争从现实空间转移到网络空间”。在 2006 年英国警方破获的阴谋攻击赴美航班未遂案件中，恐怖分子计划用新型液体炸药炸毁飞机，这说明他们一直在研究、改进使用化学手段实施恐怖活动的技术。

八、“人体炸弹”更加隐秘

2001 年英国人里德运用“鞋底炸弹”企图炸毁由巴黎飞往迈阿密的客机未遂；2009 年圣诞，尼日利亚青年阿卜杜勒·穆塔拉布运用“内裤炸弹”炸机未遂；2009 年恐怖分子阿西里运用“肛门炸弹”暗杀沙特王子未遂；2011 年 9 月 20 日，塔利班刺客假装谈判，引爆“头巾炸弹”(藏在头巾内的爆炸物)，导致阿富汗高级和平委员会主席、前总统布尔汉丁·拉巴尼身亡。

2010 年 2 月，英国媒体称，军情五处发现“基地”企图以内置人肉炸弹施袭的证据。参与的自杀式袭击者会先接受外科手术，把藏在胶囊内的烈性炸药“季戊四醇四硝酸酯”(PETN)植入体内，然后缝合。炸药可藏于男性人肉弹的盲肠附近或臀部，或是如隆胸般植入女性乳房。人弹以“内置炸药”手段成功登机后，将在适当时机用针筒将“三聚过氧丙酮”(TATP)粉末注入埋在皮肤下的胶囊，引爆炸药。当局担心，施袭者为了引爆，会扮成需要注射胰岛素的糖尿病人，避免遭人制止。这种内置炸弹极其隐蔽，目前最先进的裸检安检仪都对其束手无策。

参考文献

[1] 邱国梁，吴鹏. 恐怖主义“人体炸弹”犯罪探析. 犯罪研究，2008(1)：3

[2] 范明强. 社会学视野中的恐怖主义. 北京：解放军出版社，2005：94

[3] 殷娜. 今年伊拉克女人弹是去年 3 倍，已造 23 次自杀袭击. http://world.zjol.com.cn/05world/system/2009/08/27/015779334.shtml

[4] 胡联合. 当代世界恐怖主义与对策. 北京：东方出版社，2001：398

[5] See “Suicide Attacks Increase and Spread”, http://www.washingtonpost.com /wp — dyn/content/graphic/2008 /04 /18 /GR2008041800293.html

[6] RobinWright. Since 2001, a Dramatic Increase in Suicide Bombings, http://www.Washingtonpost.com /wp-dyn/content/story/2008/04/18/ST2008041800913.html

[7] “世界伊斯兰阵线对犹太人和十字军的圣战宣言”，[英]阿拉伯圣城报，1998-02-23

[8] Ashrafuddin. 61 Suicide Attacks in Pakistan in 2008, 889 killed & 2072 hurt. http://www.allvoices.com /contributed-news

[9] “巴基斯坦 2009 年自杀式袭击为历年之最”，人民网，http://world.people.com.cn/GB/57507 /10755772.html

[10] 2010 年，巴基斯坦自杀性恐怖袭击遇难者数创新高. http://hi.baidu.com/isuraeru/

item/1c4b2a2faf6721d40f37f939
[11] 2011 年自杀式袭击至少造成巴基斯坦 606 人丧生. 新华网, http://news. xinhuanet. com/world/2012-01/02/c_111357761. htm
[12] 2012 年巴基斯坦自杀式炸弹袭击已致 306 人死亡. http://www. s1979. com/news/china/lanzhou/201212/2568445925. shtml
[13] 巴基斯坦: 一人自杀 88 人陪葬. http://www. en8848. com. cn/tingli/news/voanews2010/128116. html
[14] 美国国务院国际信息局编译:"恐怖分子心理探析", http: //usinfo. americancorner. org. tw/mgck/publications/ejournalusa/0507. html
[15] 钱七虎. 反恐怖爆炸安全对策. 北京:科学出版社,2005:41

第八章

自杀性恐怖犯罪治理

自杀性恐怖犯罪是世界各国应对恐怖主义犯罪活动中普遍感到最难对付的一种暴力恐怖犯罪活动。过去几十年直至今天，世界各国尤其是中东地区国家，对这种自杀性恐怖犯罪活动，一直苦于难寻良药和对策。本章谈谈应对恐怖主义犯罪的模式问题及针对自杀性恐怖犯罪的宏观、微观治理策略。

第一节　恐怖犯罪应对模式

虽然各国的反恐怖政策，在涉及的范围、内容等方面存在一些相似之处，但是，由于对恐怖主义定义、威胁、性质等认识的不同，对反恐基本方法与手段选择的不同，再加上其他具体因素，各国或一国在不同时期的反恐思路、政策、对策等方面常常也存在着一定差异。

为了更好地概括与分析这些不同的反恐做法，可以将其归类为不同的恐怖犯罪应对模式。司法（警察）模式、战争模式、治理模式是三种应对模式。

一、应对恐怖犯罪的司法模式与战争模式

司法模式又称警察模式，即警察机关、司法机关通过侦查、逮捕、起诉、审判恐怖主义分子，将其绳之以法，投入监狱，将其涉恐资产冻结等方式的应对恐怖犯罪的模式。其主要是把恐怖主义界定为一种严重危害国家安全与社会稳定的犯罪行为。为此，反恐首先是侦查破案与打击犯罪的问题；反恐的主要力量就是警察机关、司法机关等。这种模式的核心是恢复法律的权威，以维护社会治安秩序。

战争模式即国家军事力量通过军事打击，将恐怖分子予以完全消灭，将

恐怖分子训练营地予以彻底摧毁等方式的应对恐怖犯罪的模式。其主要是把恐怖主义界定为一种战争行为。为此，反恐首先被认为是打败或消灭敌人、取得战争胜利的问题；反恐的主要力量就是国家军事力量。这种模式的核心是打击、歼灭恐怖分子并取得战争胜利。

“9·11”事件之前，相对而言，世界各国在应对恐怖犯罪时，司法模式是一种主导模式。20 世纪 60 年代末兴起的恐怖主义浪潮一度引起世界范围的震惊与关注，但总体而言，大部分国家在震惊消退后，基本上采用警察与司法机构依据正常、合法的程序来应对恐怖主义犯罪问题，如通过修订相关法律、法规，监视、抓捕、起诉、审判、羁押恐怖主义分子，取缔和解散恐怖主义组织等。这些措施在一定程度上取得了一定效果。事实上，在这样的打击下，当时许多恐怖主义分子落网，组织被打散，恐怖主义威胁也得到很大程度的消除。当然，在那个时期，俄罗斯、以色列等国家的反恐政策也曾接近于战争模式。美国则对于国际、国内恐怖主义采用区别对待的做法。对于在外部的恐怖主义，则被视为国家安全问题。里根政府曾公开宣布恐怖主义是一种战争行为，在“9·11”之前，美国就曾以打击恐怖主义为名发动过多次武力打击。[1]337 对于国内的恐怖主义，主要采用司法模式，联邦调查局等是应对恐怖主义的主要机构，特别是在 20 世纪 80 年代中期，国会通过相关立法，明确将恐怖主义定义为犯罪后，联邦调查局发挥了更重要的作用。

可以这样认为，在冷战结束前，司法模式大体上还是有效和足够的。如在西欧、美国，在司法机构的打击下，许多恐怖主义分子要么被抓入狱，要么被击毙，要么自杀，要么放弃恐怖主义活动。80 年代后，这些地区内的恐怖主义，特别是本土恐怖主义组织的活动，大多受到了有力的遏制，其影响已经大为降低。

“9·11”事件后，在美国布什政府的全球反恐战争的影响与推动下，战争模式似乎成了世界反恐主导而又正确的模式。这种变化与“9·11”袭击的深刻影响有直接的关系。“9·11”袭击使很多人认为：虽然恐怖主义是一个有很长历史的社会现象，但这个现象也正在发生新的变化；这种变化使传统上的那些应对方法不再有效或充分；“9·11”事件显示，恐怖主义已经转化为某种战争；恐怖主义虽然被视为是一种犯罪行为，但其不再是普通的犯罪，而是对国际和平、稳定与国家安全有重要影响的犯罪行为。“9·11”袭击后安理会通过的第 1368 和 1373 号决议，明确宣布恐怖主义对“国际和平与安全构成威胁”，甚至宣布被袭击国（美国）可因此根据“单独或集体自卫的固有权利”采取行动，而援引这种自卫权利无疑就意味着必定会采取战争行动。

二、两种模式效果的评价

由此可见,司法与战争这两种模式在看待恐怖主义的角度以及反恐怖主义的目的、依靠力量、方式方法等都是不同的。那么,这两种模式的效果如何呢?

对于司法模式,罗纳德·科瑞林斯顿认为,这种反恐模式有消除恐怖主义行为合法性,让恐怖主义变成是不可接受手段的教育功能,通过惩罚进行威慑惩戒恐怖主义分子,感化改造恐怖主义分子,使恐怖行为体丧失行动能力等诸方面的优点。[2]

事实上,当恐怖主义造成的伤亡或损失及其带来的危害相对有限的时候,对于一个国家特别是一个法治国家来说,用司法模式来应对其境内的恐怖主义,是一个很自然的选择。联合国《恐怖主义问题宣言》宣称:“一切形式的恐怖主义,无论何处,何人所为,均是不容辩解的犯罪所为。”从国际层面上来讲,恐怖主义被视为是一种刑事犯罪,就反恐怖犯罪来说,是一个很大的进步。最初,恐怖主义常常与反帝、反殖民、争取民族独立与解放等联系在一起或打着这方面的旗号,为此对于其含义和合法性,不同国家或集团往往存在着较严重的分歧。恐怖主义犯罪行为往往是出于政治动机的,为此,恐怖主义分子往往以受到政治迫害为由为自己辩护和寻求庇护。而且,恐怖主义的这种政治性,使其很容易与各种政治斗争联系在一起。往往一些国家也根据自身利益采取不同的立场,利用恐怖主义或反恐来实现自己的其他目的。加上国际法规定的政治犯不引渡的存在,恐怖主义分子往往以此为借口不被引渡而轻易可以逃避惩罚。这些都使得国际合作反恐面临很大困难。而将恐怖主义看作是刑事犯罪,并确定了“要么起诉要么审判”的原则,即国家对于其境内的恐怖主义分子要么按照本国法律对其起诉、审判,要么就引渡到遭受其袭击的国家进行起诉审判,这大大统一了国际社会对于反恐怖主义的立场,使恐怖主义失去了合法性,并促进了各国在反恐领域上的合作。对于恐怖主义分子或起诉或引渡,事实上成为联合国反恐公约和有关反恐决议中一再重申的立场与原则。在各个地区的国际反恐合作中,也大都引用了此立场与原则。

随着恐怖主义威胁的增加,司法模式不再能够有效应对新的恐怖主义威胁。“9·11”袭击强烈地显示和证明了这种模式的不足,有力地推动了此后反恐从司法模式向战争模式的倾斜。传统上讲,由于国家安全事务通常被置于优先、紧急的地位,一般司法往往不涵盖国家安全领域的事务,而随着恐怖主义的应对在国家安全议程中的上升，警察、检察机关与法院等机构，逐渐让位于传统的国家安全的核心手段武力。

司法模式是一种被动反应式的模式，通常是警察或司法机关在恐怖犯罪发生后才做出的反应，而不是在事件发生前就积极寻求介入；其行动往往局限于将犯罪分子绳之以法，抓捕归案，恢复原有的秩序。假若恐怖主义威胁十分有限，事后反应还能勉强接受的话，这种模式还可以采用。当恐怖主义威胁十分严重，尤其是当恐怖分子实施大规模杀伤性犯罪行为已造成了巨大损失的情况下，这种事后反应的司法模式就不适合了。

其次，通常在司法程序中，对于证据有严格的要求；而恐怖主义事件通常都是秘密策划、精心组织的，难以获得相关证据。为此，很多恐怖主义分子虽然构成威胁，却可能缺乏确切的证据而无法被逮捕。或即使被逮捕，也难以被判刑。出现过很多案例，恐怖分子被捕后，却因缺乏有力的证据，不得不被释放；释放后的这些人很快又从事恐怖主义活动。而且在正常司法程序中，对于被告或嫌疑人的权利都有严格的保护，如嫌疑人有权利保持沉默，不应受到酷刑等；恐怖主义分子则容易利用这些权利，阻止司法机构获得对自己不利的证据；而司法机构通过一些秘密手段或不合法手段获得的证据，在法庭上可能无法使用。尽管这些是关系到对公共安全或国家安全有重要影响的信息，如组织成员名单、行动计划等。

另外，司法模式还存在其他缺陷：

首先，司法模式程序复杂，过程漫长，往往持续时间太久，可能无法满足反恐中坚决打击和快速反应的需要。其次，在正常状况下，为了保障公民的权利，法律对于情报机构等情报收集手段、范围、情报的共享、情报的使用等都有比较严格的规定。有些规定对于及早发现、挫败恐怖主义阴谋和打击恐怖主义分子是不利的。第三，司法模式对于证据的要求，可能会不利于情报工作。如正常司法中要求证据要有清晰的来源说明、要有证人等，这些可能会造成情报泄露和危及线人的安全。第四，有的时候，为获得更重要的证据，需要与一些犯罪嫌疑人做一定的交易，包括对其不起诉等，或者暂时不对其进行抓捕与审判。司法模式对这些问题时往往不会考虑这些，从而可能不利于更好地保护国家安全或应对恐怖威胁。[3]第五，审判与关押恐怖主义分子可能会带来一些问题。如恐怖分子可能利用审判，大肆宣传自己的主张，谴责其对手，即使被捕入狱，也可能通过发起各种斗争如绝食等，来宣传自己的主张，吸引关注，招募成员，甚至组织策划狱外的恐怖袭击活动。第六，对国外的恐怖分子实施抓捕、审判方面存在一定困难，而引渡就更为困难。

可战争模式会被认为没有上述缺陷。如果恐怖主义被界定为战争，恐怖分子被作为敌人，就能够直接动用军事力量进行快速、及时和有力的打击，消灭恐怖分子及其设施。这也就没有司法模式中对于证据、程序等方面的要求与限制。另外，战争能够大大震慑恐怖分子及向其提供帮助的行为体，向国际社会彰显反恐的决心与意志，这对于开展反恐动员和增加反恐一方的士气等是非常有利的。

当然，战争模式也存在不少缺陷：

首先，战争有巨大风险，包含不确定性。在国内发动反恐战争更多的可能是沦为政府镇压和打击异已力量或实现自己专制统治的借口，而不是真正应对恐怖威胁。纽约、华盛顿等地隐藏着恐怖分子，并且准备实施恐怖袭击，但美国政府因此发动战争，去轰炸这些城市无疑是荒唐的、毫无意义的。其次，战争对于打击恐怖主义来说不是必要的也不是有效的手段。目前恐怖组织已成为一种松散的分权式的网络水平结构。在这种网状结构中，即使一个环节遭到破坏，其他环节也不会受到影响，因而具有很强的生命力[4]。恐怖分子设施及活动场所往往在社会中隐藏，军事力量强大但难以打击，而且，这些通常也不构成有价值的军事打击目标。第三，政府可能会以处于战争紧急状态为由，侵犯人权、为所欲为、践踏法制，掩盖其他的不当意图与行为。第四，将恐怖分子看做是战士，或认为他们进行的是战争，就会增加恐怖分子及行为的合法性，提升其地位和吸引力，给反恐怖一方在抓捕、关押、起诉和审判恐怖分子上制造障碍。第五，导致暴力滥用，带来的伤亡和其他消极后果在一定程度上超过了恐怖主义本身。如近几年有些美军在伊拉克、阿富汗等地屠杀贫民等。滥用暴力往往制造更多的不公、混乱与冲突，结果会导致更多的恐怖袭击。恐怖分子是杀不完的，相反，残酷地打击甚至可能产生更多的恐怖分子。“9・11”事件之前，阿富汗、伊拉克、巴基斯坦等地发生的恐怖袭击比较少，在美国发动反恐战争后，目前这几个国家发生的恐怖袭击事件约占全世界一半之多。第六，战争模式仅仅看到恐怖分子与暴力恐怖本身，而忽视为什么会出现恐怖活动及这些活动产生、运行和产生影响的环境与条件。这种模式主要关注恐怖分子及暴力活动的打击报复，而不关注在暴力恐怖发生前如何将其制止或从根本上使恐怖分子放弃恐怖活动。第七，恐怖主义威胁长期存在且无法根除。历史经验已经证明，军事干预很少能成功地阻止恐怖主义、终结恐怖主义威胁，只能暂时地破坏恐怖组织和相关恐怖主义网络。经常出现的现象是：直接军事干预带来了短期的胜利，但是却在长期内是不成功的，甚至可能带来更严重的危险与威胁[5]。

恐怖主义的确已成为国家安全问题，但是这种恐怖主义威胁不同于传统国家安全威胁，而是一种新的国家安全威胁。应对恐怖主义，既不能将其作为一般的治安问题来处理，主要采取司法模式，又不能把它等同于传统国家安全威胁，主要依靠战争模式来应对。

恐怖主义的产生，是政治、经济、文化、社会等多种因素综合作用的结果。自杀性恐怖主义也是如此。因此，要想彻底反恐，消灭恐怖主义，必须采取包括政治、经济、司法、军事、外交、技术、舆论宣传等各种手段来应对恐怖主义威胁。也就是说，针对此类威胁，不但包括打击，还应当包括解决民族宗教矛盾、领土争端、地区冲突、资源分配、贫富分化等容易滋生恐怖主义的土壤问题。为此，本书尝试用治理模式来解决恐怖主义犯罪问题。

第二节 自杀性恐怖犯罪治理模式

一、治理理论由来及基本内涵

英文中“治理”一词(governance)源于拉丁文和古希腊语，原意是控制、引导与操纵。长期以来“治理”与“管制”(government)一词交叉使用，主要用于与国家的公共事务相关的管理活动和政治活动中。但是，自从 20 世纪 90 年代以来，西方政治学和经济学家赋予“治理”新的含义。作为对“统治”范式的话语替代，自世界银行于 1989 年首次使用“治理危机”一词后，“治理”便作为时兴的话语流行于西方众多的语境之中。正如杰索普所言“过去 15 年来，治理在许多的语境中大行其道，以至成为一个可以指涉任何事物或毫无意义的‘时髦’词语”[6]，但这并不表明学者们对治理达成某种明确的认识，相反，表明学者们对治理的不同理解及治理的模糊性。

国内外学者关于治理的概念可谓形形色色：

治理理论主要创始人之一罗西瑙认为，“治理是一系列活动领域里的管理机制，这些机制虽未得到正式授权，却能有效发挥作用。与统治不同，治理指的是一种由共同的目标支持的活动，这些活动的主体未必是政府，也无需依靠国家的强制力量来实现。”[7]

罗茨将治理分为六种不同的表现形式：①作为最小国家的管理活动的治理，它指的是国家削减公共开支，以最小的成本取得最大的效益。②作为公司管理的治理，它指的是指导、控制和监督企业资金流通的组织体制。③作为新公共管理的治理，它指的是将市场的激励机制和私人部门的管理手段引入政府的公共服务。④作为善治的治理，它指的是强调效率、法治、责任的公共服务体系。⑤作为社会控制体系的治理，它指的是政府与民间、公共部门与私人部门之间的合作与互动。⑥作为自组织网络的治理，它指的是建立在信任与互利基础上的社会协调网络。[8]

库伊曼和范·弗利埃特则认为："治理的概念是，它所要创造的结构或秩序不能由外部强加；它所要发挥的作用，是要依靠多种进行统治的以及互相发生影响的行为者的互动。"

学者格里·斯托克则认为治理有五个特点：

第一，治理意味着一系列来自政府但又不限于政府的社会公共机构和行为者。它对传统的国家和政府权威提出挑战，它认为政府并不是国家唯一的权力中心。各种公共的和私人的机构只要其行使的权力得到了公众的认可，就都可能成为在各个不同层面上的权力中心。

第二，治理意味着在为社会和经济问题寻求解决方案的过程中存在着界限和责任方面的模糊性。它表明，在现代社会国家正在把原先由它独自承担的责任转移给公民社会，即各种私人部门和公民自愿性团体，后者正在承担越来越多的原先由国家承担的责任。这样，国家与社会之间、公共部门与私人部门之间的界限和责任便日益变得模糊不清。

第三，治理明确肯定了在涉及集体行为的各个社会公共机构之间存在着权力依赖。进一步说，致力于集体行动的组织必须依靠其他组织；为达到目的，各个组织必须交换资源、谈判共同的目标；交换的结果不仅取决于各参与者的资源，而且也取决于游戏规则以及进行交换的环境。

第四，治理意味着参与者最终将形成一个自主的网络。这一自主的网络在某个特定的领域中拥有发号施令的权威，它与政府在特定的领域中进行合作，分担政府的行政管理责任。

第五，治理意味着办好事情的能力并不仅限于政府的权力，不限于政府的发号施令或运用权威。在公共事务的管理中，还存在着其他的管理方法和技术，政府有责任使用这些新的方法和技术来更好地对公共事务进行控制和引导。[9]

在治理的诸多定义中，全球治理委员会的定义最有权威和代表性。其在《我们的全球伙伴关系》的研究报告中对治理做出了如下的界定：治理是各种公共的或私人的个人和机构管理共同事务的诸多方式的总和，它是使相互冲突的或不同的利益得以调和并且采取联合行动的持续的过程。

现在国家政治学界使用“治理”一词，强调的是“政府与民间的共管”，而使用“统治”一词，强调的是“凭借政权来控制和管理”[10]。治理是应对全球化形势而对以往传统的权力政治管制加以改造、改革出现的产物。统治作为一种政治管理过程，像政府统治一样，需要权威和权力，最终目的是为了维持正常的社会秩序。但是两者的区别还是明显的：

第一，“治理虽然需要权威，但这个权威并非一定是政府机关，而统治的权威则必定是政府。统治的主体一定是社会的公共机构，而治理的主体既可以是公共机构，也可以是私人机构，还可以是公共机构和私人机构的合作。治理是政治国家与公民社会的合作、政府与非政府的合作、公共机构与私人机构的合作、强制与自愿的合作”。[11]治理的主要特征是“不再是监督，而是合同包工；不再是中央集权，而是权力分散；不再是由国家进行再分配，而是国家只负责管理；不再是行政部门的管理，而是根据市场原则的管理；不再是由国家指导，而是由国家和私营部门合作”。[12]因此，治理是一个比政府更宽泛的概念。任何社会或单位如果要高效而有序地运行，可以没有政府的统治，但是不能没有一个社会机构的治理。

第二，管理过程中权力实施的方向不同。“政府统治的权力运行方向总是自上而下的，它运用政府的政治权力，通过发号施令、制定政策和实施政策，对社会公共事务实行单一方向的管理。与此不同，治理则是一个上下互动的管理过程，它主要通过合作、协商、伙伴关系、确立认同和共同的目标等方式实施对公共事务的管理。治理的实质在于建立在行动原则、公共利益和认同之上的合作。它所拥有的管理机制主要不依靠政府的权威，而是合作网络的权威。其权力实施的方向是多元的、相互的，而不是单一的和自上而下的。”[12]

概而论之，治理的本质在于：在挑战政府权威及其能力的基础上给出了政府失效的药方——基于自由主义的多方参与的公共事务的治理方式，特别是社会自主治理的行为模式。其内涵有：第一，治理是一个上下互动的管理过程，它强调管理对象的参与。主要通过合作、协商、伙伴关系、确认认同和共同的目标等方式实施对公共事务的管理。治理所拥有的管理机制是合作网络的权威，其权力向度是多元的、互动的[13]。第二，治理既涉及公共部门，也涉及私人部门，因此，治理的主体未必就是政府，也不需要依靠国家的强制力来实现。“治理指的是一种由共同的目标支持的活动，这些管理活动虽未得到正式授权，却能有效发挥作用。”[14]治理需要权威，但不一定是政府机关，治理的主体可以是公共机构，也可以是私人机构，还可以是公共机构和私人机构的合作。第三,治理强调国家与社会的合作,模糊了公共领域与私人领域的明确界限,更加强调国家对社会的依赖关系。治理与市场、社会自治组织、社会中介组织、社会独立组织等具有许多联系。第四,治理意味着管理方式和管理手段的多元化。治理模式认为办好事情的能力并不仅限于政府的权力,在公共事务的管理中,还存在其他的管理方法和技术,政府应该运用各种可行的办法来达到公共事务的良好管理。

在今天,"治理"一词已在诸多学科中被广泛运用,成为一股普遍的潮流。在讨论、分析全球性问题、国际安全与和平、地区与国家的发展等的时候,"治理"这个概念经常被提到。其一,发展不再只是意味着经济增长,而是指通过合作、参与等实现整个社会以及人们行为与价值观的改变,而暴力冲突、不稳定等就被视为关系到发展问题了。其二,安全理念的变迁,又使不发展被视为一种安全威胁。在这种发展问题与安全问题日益交融的情况下,"治理"在安全领域中开始使用。

二、恐怖犯罪治理模式

恐怖犯罪的治理模式,即多种或多层次行为体通过政治、经济、社会、文化、司法、军事等领域的措施与手段的协调配合,以逐步消除恐怖主义威胁,塑造一种不利于恐怖主义存在与运行的安全环境的应对恐怖犯罪的模式。需要注意的是,治理不但包括国内治理,还包括通过外交与国际合作、国际组织等开展的国际治理;不但包括政府对有关恐怖主义的治理,还包括对于政府应对恐怖主义的组织、手段与力量、制度、程序等的内部治理。

(一)三种模式对恐怖主义、反恐问题界定

前文所述,在司法模式中,所要应对的问题被界定为社会治安问题、法律秩序的破坏与恢复问题。恐怖主义问题是一种严重危害社会治安的问题,被视为一种犯罪行为,是对社会治安与社会法律秩序的破坏;因此,反恐就是要恢复法律的权威,以维护社会治安秩序。为此要惩治犯罪,恢复社会治安与社会秩序。

在战争模式中,恐怖主义问题首先被界定为某种敌人的存在以及敌人所实施的恐怖主义暴力行动;因此,反恐首要问题是打败或消灭敌人,而相对于恐怖主义的安全状态就是不存在这种敌人,不发生恐怖主义暴力。

在治理模式中,恐怖主义问题被界定为治理特别是国家安全治理方面的缺失、低效或失败,以及由此导致的对于民众安全服务的缺失与低效。为此,反恐就是要加强和改善有关恐怖主义问题的治理,以提供更为有效的安全服

务。这种模式的核心是塑造一种安全环境。

相比较于三种恐怖犯罪应对模式，战争模式对于恐怖主义问题的界定最为简单和狭隘。这种把恐怖主义问题看作是因为敌人或其暴力的存在，对于反恐来说意味着，当不存在这种敌人或暴力的时候，就是安全的，那么就无采取措施的必要；当敌人或恐怖暴力出现后，反恐首要任务就是对恐怖行动以暴制暴进行报复，惩罚、战胜或消灭敌人。这种对于问题的界定的关键缺陷在于其与下面的基本事实相冲突，即恐怖主义分子是杀不尽的，相反，残酷地打击甚至可能产生更多的恐怖分子，并且，当恐怖主义分子及其暴力出现，虽然能够用暴力进行有力的回击和将恐怖主义分子绳之以法，但是无法改变袭击带来伤亡与损失这个事实。而且，战争模式仅仅看到恐怖主义分子与暴力恐怖本身，而忽视为什么有人会采取恐怖活动，以及这些暴力活动产生、运行和产生影响的环境与条件。这使其在反恐中，主要关注恐怖主义分子及暴力活动的打击报复，而不关注在暴力恐怖发生前如何将其制止或从根本上使恐怖分子放弃采取恐怖主义行动，不关注反恐行动的长远影响以及对其他问题的影响。为此，战争模式在本质上，对反恐采取的是一种消极的、被动的做法，即仅当恐怖主义袭击后才做出反应，而且反应也只局限于针对袭击与恐怖分子本身。

司法模式看待恐怖主义与反恐问题的视野要广一些。它从怎样维护整个社会、法律秩序的角度来看待恐怖主义与反恐。但是，司法模式也存在着一定缺陷，它仍是被动反应式的，它在犯罪行为发生、秩序被破坏后，才会采取行动，并且，其行动往往局限于将犯罪分子绳之以法，抓捕归案，恢复原有的秩序。

(二) 治理模式与司法模式、战争模式之比较

前文所述，司法模式把恐怖主义界定为一种严重危害国家安全与社会稳定的犯罪行为；战争模式把恐怖主义界定为一种战争行为。由此可见，恐怖犯罪的治理模式对于恐怖主义及反恐问题界定，是不同于战争模式或司法模式的。这种界定，具有决定性的影响，其直接决定这三种反恐模式在视野、目标、思路、标准、力量、措施与手段等方面的不同。

首先，治理模式在反恐视野上不同于司法模式与战争模式。

治理模式认为，恐怖主义及其运行、影响，不能只归咎于某些有恶意的个人或组织以及蓄意实施的暴力行动。恐怖主义的产生、运行与影响有着更为广泛、更为深刻的背景。而且，治理模式认为，在恐怖主义威胁日益增长的情况下，只是在袭击发生后或事态出现后才做出反应已远远不够，反应仅仅针

对恐怖袭击及恐怖分子本身，亦远远不够。从某种角度可以说，袭击发生后，抓获、杀死恐怖主义分子意义不大。故此，治理模式强调反恐的核心在于塑造一种安全环境，并不是仅仅为了惩罚恐怖分子或满足于暂时没有发生恐怖主义暴力。在这种环境下，不仅有利于及时发现、防范、挫败恐怖主义袭击，而且当恐怖主义袭击后，能够及时做出反应，尽量将其造成的损失降到最低，并将责任者绳之以法。这种环境下有利于铲除恐怖主义存在的土壤，竭力使各种不满、矛盾与冲突能够得到及时、有效的解决。恐怖主义作为一种手段受到一致谴责与拒绝，恐怖袭击也难以实施或即便袭击得逞也难以造成重大伤亡与损失。在这种环境下，政府等机构防范与应对恐怖主义威胁的能力大大提高，国家、社会与人们以更小的代价享受和感受到更多的安全。

从这些可以看出，相对于司法模式与战争模式来说，治理模式看待恐怖主义及反恐的视野更为广阔，其反恐也更积极主动，更有进攻性。因此，这里的治理，不仅包括对于恐怖主义袭击本身相关问题的治理，还包括对于恐怖主义产生、运作环境的治理；不仅包括对于恐怖主义问题的治理，还包括对政府应对、处理这些问题能力的治理。

其次，治理模式在反恐目标上不同于司法模式与战争模式。

治理模式下，反恐追求的目标是减少、降低恐怖主义威胁，提供高效、细致、灵活、友好的安全服务，满足国家和社会在反恐方面的安全需要。为此，治理模式中的反恐不满足于只是消灭敌人，不满足于只是暂时免遭暴力恐怖威胁，也不满足于仅仅是恢复社会治安秩序和惩处恐怖分子。这种模式还强调通过治理，能够获得国泰民安及社会的长治久安，强调以高效的方式获得这种安全。并且，这种模式所带来的消极影响也是最低的，或者说这种服务是比较友好的。如在防范恐怖分子对于城市公交、地铁、轮船、飞机及车站、码头、机场等交通场所的攻击同时，尽可能减少相关措施对于人们出行造成的不便。虽然大规模禁止言论传播、禁止个人流动、禁止集会、游行、示威等措施在短期内有助于抑制恐怖主义威胁，但是这种反恐措施无疑是不友好的。灵活、细致要求反恐并不只是满足于国家生存环境不受到威胁，满足于政府可以免遭暴力的威胁，反恐还需要充分关注利益相关方的利益、权利与诉求，尽量满足不同行为体在安全方面的需求。不但要保障人们的生命、财产安全，还需要关注恐怖主义袭击对于人们心理上的冲击，关注人们在相关事件中的知情权等。

第三，治理模式在反恐思路上不同于司法模式与战争模式。

在司法模式与战争模式中，恐怖主义问题之所以存在，在很大程度上首先被归结为是因为犯罪分子、敌人等的存在，为此，反恐的核心是要首先战胜、清除或解决这些人员。这种更多是基于简单道德判断的思路忽视了恐怖主义是“历史中一个平常的和反复出现的主题”，拒绝承认问题的复杂性。[15]而治理模式中，承认恐怖主义存在是复杂社会现实的一部分，而不单纯是“黑白”对抗问题。

治理模式把恐怖主义的产生看作是由多种因素造成的，而并不只是因为某些恐怖分子的存在。因此，反恐并不能仅仅停留在处理这些恐怖分子，更重要的是对影响恐怖主义产生与运作的多种因素的处理。其思路就在于通过治理来塑造一种不利于恐怖主义产生与运作的环境，并获得一种能够有效防范、挫败、处理恐怖袭击的能力。

第四，治理模式在反恐标准上不同于司法模式与战争模式。

治理模式对恐怖主义与反恐的界定，意味着该模式下反恐不再是仅仅将恐怖分子绳之以法，恢复社会与法律秩序，更不仅仅是打击、消灭恐怖分子。

反恐在治理模式中有更为丰富的内涵。治理模式中仍然包括对恐怖行为体的抓捕、起诉、审判，甚至包括对恐怖主义行为体的军事打击；但对恐怖主义分子的侦查、抓捕、起诉、审判或是打击、消灭，并不是目的本身，其并不构成反恐的核心。而且，打击恐怖分子只是众多治理手段与方法中的一种。使用何种手段与方法，如何使用这些手段与方法，以及各种手段与方法的优越性等，不是以是否能够消灭恐怖分子为标准，而是以是否能够解除恐怖主义威胁，改善和加强对恐怖主义的治理为标准。治理模式中，反恐行动胜利与否的标准不是看消灭了多少恐怖分子，也不是看打掉了多少恐怖活动的基地，而是看在整个社会环境中减少了多少恐怖分子滋生的基础，其追求的是降低恐怖威胁、消除恐怖隐患。而影响这种威胁或隐患的因素要远比审判或杀死恐怖分子复杂得多。在某些条件下，一味地追求对恐怖分子的审判与打击甚至可能加大恐怖威胁或不利于国家利益。治理模式认为对于恐怖分子并不是只有打击、消灭一种可能，从降低恐怖威胁、消除恐怖隐患的长远和整体方面来看，可能具有更合理的选择。包括在一定条件下，恐怖分子能够放弃恐怖手段，重新回归正常生活，或者一些恐怖组织放弃恐怖手段而采取合法的和平手段来表达诉求与参与政治生活。

第五，治理模式在反恐力量上不同于司法模式与战争模式。

治理模式强调多种或多层次行为体的参与、协调与配合。国家仍然是反恐的首要责任者，但是，参与的部门不再仅仅局限于军事部门或司法机构等，而是强调整体国家机构的协作与配合。治理模式还强调企业、科研机构、各种非政府组织、行业协会、宗教组织、社区、公民个人以及其他国家和国际组织在反恐中的作用。对恐怖主义的治理，必定是这些行为体共同参与、协商、合作等的结果。

第六，治理模式在反恐措施与手段上不同于司法模式与战争模式。

治理模式中，反恐所使用的措施与手段涉及的领域很丰富。尽管治理模式中，暴力等强制性措施依然是必要的，但是，其优先性与重要性并不总是排在前列。治理模式认为"简单的对策不能构成一项有效的反恐怖主义政策。反恐怖主义政策必须有许多要素。"[16]

治理模式下的反恐强调以下措施的重要性：积极解决导致矛盾与冲突的问题，以及通过对于各种矛盾、冲突等的化解与和平解决，排除利于恐怖主义滋生、蔓延的条件；通过情报手段、重要目标防护等消灭潜在的恐怖主义袭击；通过对相关技术、装备、物资等的管理，对运输系统、通讯、网络、金融活动等的治安检查，社会的宣传、教育等多种手段与方法，创造一个不利于恐怖主义犯罪行为的实施，抑制其破坏性后果的环境；强化对潜在恐怖袭击的应对与处置能力；加强社会等抗击恐怖主义袭击以及从恐怖袭击中复原的能力；提升政府及其他相关机构防范与打击恐怖袭击的能力等。

由此可见，治理模式强调多种措施、手段的相互协调、配合作用的重要性。这些措施与手段不仅局限于军事、司法等领域，还涉及政治、经济、社会、科技、教育、文化、外交、宣传等很多领域。治理模式试图通过这些领域中的措施与手段的协调与配合，全面营造一个将恐怖主义威胁及生存空间压缩到最低限度的环境。

第七，治理模式在反恐时间维度上不同于司法模式与战争模式。

在时间维度上，这种模式意味着反恐不单是对恐怖袭击等某种紧急事态的反应，不只是包括在这些状态下的一种短期做法。治理模式下，反恐涵盖恐怖袭击发生前、恐怖袭击发生时以及袭击发生后的各个阶段。既包括紧急事态下的某些特殊型的临时措施，也包括大量常态化的日常工作与措施。并且，对于反恐中各种政策的评估既要看到其短期后果还要看到其长远影响。

第八，治理模式在反恐战略角度上不同于司法模式与战争模式。

治理模式强调，反恐只是国家或政府面临的诸多问题中的一个问题。因此，其在整个政府议程中的位置、资源的投入、政策等都必须考虑国家整体利益与战略；反恐必须与其他问题上的工作议程相互配合、协调，纳入国家整个战略的统一考虑与统领下。事实上，反恐涉及各种手段、力量与领域，其他问题的治理也必然会影响到对于恐怖主义的治理。

从国家整体的利益、议程与战略等角度来处理恐怖主义问题，将不仅有助于寻求更丰富、更全面地应对恐怖主义的措施与方法；通过对恐怖主义问题的治理与对其他问题的治理的相互协调、配合，还能够更经济、更有效地应对恐怖主义。而且，只有从这种国家整体战略与利益的角度来考虑和开展反恐，才可以避免反恐行动损害国家在其他方面的利益与战略，反恐才是可持续的。[1]349

另外，治理模式强调正如在其他领域的治理一样，政府在反恐上必须遵守相关法律；注意投入与产出的平衡；注意反恐行动与社会的基本价值规范保持一致，并注意反恐行动可能的潜在负面后果。

第九，治理模式在反恐精神层面上不同于战争模式、司法模式。

战争模式中，反恐是基于对恐怖分子的敌视与仇恨，反恐更多侧重的是恐怖分子或暴力出现后的反应。从这方面来看，战争模式是消极的反应模式。而且这种模式往往对于恐怖事件发生前、反恐怖战争结束后的事态较为忽视。为此，它比较狭隘。司法模式也是主要关注事后的反应，故此也是比较被动与消极。而治理模式则把恐怖主义根源看做是不完美的社会现实本身，现实的这种不完美型是一种正常与客观的状态。这种不完美及其负面影响是可以通过适当努力将其降低到最低限度的。如果没有这些努力或应对不当，这种不完美性与其造成的危害是可能大大激化的。因此，治理模式用理性、务实的眼光看待恐怖主义与反恐。

恐怖主义来源于现实，并且可能会反复出现。治理模式把反恐视为推动恐怖主义威胁增加的因素和已有或潜在恐怖分子的持续竞争过程。为此，治理模式强调反恐是一个持续的连贯努力过程，并要求对于现实与威胁的变化保持时刻的警惕，与时俱进，开拓创新，以此在竞争中赢得最大限度的优势。因此在治理模式中，不是坐等恐怖袭击或恐怖分子出现后才做出反应，而且，其反应不只限于只针对这些暴力与行为体，而是采取更积极更全面的做法来应对恐怖主义威胁。

概而论之，治理模式不是建立在对恐怖主义暴力的打击或这种暴力的暂时性缺失的认知与强调基础之上的。治理模式是建立在对于影响恐怖主义以及其他国家安全问题因素的多样性与复杂性的认知与强调的基础之上的。这种模式主要目的在于塑造一种社会秩序正常运行、不利于恐怖主义存在的安全环境和提高社会应对恐怖主义威胁的能力。

第三节　宏观治理策略

一、建立公正合理的国际政治新秩序，消除自杀性恐怖主义产生的关键

当今国际社会存在着不平等和不公正，特别是政治上的不平等和不公正。而在全球化日益推进扩大的当今社会，由于政治内在因素的复杂性和特殊性，即便“假如一个共同体是真正的抽象原则意义上的平等主义的共同体——假如它同意共同体必须对每个成员给予平等的集体关切，那么它对于作为资源的政治作用或影响力，就不能按照某种可以用来分配土地或物质或资金的平等标准进行分配”。因为，“在这个共同体里，政治是个责任问题，而不是财富问题。”[17]可见，政治平等和公正，并不是一项简单的分配机制，它涉及诸多领域和问题。

自杀性恐怖主义是强权政治与霸权主义的恶果，是贫富分化与社会不公的毒瘤，是政治压迫与经济剥削的产物。联合国作为世界上最具有普遍性的政府间国际组织，是世界各国开展打击国际恐怖主义的重要场所，理应在建立公正合理的国际政治新秩序方面发挥积极的主导作用。世界各国应在建立公正合理的政治新秩序上达成共识，和平解决国际争端，消除霸权主义与强权政治，摒弃大国主义，一律平等对待。国际社会必须在遵循《联合国宪章》的宗旨和国际法律准则的基础上采取反恐怖主义犯罪的相关措施。

二、完善反恐情报信息研判机制，掌握反恐斗争主动权

与一般性刑事犯罪相区别的是，自杀性恐怖袭击一旦策划就很难自动中止，德国《明星》周刊记者克里斯托夫·罗伊特在《我的生命就是武器：自杀性袭击现代史》一书中说，以色列情报部门的分析人员花费多年时间来刻画“典型的自杀式袭击制造者”的形象，最后得出结论：根本不存在这样的典型人物。罗伊特对自杀式袭击的历史进行仔细研究后发现：自杀式袭击制造者可能受过教育，也可能没受过教育；可能信教，也可能不信教；可能生活宽裕，也可能一贫如洗。这些人的共同点是，他们下定决心将自己从无能为力变成力量巨大，从默默无闻变成声名显赫。对那些抱定必死信念的人来说，没有什么威胁可以打消他们的念头。

美国国务院反恐办公室前主任安东尼·奎因顿曾指出：“如果我们要事

先对可能发生的事情有所了解的话，最关键的是准确且最新的情报，否则，我们既不能采取必要的反击措施，也得不到足够的资料作为在某种现实的危机中决策的依据。”[18]快速、准确、全面的反恐情报，既为有效地预防恐怖活动提供重要依据，又为打击恐怖活动提供线索和方向。

自杀性恐怖袭击是一种个人行为，但这种袭击大多是由组织精心策划的。“人体炸弹”并不生活在真空里，绝大多数“人体炸弹”都是某个恐怖组织的成员。这种组织网络分布面广，其实施的恐怖犯罪，都有一个准备阶段，如筹集资金、购买器材、培训人员、地点考察、方式选择等，如果注意加强事前的安全防范工作，就有可能将恐怖犯罪制止和消灭在萌芽状态。尤其是自杀性恐怖犯罪，一旦实施成功，由于作案者的死亡，无疑增加了事后破案的难度。为此，最大限度地将这类恐怖犯罪消灭和制止在其萌芽阶段显得更为重要。

首先，要加强对恐怖组织的情报收集和分析工作，力求准确掌握恐怖组织的人员构成、资金来源、活动内容等，这是有效防范和打击自杀性恐怖犯罪的前提条件。“9·11”事件后，世界各国普遍加强了情报工作，如成立专门的反恐情报机构，招募各种反恐情报人才，并加大双边和多边的反恐情报交流与合作等。由于强化情报工作，近年来有关国家已成功制止包括自杀性攻击在内的一系列重大恐怖犯罪活动。其次，必须要有情报人员打入恐怖主义组织内部，及时获取最核心的“何时、何地、以何种手段、针对何种目标进行恐怖袭击”的预警性的真实情报。第三，在政府相关职能部门之间建立反恐情报信息沟通渠道，明确情报信息的通报渠道、程序和方法，及时报告可疑情况和发生恐怖事件的信息，及时对国际恐怖活动情报信息进行研判，并果断采取控制措施和预警机制，这样是可以避免伤亡或将恐怖袭击造成的损失降至最低程度的。

三、加强对恐怖犯罪策划者、组织者的打击力度

鉴于自杀性恐怖犯罪比一般的恐怖犯罪更能对普通民众心理构成强烈的冲击力，对国家安全和社会秩序能够造成更为巨大的破坏力，为此必须加大对此类活动尤其是其中的策划者、组织者的打击力度，对其提出的无理要求必须采取高压态势和毫不妥协的立场，绝不给其任何可乘之机，彻底打消其侥幸心理。诚如英国政府对北爱尔兰共和军和西班牙政府对“埃塔”采取的不妥协政策一样。事实上，实施一次成功的自杀性恐怖犯罪并不简单，不谈其他的筹备工作，仅对所招募来的成员，就要做各种培训。特别要对他们进行洗脑，还要施以必要的心理控制等。有的恐怖组织甚至从“娃娃”抓起，

对某些儿童进行思想灌输，培养过程非常漫长。如前文（第三章）所述，泰米尔猛虎组织训练童子军、塔利班训练儿童当“人弹”等。一旦对这类组织以毁灭性打击或给予重创，其死灰复燃绝非易事。即使有些自杀性恐怖犯罪一时获得成功，也并非完全无迹可寻。当年印度总理拉吉夫·甘地被炸案就是通过回放现场镜头，查明作案者身份及背后的组织的。

四、采取多项措施，强化反恐综合治理

当代恐怖主义理论中，行动—反击—再行动—再反击的循环理论认为，政府和恐怖组织之间报复与反报复的结果是恐怖行为的不断升级。在恐怖气氛的环绕下，公众丧失了安全感，从而对政府失去信心，并最终为恐怖组织实现目标创造条件。随着政府对恐怖活动镇压的轮番升级，最终又会使政府的严厉措施侵犯到公民权利，并招致公民的反对。通过暴力，可以除掉仇恨者，但并不能彻底铲除仇恨。

彻底铲除恐怖主义犯罪，尤其是自杀性恐怖犯罪，仅仅进行武力打击是远远不够的，还必须同时采取政治、经济、外交和社会文化等多项措施，进行综合治理（即前文所述“恐怖犯罪治理模式”），才能奏效。在联合国的框架内加强反恐综合治理以促进世界和平与安全是每个国际社会成员的义务，除了原有的国际刑事合作之外，还应增加行政、经济、外交、文化等多种合作机制。

目前摆在世界各国面前的首要任务，应是在联合国主导下，在全球范围内着力解决有关领土争端、民族矛盾和宗教纠纷等重大问题，消除地区冲突和紧张局势。在中东地区，巴以双方应加强对话，消除对立和敌视，力争通过和平谈判达成切实可行的和平协议，真正实现民族和解。如果中东问题能够在不久的将来得以解决，全球范围包括自杀式人体炸弹、汽车炸弹等在内的恐怖犯罪活动将大大减少。

五、缔结统一的国际反恐公约，完善国内反恐怖立法

自杀性恐怖犯罪是国际恐怖主义犯罪。为严厉打击此类犯罪，必须缔结一个统一的国际反恐公约。公约应当包括普遍管辖原则、或引渡或起诉原则、国际合作原则、不可辩护原则、不适用时效原则、优先保护面临危险人的权利原则。[19]内容应包括：缔约国应切实履行打击恐怖主义犯罪的义务；给恐怖主义受害国全力援助；引渡恐怖主义犯罪分子以及联合国对违反条约规定的缔约国的制裁措施等，以进一步确保今后在全球开展反恐怖主义斗争的合法性和整体性。而且，公约应解决现行公约中未解决的法律问题。如国际恐

怖主义的定义、认定标准、认定程序问题；国际恐怖主义犯罪中的国家责任问题；建立专门的国际反恐机构的问题；对自杀性恐怖犯罪活动的治理措施等。

就我国反恐怖立法而言，必须要制定一部专门的反恐怖主义单行法，并将其置于我国反恐法制中的主导地位。国内反恐怖立法内容涉及多个部门法，在法律中要明确恐怖主义犯罪的概念、反恐的指导思想和原则、具体内容等。实体法方面要把已有的和可能出现的恐怖主义犯罪行为一一列出，分别予以量刑。程序法方面可以在保证司法公正的前提下，赋予侦查人员以特殊侦查权，也可以给予检察官以特殊检察权，使他们能在职权范围内，严厉地打击这类犯罪，最大限度地维护人民和社会的安全。[20]

目前，中国出台反恐领域的整体立法，无论是基本法还是程序法，都需要较长时间。2011 年 10 月 29 日第十一届全国人民代表大会常务委员会第二十三次会议通过了《全国人大常委会关于加强反恐怖工作有关问题的决定》。这是中国反恐立法的第一步。该决定明确了恐怖活动、恐怖活动组织、恐怖活动人员的概念、反恐指挥机构以及冻结涉恐资产方式，对内能进一步推动依法反恐，对外可确立国际反恐合作的法律基础。同时，亦是对外国舆论歪曲、污蔑中国反恐工作的有力回击。作为一部具有法律效力的规定，可解决当前中国反恐最关键且最急需解决的问题。未来中国仍或会出台专门的反恐法。

六、通过国际经济援助和振兴区域经济，平衡不同区域进程

犯罪现象是一种由各种因素决定的复杂的社会现象。在决定犯罪的复杂因素中，经济因素是起决定性作用和占主导地位的因素。[21]对冲突论者而言，恐怖主义是社会不平等和压迫的自然而然和不可避免的后果。[22]美国助理国务卿洛恩·克拉纳在一次演讲中说，在很多使恐怖主义滋生的原因中，如没有前途、绝望、感到受害和不公、复仇心等，都存在于被蹂躏的人民中间。而狂热分子和极端分子为实现自己的可耻目的而利用这种情绪，从而造成了一种恶性循环：压迫滋生了恐怖主义，而恐怖主义又导致了更多的压迫。

无可否认，全球化和现代化客观上造成了全球的不平衡发展，而区域间的不平衡发展，又直接导致了物质生活差距的普遍拉大和文明压力的普遍升高。当贫穷、贫困的物质发展不平衡状况超过了“弱势者”的容忍程度，就可能引发它们的激烈反弹，导致冲突。因此从某种意义上说，像中东极端组织的自杀性人体炸弹、汽车炸弹等暴力恐怖行动，是测量中东地区社会容忍度

的一种"信号",国际社会必须对此引起高度重视。充满怒气和恨意的戾气是一种极大的负面能量,其带来的"社会病"一旦释放,就可能站在社会的反面,成为反社会行为的帮闲直至帮凶。为了保持国际社会秩序的安全和稳定,各国必须采取有效措施,以缓解恐怖行动实施者的怨恨、愤懑情绪。[23]

为此,我们首先应当正视这种在全球化和现代化过程中产生的不平衡:作为在国际社会转型进程中获益的西方发达国家,不应该不承认、不理会处于弱势地位的中东伊斯兰国家,更不应该利用自己的强势,继续对这些国家颐指气使。所有负责任的国家,都应该通力合作,从国内、国际两个层面通过社会,去尽力平衡区域之间的发展进程。通过国际经济援助和振兴区域经济,缓解因落后引发的相对贫困和心理落差。

因此,世界各国要通过合作,推动建立公正合理的国际经济新秩序,缩小发达国家和发展中国家之间的贫富差距,促进世界各国的共同发展和全人类的共同进步,从而消除产生恐怖主义的温床和土壤。切断恐怖主义滋生和活动的土壤,这应是反恐斗争的主要方向。虽然目前恐怖主义多发地区并非世界上最贫困地区,但多属于相对落后的发展中国家地区。解决发展,消除贫困,对消除恐怖主义确实具有重要的意义。

2010年,我国召开了中央新疆工作座谈会。这是党中央、国务院在我国全面建设小康社会进入关键时期,新疆发展和稳定面临重大机遇和挑战的新形势下召开的一次十分重要的会议。新疆的发展和稳定,关系全国改革发展稳定大局,关系祖国统一、民族团结、国家安全,关系中华民族的伟大复兴,具有重大经济意义和重大政治意义。[24]中央决策层启动的对口援疆,可以说是这么多年来支援地域最广、所涉人口最多、资金投入最大、援助领域最全面的一次对口支援。2011年19个省市对口援疆资金总规模将超过100亿元,以后还会逐步增加。同时,通过转移支付、专项资金等渠道,中央投入资金规模将数倍于对口援疆资金规模。从2010年新一轮援疆工作开展以来,已召开了四次全国对口支援新疆工作会议。到2013年4月底,19个援疆省市已累计实施援疆项目3 531个,拨付援助资金351.7亿元。目标就是通过十年时间,最大限度地缩小新疆与内地差距,确保2020年新疆实现全面小康社会目标。

七、加大宣传、打击力度,震慑恐怖组织,增强公众的心理承受力

害怕与焦虑是恐怖主义暴力的产物。自杀性恐怖袭击的惨烈与恐惧场景勾连了人们内在的不安全与脆弱感,十分自然地对其受害者进行拟人化的

联想与移情投射,“这种惨剧可能会发生到我或我的家人身上。”而自杀性恐怖分子正是利用人性内在的害怕恐惧的特点,以图唤起目标受众的屈服回应。美国芝加哥大学政治学者罗伯特·帕普认为,自杀性恐怖袭击绝不是人们想象中的“非理性、绝望的行径”,这种看似非理性的行为实际上是精心算计的理性行动,是“非理性的理性”。“自杀性恐怖主义的核心是一个强迫战略,一个强迫目标政府改变其政策的手段。”

为此,可以从两个层面与自杀式恐怖组织作斗争。其一,媒体加大宣传力度,在很大程度上抵消或遏制自杀性恐怖主义思想的蔓延。其二,自杀性恐怖活动发生后,对恐怖组织和支持网络进行打击和相关法律制裁,对以后的自杀式恐怖活动起到一定的心理威慑作用。如以色列在对巴勒斯坦极端组织实施的自杀式恐怖活动进行打击后,不隐瞒事实,加大了媒体对这些打击行动的报道力度,以增强对自杀式恐怖组织的威慑效力。

实际上,自杀性恐怖主义是一整套具有宗教背景和根据、政治取向与目标、战略与策略考量的思想主张、组织策划和行为实施,而自杀性恐怖袭击作为行动层面则大多都自觉或不自觉地带有自杀性恐怖主义的思想基础。在采取心理措施方面,增强公众对自杀式恐怖犯罪的承受力至关重要。因为公众是自杀式恐怖犯罪的主要受害者,他们处在反恐斗争的第一线。面临自杀式恐怖袭击的国家应该尽力加强人们的信念及安全感,这向恐怖分子传递一个信息:这些袭击方式不能达到他们的目标。同时,政府管理部门、媒体、决策者、官员、安全机构和其他部门应该合作,通过宣传和教育的手段减轻自杀式恐怖犯罪所造成的精神伤害。

八、反对在反恐行动中采取“双重标准”,推进国际反恐合作

冷战时期东西方媒体之间经常相互指责的一个重要话题是,一方视为恐怖分子者,另一方却视为自由战士。目前这一问题仍未获彻底解决——在巴以之间,在西方国家与伊斯兰世界之间,在俄罗斯、中国与西方国家之间仍存在严重的分歧,其主要原因还是归结到某些国家在反恐问题上所推行的“双重标准”政策。“双重标准”政策是刺激某些恐怖组织发展壮大的重要因素之一。

美国在“9·11”之后,高举反恐大旗,凡是威胁到美国安全和利益的都被定性为恐怖主义或支恐国家,然而,对于那些无关美国安全和利益的恐怖主义却不在打击之列,甚至暗中提供金钱、技术,为其辩护、进行扶植。现在,

本·拉登死了，作为美国头号威胁的人物被铲除，“基地”组织也受到一定程度的打击。耐人寻味的是，拉登早期曾受到美国的支持。美国此一时彼一时的做法，在恐怖主义上搞“双重标准”，不仅无助于达成共识，还伤害了那些对反恐持合作态度的国家，正成为国际反恐合作的障碍。

中华人民共和国根据缔结或者参加的国际条约，或者按照平等互惠原则，开展反恐怖国际合作。中国政府多次重申反对一切形式的恐怖主义，正是针对这种现象所表明的严正立场。要推进国际反恐合作，需要有关国家尤其是大国之间在这一问题上达成某种共识，否则，有关反恐协议将成为一纸空文。在这方面，各国尚有很长的路要走。

九、廓清伊斯兰教本源，倡导多元文化的共存、共荣

恐怖主义并非伊斯兰教本身的产物，也非伊斯兰世界特有的现象。任何有科学精神的学者和有正义感的政治家都深知，恐怖主义与伊斯兰教根本没有必然的联系。尽管伊斯兰教教义中有对敌人实施暴力行为的语句，但这些语句的出现都具有特定的历史背景。伊斯兰激进组织的确曾实施过恐怖袭击，但其他宗教和意识形态的激进组织也有类似的行为。如以色列的犹太极右翼恐怖组织“卡赫集团”、爱尔兰天主教的共和军、日本奥姆真理教、秘鲁“光辉道路”以及美国的白人民兵组织等。[25]俄罗斯宗教和政治研究所所长亚·伊格纳坚科认为：“车臣由于多年有恐怖活动，不少男性都在战争中死去，剩下的大多是成年女子。所以，在车臣以及车臣周围发生的恐怖事件，往往都是由未婚的或者失去丈夫的寡妇来充当人体炸弹。在训练人体炸弹时，常用‘英雄般牺牲的人’死后可以进天堂的说法来激励自杀性爆炸者。他们对车臣妇女说，进入天堂可以见到死去的丈夫、未婚夫或者兄弟。”

统计资料表明，当前世界各地发生的恐怖活动中有70%左右系伊斯兰极端势力所为。有人便简单地将恐怖主义与伊斯兰教和伊斯兰世界的国家和民族联系起来，似乎印证了亨廷顿的“文明冲突论”，印证了伊斯兰教是“尚武”的宗教，其实不然。自从亨廷顿发表“文明冲突论”以后，伊斯兰教就被打上“好斗”的印记。马来西亚前总理马哈蒂尔指出：“在今天的世界中，实际上在整个历史上，受到误解最深的一种宗教或许就是伊斯兰教。不仅非穆斯林误解它，而且穆斯林本身也误解它。”[26]“训练人体炸弹的人其实是在骗人。按照伊斯兰的教义，用自杀方式搞恐怖活动的人死后只能进地狱。因为，他们违背了古兰经中不能杀害无辜者的教义，其次，他们还违背了古兰经中不准自杀的规定。”[27]故此，要摒除“标签理论”，平等看待伊斯兰国家，因为伊斯

兰教与恐怖主义并无必然联系。“圣战”也不是实施恐怖袭击。

事实上，与其他传统宗教一样，伊斯兰教的基本教义是劝人向善的，伊斯兰世界各民族也向来是崇尚和平的。在10多亿伊斯兰信众中，热衷于搞恐怖活动只是一小部分极端势力，他们的所作所为已经背离了伊斯兰教的基本教义，也违背了伊斯兰世界各民族的根本利益。通过对伊斯兰教的正本清源，弘扬主流宗教，发挥主流伊斯兰宗教劝人向善的社会整合功能。伊斯兰教神职人员在清真寺等宗教场所宣讲主流伊斯兰教，通过解读恐怖组织领导者的履历、社会背景，指出他们并非伊斯兰教的神职人员，对伊斯兰教也仅仅是一知半解。他们所宣扬的社会主张、政治主张既非宗教信仰，也非劝恶从善的伦理规范。他们所从事的活动更不是伊斯兰教教义所要求的行动，而是为达到一定政治目的，借助宗教名义从事恐怖犯罪活动。

亚欧会议（ASEM）成员国在北京举办的“亚欧文化与文明会议”上曾指出：“不同文明之间的对话与合作，是增进不同民族和国家之间相互了解、理解和包容，避免误解和冲突的有效手段之一。”[28] 因此，打击恐怖主义一定要将伊斯兰激进主义势力与伊斯兰教和伊斯兰地区广大民族区别开来，与此同时，要大力倡导多元文化的共存、共荣。

在走向全球化的进程中，不同国家和民族之间形成了广泛联系。同时必须看到，处在全球化背景下的多元国家或民族主体并不是平等的。在新的世界体系中，由于各国在世界经济体系中的地位不同，从世界贸易中所获得的财富不等，经济实力千差万别，科技水平高低不齐，综合实力强弱不等。这种状况决定了当代世界体系中不同国家在国际政治上所采取的不同政策取向。如有的推行霸权主义，有的奉行多边主义，有的坚持区域主义，有的固守民族主义等。在这里，霸权主义国家总想称霸世界，主宰世界。它们除了用武力的方式实现统治世界的目的之外，同时也采取软实力的方式，将自己的文化美化成是“普世的”文化。而一些地区性的国家集团或组织，也力求在世界文化舞台上提高自己的声音。至于那些处于弱势地位的国家也打出民族主义的旗帜，维护自己的主权和文化传统。对于这种状况，国内有学者将其称之为“新战国时代”。当今世界虽然“战”事不断，但和平依然是主流，真正反映这一世界特点的不是“战”而是“争”，特别是文化上的竞争。随着全球化的发展，寻求不同文化的共同生存之道构成了当今世界的一个重要话题。

在当今世界的文明冲突中，伊斯兰世界的穆斯林们能够在西方文明的冲击和压迫下坚守自己文明的特性，不畏强权，奋力反抗，反映了他们的文化自尊心和自信心，证明了伊斯兰文明的顽强生命力。然而，其中的一些激进主义者或原教旨主义者制造的自杀性恐怖犯罪等极端行为，也反映了一些非理性的复杂心态。一方面，这是自尊心受到强势文明歧视和压迫时的极端反应；另一方面，也是自身缺乏自信心的表现。假如坚信自身文明的生命力和合理性，就没有必要通过极端的手段来彰显自身。一般来讲，自尊而不自信的心理是容易导致极端行为的一个重要原因。

如果对自身的文化具有自信心，就应该既尊重其他文化，又能够通过向其他文化的学习来发展自身的文化。相互尊重和相互学习既是维护文化的多元性，促进文化共同繁荣的必由之路，也是减少文化冲突，避免文明间战争的必要条件。如果每个文化群体的成员都能够抱着相互尊重和相互学习的态度去对待其他文明，霸权主义就会不复存在，自杀性恐怖主义也就无从产生。

《世界文化报告》科学委员会主席阿里斯佩指出，“文化多元共存意味着各文化群体在公共领域中表示多样的权利，这包括承认所有群体某种程度的政治自治。”[29]西方学者对多元共存主要是从权利主体或文化独立意义上理解的，在他们的界定中，多元文化共存主要意味着不同文化的平等存在。其实，文化的共存除了承认不同文化的独立意义外，还意味着不同文化的相互依赖与和而不同。这也就是说，多元文化共存的关键是和而不同，其中既有要注意不同文化的独特性，又要重视不同文化的相互依存，多元文化共存就是二者的统一。[30]

十、加强金融监管，切断恐怖犯罪资金来源

发现并切断恐怖活动资金来源仍是当前国际反恐斗争中的一个突出难题。资金是恐怖活动的“金融血管”，从以往的恐怖事件中都可发现涉恐资金运作的“蛛丝马迹”。

研究表明，每起重大恐怖事件所需经费大约为 4 万～5 万美元，“9・11”等大规模恐怖袭击所需经费约 40 万美元。因此，国际反恐斗争十分重视追查、冻结与恐怖主义相关的资金。[31]“9・11”事件后，美国主要通过各种立法手段，强化针对恐怖资金的金融监管和打击力度。美出台了《反恐怖主义财政法 2001》，给司法部门更多的权力；授权“金融犯罪执法网络”(Financial Crimes Enforcement Network)分析可疑资金流动情况；允许情报部门彻查可疑消费者财政、信贷记录；授权总统强行制裁拒绝合作打击恐怖主义的国家等。2001 年 10 月 26 日美进一步完善恐怖对策法，要求日本与欧洲国家签订相关国际公约，以禁止银行接受无实体、来自海外金融机构的存款，规定银行

有义务报告可疑资金流动状况。美财政部还将金融领域的监控对象扩大到证券公司和对冲基金，要求它们实施交易限制制度，监视可疑资金流动，清查可疑投资者，及时封杀恐怖资金的转移。

海湾地区的巴林、卡塔尔、也门、阿联酋等国央行要求所有金融机构递交可能与恐怖组织有关联的任何资金交易报告。美联邦调查局追踪“9·11”恐怖袭击案发现，估计达50万美元活动经费中的一半出自阿联酋。2001年10月，阿、美两国几十名官员在阿央行会晤10多个小时，商讨侦破、阻止通过“hawala”转移的恐怖资金。阿还承诺就“hawala”问题举办一次地区性会议，并宣布自10月起将对所有从阿汇出550美元以上人的身份进行核查，而过去的标准是5万美元。[32]

“9·11”事件也催生了新一轮国际反洗钱和反恐怖融资的强大攻势。俄总统普京签署了《反洗钱法》，决定在两年内耗资500万美元组建金融监控中心以专门对付洗钱犯罪，连一向被犯罪分子视为“洗钱金盆”的瑞士也开始把对企业境外资本运作的监管重点放在打击企业的非法金融活动上。[33]

2004年1月13日至15日，中国人民银行连续发布了三项反洗钱规定——《金融机构反洗钱规定》《人民币大额和可疑支付交易报告管理办法》和《金融机构大额和可疑外汇资金交易报告管理办法》。“一规两办法”已从3月1日起正式实施。明确肩负反洗钱任务的专门规章的颁布，这在中国还是第一次。

2011年10月29日，第十一届全国人大常委会第二十三次会议通过的《关于加强反恐怖工作有关问题的决定》中第五条规定：国务院公安部门公布恐怖活动组织及恐怖活动人员名单时，应当同时决定对涉及有关恐怖活动组织及恐怖活动人员的资金或者其他资产予以冻结。金融机构和特定非金融机构对于涉及国务院公安部门公布的恐怖活动组织及恐怖活动人员的资金或者其他资产，应当立即予以冻结，并按照规定及时向国务院公安部门、国家安全部门和国务院反洗钱行政主管部门报告。这条规定明确对涉恐资金冻结问题，令资金监控具有法律依据，有利于在此方面展开的国际合作。

十一、加强对媒体的管理，理性引导舆论

在与恐怖主义作斗争的长期实践中，应该说首先是西方国家自身发现了西方传媒在恐怖主义问题上的严重消极作用。英国前首相撒切尔夫人曾经尖锐地指责西方传媒的宣传是“恐怖主义的氧气”；有的反恐专家指出“记者与电视摄像机是恐怖分子最好的朋友”；有的专家指责“宣传是恐怖主义的母

乳”;而美国反骚乱与恐怖主义特种部队宣称:“在许多情况下,现代恐怖主义正是传媒的创造。”总之,即使是在西方社会,许多有识之士也普遍认为西方传媒对恐怖主义的泛滥负有不可推卸的责任。不但如此,由于西方传媒控制着全世界媒体90%的份额,因此西方媒体对恐怖主义的推波助澜作用决不只限于西方社会,而是不同程度地影响世界。[34]

显然,不应禁止报道恐怖犯罪活动,问题是如何报道。传媒的责任就在于代替普通大众来进行理性分析,代替普通大众成为“智者”,提供给他们思考问题的方式和进行独立判断的基础。谣言止于“公开”,谣言更止于理性,要以理性来引导舆论,使公众有一个理性的心态。从这个角度说,俄罗斯媒体对在莫斯科特维尔大街恐怖爆炸未遂的“黑寡妇”穆扎霍耶娃的采访就很值得注意,这是一个撕下了其英勇就义外衣的典型事例。人们原以为她的丈夫死于与“异教徒”的正义战争,原来这是个谎言,他是在盗窃有色金属时被打死的。人们原以为她实施恐怖活动是“献身”,实际上她只是为了“挣钱还债”。她对自己行动的目的和任务并不清楚,所以她不想也没有引爆爆炸装置。

在危机状态下,恐慌心理扰乱了正常的社会心理,公众的理性需要得到及时梳理。传媒要调控自身的焦虑,将突破的渴望和竞争的压力化为进取的不懈动力,不断探索新的报道方式和新的报道领域,充分体现媒体的个性和独特视角。以冷静、客观、理性的方式看待危机现象,剖析危机的本质,探讨应对方法。[33]

在危机期间“敌人意象”的激活和公众的激愤情绪并非必然,其关键因素在于政府有关部门和主流媒体如何相互配合,对公众加以引导,防止出现恐怖事件处置表面上的“民意表达”制约的局面。媒体在有了充分自主权的同时,更应该负起对公众、对社会的责任,采取一种更具理性的态度去报道事实真相,讲究传播策略,科学引导舆论,促使政府和民众尽快地摆脱危机,在不知不觉中传播党和政府的声音,在潜移默化中树立政府和媒体的形象。媒体在正确引导中起到维护社会稳定的作用。科学的态度、理性的精神、客观的尺度,是媒体在突发性危机事件(如恐怖袭击事件)中应当坚持的原则,也是媒体应尽的责任。

当然,目前有些公民通过非主流媒体(互联网上QQ群、个人微博、微信朋友圈等)散布涉恐谣言、言论等,在社会上造成了一定的恐慌。对此,各国警方将依法、从严查处利用手机、互联网编造传播谣言,严重扰乱社会秩序,影响社会稳定,危害社会安全的行为。同时广大网民要自觉遵守国家相关法律法规，共同维护健康的网络环境和良好的社会秩序。广大网民一定要提高自身判断能力。特别是在一些敏感时期和敏感节点，更要保持冷静，一定要有鉴别力，有判断力。对一些网上传播的重要信息，要注意它的来源出处。看到"骇人听闻"的信息后，一定要看是不是可信的主流媒体报道的。如果只是网络上发布的帖子，就要对信息的可信度打个折扣。

第四节　微观治理策略

2001 年 9 月 11 日，"基地"恐怖分子劫持两架大型客机先后撞击美国纽约"世界贸易中心"的"双子塔"，110 层高的摩天大楼轰然倒塌，顿时化为一片废墟，3 000 多人不幸遇难，全世界为之震惊！这起恐怖袭击事件也是典型的自杀性恐怖犯罪事件。恐怖分子采用的手段是劫机撞毁建筑物，目标是高层建筑。"9·11"事件作为人类遭受恐怖袭击的标志性事件，也是高层建筑反恐的一个历史事件，从那以后世界各国开始建立高层建筑反恐法案。美国是最早公布《高层建筑反恐法》的。针对这类恐怖袭击事件，人们就开始采取一些针对性的防护措施。无论是车辆炸弹、人体炸弹、飞机炸弹等，恐怖分子针对的目标都是高层建筑。本节以高层建筑如何应对自杀性恐怖犯罪为例，从技术、装备等方面进行分析。

一、深入研发车辆拦截装置，防范车辆入侵

2003 年英国公布了在反恐战争中缴获的基地组织的训练手册，上面专门有三条针对高层建筑恐怖袭击的方法，主要在三个领域上面攻击。第一个层面，从内部攻击。第二个层面，从高空攻击。第三个层面，从地面攻击。地面攻击最为简单易行，而且从地面攻击，成本最低，造成对地基的影响，对整个楼层的破坏最大。

对高层建筑从地面攻击，恐怖分子往往采用汽车炸弹。国外对防止汽车炸弹入侵的防御设备的研制非常重视，特别是在"9·11"事件后。美国国防部（DOD）、美国总务管理局（GSA）、美国部门安全委员会（ISC）、美国国家反恐中心（NCTC）等政府部门组织进行了大量的研究工作。美国 Lawrence Livermore 国家实验室、加利福尼亚州立大学、内华达实验研究所、美国国家实验研究院、美国交通协会等研究机构对汽车炸弹拦截装置进行了研究工作。美国的白宫、五角大楼、机场等重要部门均已安装了车辆拦截装置。

车辆拦截装置包括路刺型障碍物（阻车钉等）、拦阻型障碍物（阻车路障

等)、拦截型障碍物(阻车网、拦截网等),它们布置在预定路面上,使各种汽车禁止通行或中止前进。

路刺型障碍物是利用尖锐的铁刺扎破汽车轮胎的一种设施。此类障碍物不能有效地将汽车完全阻挡在其设置位置,即汽车轮胎扎破后仍然可以向前行进一段距离。因此,其一般与拦阻型障碍物组合使用形成障碍物体系。目前国内外已有多种路刺型障碍物的产品,如中国专利的 DE 型车辆拦截器,美国的便携式车辆阻截器等。

拦阻型障碍物是利用自身形状或重量将汽车炸弹完全阻挡在其设置位置前的工程设施,其设置距离主要考虑该汽车炸弹爆炸后建筑物的安全距离。这种障碍物即反恐路障。它由地下基础箱、盖板和路障桩体组成,它们能够有效拦截外来车辆,从而保护里面的高层建筑不受袭击。美国 GovSupply 公司生产了浅埋装配式障碍物(Shallow Mount Plate Barrier)、板式装配障碍物(Surface Mount Plate Barrier)、自动/半自动钢柱式障碍物(Automatic Bollards/Semi-automatic Bollards),可以有效地阻止可疑车辆的闯入。美国 Delta Scientific 公司生产的 TT207S 高安全度障碍物采用升降技术,降下时不影响车辆行人通行,必要时可以快速展开,阻止可疑车辆闯入。这些类型的刚性拦截系统大多以液压油缸驱动刚性拦截板升起进行拦截,控制方式有手动、电动、遥控等。当汽车撞向路障时,由于物理作用,撞击时产生的巨大动能被路障传导到地基,强力冲击便被地面分散吸收了。一般情况下,每一个这样的路障都可以使开足马力的卡车当场停下。这种拦截方式能对非法入侵车辆实施有效拦截。

然而并不是所有的高层建筑都设置了路障,如果一幢未设防的高层建筑遇到恐怖袭击的危险时,可以采用可移动型路障对它进行及时而有效的防护。这种可移动型路障具有简便灵活的特点,它能在较短的时间内完成安装摆放。如用纯钢制成的阻挡板等。

拦截型障碍物即柔性拦截系统是近几年才刚刚兴起的一种新型拦截设备。它使用高强度拦截网作为执行部件,对所拦截车辆无损坏,采用可调阻尼的吸能机构,使所拦截的车辆迅速停止。国外目前大多数研究主要集中在:拦截网的材料分析,拦截装置的拦截效果测试、拦截系统强度刚度有限元分析、拦截装置对汽车撞击能量的吸收等方面,并有多种产品问世。使系统具有较高的可靠性和稳定性。系统采用手动、遥控、线控等多种控制方式,方便了使用者的操控。

二、大力发展爆炸物探测技术，加强车辆安检

车辆炸弹虽然隐蔽，但并不是不能探测。爆炸物探测有两种方式：一是利用动物探测，这种方式原理简单，但是准确度不高，可控制性不强。位于美国新墨西哥州的洛斯阿拉莫斯国家实验室的研究人员则宣称，经过训练的蜜蜂在嗅到汽车炸弹时能够迅速伸出用于吸食花蜜的吸管。研究人员把蜜蜂置于有炸药气味的环境中，同时喂它们糖水，使之建立起爆炸物和糖水之间的反应联系。目前，他们已经成功地使蜜蜂嗅出汽车炸弹内的多种爆炸物。该实验室科学家提姆·哈尔曼介绍说："当蜜蜂发现汽车内有爆炸物时，它们会直接伸出吸管，即便不是研究动物行为学的专家也理解这个明确动作的含义，这一成果对加强本土安全有着深远的意义。"哈尔曼称，安全人员可以把蜜蜂装在一个鞋盒大小的容器内，携带简便。下一步要做的是生产这类"蜜蜂盒"，并对商场、酒店、体育场等人口密集地区的巡警进行相关的培训。

二是通过各种爆炸物探测器探测，这种方法易于操作，探测时间一般较短。爆炸物探测器采用的技术主要分为两大类：即以蒸汽/微粒探测为代表的化学型探测技术和以 X 射线、γ 射线、中子等介质探测为代表的能量型探测技术。化学型探测技术主要有：离子迁移率谱技术和气相色谱技术。能量型爆炸物探测技术主要有以下六种：双能量 X 射线爆炸物探测技术、多探测器点扫描 X 射线爆炸物自动探测技术、多视角 X 射线自动爆炸物探测技术、CT 技术爆炸物探测、中子探测技术和拉曼光谱探测爆炸物技术。

目前较为常用的探测仪器为中子炸药探测器，其基本原理是利用中子发射机发射的中子，对待测物质的原子核进行轰击，使其产生 γ 射线，以探测炸药中氮的方法来探测各种炸药。俄罗斯研制的脉冲中子爆炸物探测器，可以对目标进行自动探测，大大减少了人为原因造成的误差，爆炸物探测成功率达 95%以上。

为了提高爆炸物探测水平，许多国家都在开发新的技术设备。在英国和澳大利亚，科学家利用核四极矩共振（NQR）技术来检测爆炸物。它利用无线电波激发爆炸物中普遍存在的氮原子，根据被激发的原子再次放出的能量的波谱来鉴别爆炸物。美国研制出一种量子级联激光器（QCL），能够在常温下高功率运行，发射出波长 9.5 微米（μm）、功率大于 100 毫瓦（MW）的激光束，可对爆炸物进行早期探测。沙特阿拉伯的退役军人乌特·阿里·乌杰伊发明了一种探测仪器，它在探测到 300 米内装有炸弹的汽车后会发出警报。这种仪器可放置在距离易受恐怖袭击设施一定范围的公路上。保加利亚科研

人员研制出一种名为"SNIFEKS"的爆炸物探测仪,能够探测50米范围以内,藏在汽车后备箱中的炸弹。

美国加州大学圣迭戈分校的化学家和物理学家发明了一种便宜的微型探测器芯片,这种芯片能够检测出用日常过氧化氢消毒剂制造的汽车炸弹。这种只有硬币大小的电子探测器能够探测出在过氧化氢炸弹中仅含有的十亿分之几的过氧化氢蒸汽。"这种微型电子探测器的探测能力可与目前那些体积庞大、耗资数千美元一个的仪器相比。"加州大学圣迭戈分校的化学和生物化学教授同时也是该探测器的发明者之一的威廉·特洛格勒说道,"如果大规模生产这种装置,那么它的成本甚至将会小于一美元。"这种探测器通过检测内部的"金属酞菁薄膜"上导电性的变化来工作。当检测器接触到如过氧化氢这样可能作为报纸物的强氧化剂时,这些金属薄膜上的电流会加强。

为了应对"东突"、"藏独"等恐怖分子制造的汽车炸弹恐怖袭击,我国研究人员也开发出了检测汽车炸弹的仪器,该仪器是由清华大学研制的反恐移动式轿车垂直透视安检系统。这种安检系统将钴-60探伤源置于钨合金屏蔽罐内,借助液压系统,可自动抬升并落到货运卡车上,随车移动。到达地点后,它可以自动落地、展开,对轿车进行垂直透视检查。整个装置的操作与图像传送都以无线遥控方式进行,图像清晰透彻,关键部位一览无余,检测过程约30秒即可完成。该系统整套装置适用于海关、重要机构、公共会场、大剧院等的安全检测。

另外,在不影响车辆正常出入的情况下,运用"电脑识别系统"能够快速发现车辆内可能装载的危险爆炸物。高层建筑管理人员首先要对进出的每辆车进行详细登记,包括车主和车辆的照片、每个车轴的重量和整个车的重量以及牌照等,并把这些数据输入到电脑中。车辆挡风玻璃上安装了一个信号发送器,它将这辆车和车里的人与数据库联系起来。车辆一旦接近白色长方形的感应器,系统就会开始运转,感应器会接收无线电波识别信号。这套电脑识别系统会把牌照、司机和车辆的照片与存放在数据库中的进行对比,如果重量不一致,或是牌照不符,系统就会发出警报。只有已知身份和得到授权的司机才能通过检查进入大楼,这样就能有效地阻止带有炸弹的可疑车辆进入高层建筑。

三、运用"智能视频"设备、"生物识别"技术,加强对人的防控

与那些大型车辆相比,单个的个体更加难以防范。为此,加强对进出高

层建筑物的人群的控制，就成为预防恐怖袭击的关键。但是要对每一个人进行监控是一项十分艰巨的任务。每天都会有成百上千的人进出大楼，运用“智能视频”监控设备能够对外来人员进行检测，并有选择地放行。

智能视频监控以数字化、网络化视频监控为基础，是一种更高端的视频监控应用。监控系统由三部分组成，第一部分是探测器，它将所拍摄到的画面内的活动目标从背景中分别列出来。第二部分是跟踪器，它一帧一帧地扫描画面，寻找并跟踪所有的移动物体。第三部分是分类器，这是系统真正的大脑，它能分辨出人类和非人类的移动物体，然后就会集中注意力跟踪人类目标。智能视频分析技术借助计算机强大的数据处理功能，对视频画面中的海量数据进行高速分析，过滤掉无用信息，仅仅为监控者提供有用的关键信息。系统通过嵌入在前端网络摄像机设备中的智能视频模块对所监控的画面进行分析，并采用智能算法与用户定义的安全模型进行对比，一旦发现安全威胁立即向监控中心报警。

生物识别技术，就是把光学、声学、生物统计学等原理与计算机技术密切结合起来，利用人体固有的指纹、面相等生理特性和声音、步态等行为特征来进行个人身份鉴定的技术。由于人体特征是人体所固有的，具有不可复制性和唯一性，因此利用生物识别技术进行身份认定，非常安全、可靠，也非常准确。其中人脸识别技术融合了计算机图像处理技术与生物统计学原理，它利用计算机图像处理技术从视频中提取人像特征点，利用生物统计学的原理进行分析建立数学模型，也就是人脸特征模板。当一个人走进取像处时，摄像头就会拍照，并把被摄者的面部图像与已经储存的人脸特征模板进行特征分析，然后根据分析的结果来给出一个相似值。通过这个值就可以确定是否为同一人。这套系统能将人的面部特征分解成 100 个三维因子，并能在十秒钟内进行分析做出辨认。

四、运用离子扫描探测，加强对爆炸物的防控

离子探测系统，是利用光谱测定法对爆炸物的痕迹进行探测。如果有人身上带有炸药，就会留下十分微量的残余物。探测器就会发现这些只有在显微镜下才能看到的细小微粒。恐怖分子在处理完炸弹后双手留下的印记，或者身上微量残余物都逃不过它的探测。这套系统的灵敏度非常高，它甚至能侦测到毫微克的炸药，也就是能检测到十亿分之一克的爆炸物。

当被检测者进入安检门的时候，探测器就会开始运行，吹向被检测者的气体会将其衣服上受污染的微粒带到机器上方的采样室里。之后，分子在那

里会被电离，进入探测管，接着它们的行进速度和特征被记录下来，并与已知的爆炸物特征进行对比。这套离子探测系统大约需要十几秒的时间就能得出精确的分析结果。当发现危险爆炸物时，机器就会发出警报。

现在电子探测设备的发展已经到了一个日新月异的阶段，检测气体的雷达、电子扫描器材已经发明出来。这些设备能检测出微粒状的病毒和塑胶状的爆炸物体。现在看来，由于精度太高，会出现虚警，有的时候会采取人机结合的方式来检查。

五、加强对重要目标的防护，降低犯罪危害

对重要目标的防护主要是两种手段，首先是在其外围设置隔离装置①，让爆炸点远离目标，减少危害；其次是目标设计时，提高设计标准，采用先进材料和工艺，加强其防爆能力。

第一，设置防护墙。防护墙能够阻挡空气冲击波，采用特殊的材料，利用墙体变形吸收大量爆炸能量，减轻爆炸冲击波对目标的冲击破坏作用。经过专门抗爆设计的防护墙能够长期部署在目标周围，也可以在特定位置临时设置。防护墙构筑费用相对低，部署快速，防护作用明显，是重要目标反恐防爆的重要措施之一。

防护墙大致分为三种类型：刚性防护墙、柔性防护墙和惯性防护墙。刚性防护墙包括厚度尺寸较大的钢筋混凝土防护墙、堆积土防护墙和加筋土防护墙等。这类防护墙的强度和刚度都很大，承受设计（规定）的爆炸荷载作用时，墙体基本不破坏且变形很小。柔性防护墙又可分为延性防护墙和易脆性防护墙。在大当量汽车炸弹袭击下，延性防护墙将产生塑性变形，易脆性防护墙将破裂成小碎块。惯性防护墙主要利用较大体积的砂土和水等材料的质量来抵抗撞击和爆炸作用。该类防护墙有：砂袋防护墙、集装箱式防护墙、水体防护墙等。在大当量汽车炸弹袭击下，这类防护墙中的砂土或水就会飞散开来，达到削弱爆炸冲击波的目的。

第二，安装汽车综合拦截系统。汽车综合拦截系统是指集汽车安检、识别、门禁、拦截于一体的综合系统。它主要包括车牌识别管理系统、车辆检查系统和防冲撞系统组成。车牌识别系统用于迅速识别汽车身份，判断其是否具有准入资格；检查系统负责检查车辆是否藏匿爆炸物等危险物品；防冲撞系统是防止汽车恶意闯入的拦截装置，安装于地面下，平时可正常通过，一旦

---

① 即前文所讲的路障、阻挡板、拦截网等。

发生情况，能够在短短数秒内快速升起，抵挡汽车的冲撞。可以说，综合拦截系统能比较有效地保护重要目标的安全。据报道，我国有些国际机场就安装试用了该系统。

第三，加强重要目标建筑防爆设计。为抵御人体炸弹、汽车炸弹的袭击，重要目标在建筑设计之初就要考虑采用工程措施大幅度减少恐怖爆炸袭击带来的危害。国外如美国等西方发达国家在提高重要建筑物的防护能力、预防恐怖袭击等方面的研究以及实际应用方面开始较早，并进行了多方面的研究。我国在相关领域的研究和应用还处于起步阶段。

为达到反恐防爆的需要，需要对重要目标的某一特定建筑构件进行加固，提高局部爆炸荷载破坏的抗力。比如，玻璃内含超强弹性贴膜，这种贴膜能有效抵抗爆炸产生的强大冲击力。据美国 ABS 防爆炸顾问咨询公司研究结果，恐怖袭击中有七成半的伤亡数字是由玻璃碎裂飞溅所造成，所以提高玻璃的抗炸能力，可有效地减少恐怖袭击造成的人员伤亡。为此，进行玻璃承受爆炸荷载的评估试验，分析在不同爆炸荷载等级下玻璃的特性，才能针对性地提出设计方法，以减轻爆炸对玻璃幕墙的破坏。

六、运用全自动病菌探测系统，监测生化炸弹

恐怖分子会利用生化武器对高层建筑进行恐怖活动。如恐怖分子身上、车辆等携带有细菌、毒剂的炸弹，接近目标，将其引爆。这种悄无声息的袭击，让高层建筑防护面临巨大威胁和更大难题。生化武器包括生物武器和化学武器。生物武器起杀伤破坏作用的主要是细菌和病毒。这些细菌和病毒一旦进入有机体便能大量繁殖，破坏有机体功能，导致有机体发病或死亡。化学武器起杀伤破坏作用的主要是化学毒剂，这些毒剂通过爆炸、加热蒸发、播撒等方法散布出去，对人畜起着巨大的伤害作用。不管是生物武器还是化学武器，它们都具有很强的传染性，而且有污染范围广、危害时间长、传播途径多、不容易侦察等特点。

面对挑战，一种专用于发现致命病菌的烟雾探测器被研发出来。这种全自动病菌探测系统能够不间断地监视空气中存在的有威胁性的生化物质，它能够在那些致病微生物或毒素产生危害之前就能找出它们。全自动病菌探测器首先对空气进行分析，然后提取病菌中的 DNA 样本。随后系统再把所得到的 DNA 样本与数据库中的炭疽菌、天花和其他致命微生物 DNA 信息进行对比，如果空气样本中的 DNA 成分与数据库中的数据相匹配，这就证明有生化物质被释放出来。

七、使用辐射探测技术，加强对“脏弹”的监控

放射性炸弹，又称“脏弹”，是一种含有放射性物质的炸弹。当炸弹爆炸时，放射性物质就会向四周喷发，造成放射性污染。爆炸后散发的辐射会导致人产生恶心、呕吐和血液问题等辐射病，并可能致癌。而且受到袭击的地区，在以后长达几个月的时间内都会对人产生损害。

辐射探测器，能够侦测到伽马射线和中子辐射，可以对建筑物内的各个角落进行仔细搜查。地球上到处都有辐射的存在，但是，不同的地方辐射量也不尽相同。当从某个地方经过时，仪器上的柱状图就会测量并显示出那个地方的辐射量。如果柱状图显示有较大的变化，那么那里就可能藏有相当活跃的放射性物质。通过探测器的触摸屏设置相应模式进行检查，就能够及时找出放射源，并确认是何种放射物。这样人们就可以及时的疏散，离开现场。

八、加强防护装备研发，增加人员逃生概率

高层建筑反恐防护不只是反恐专家和恐怖分子的较量，它的最终目的是使受威胁的人们获得安全。为此高层建筑内还有一些逃生设施要准备好。在“9・11”事件中，飞机从空中撞向美国纽约世贸中心，在这样的高楼里，根本无处逃生。

为解决这个问题，反恐专家们研制出了“疏散降落伞”，它能让那些被困人员从高楼跳下，安全逃生。疏散降落伞有三个主锁，扣住三个主要的地方，两个在腿上，一个在中间。肩部有一个强制开伞拉环。这种降落伞使用起来非常简单。在跳伞前，首先先将强制开伞拉环拉出来，一直拉到能看见红线的时候，然后把防火的背带拴在一个固定的物体上。最后逃生人员跳下去，其他的一切都会自动完成。跳到空中后，绳索会在不到两秒钟的时间内打开伞盖。强制开伞拉环能确保降落伞每次都能及时正确地打开，这也为疏散降落伞的安全使用提供了保障。

这种降落伞适用于不低于15层或是有40米高的大楼。降落伞顶盖上的独特设计能够将空气兜在里面形成一个锥形，所产生的气流会产生向外的推动力，能够将逃生者以向下45度的角度带离危险的建筑物。

一直以来，军事专家、反恐专家和建筑工程师们都致力于保护高层建筑物，他们想尽一切办法使高层建筑免受恐怖分子的袭击，或是受到袭击时，能够将损失降到最低。一系列高科技手段也应运而生，车辆拦截装置能够拦截装有炸药的车辆；探测技术可以检测到爆炸物；生物感应器可以辨别炭疽病

毒或是炸药的痕迹，及时发出警告以挽救性命；生物识别技术则可以通过对面部的识别并在海量的资料库中进行比对，找出恐怖分子，防护装备的使用帮助人们逃生等。在当所有措施都失效的情况下，最新研发的科技还能够在炸弹爆炸前把它们找出来。尽管安全成为困扰高层建筑的一个世界性难题，但恐怖威胁并不能阻止高层建筑的日趋繁荣。也许人们为此所做的工作并不能彻底解决这个难题，但每一个点点滴滴的耕耘都将努力消除恐怖主义威胁，都将为人们带来平安、祥和、幸福。

参考文献

[1] 王伟光. 恐怖主义・国家安全与反恐战略. 北京：时事出版社，2011
[2] Ronald Crelinsten. Counterterrorism. UK：Polity Press，2009：56－58.
[3] 保罗・R. 皮拉尔. 恐怖主义与美国外交政策. 王淮海，译. 北京：中国友谊出版公司，2003：86-101
[4] 周展. 文明冲突、恐怖主义与宗教关系. 北京：东方出版社，2009：8
[5] 张家栋. 恐怖主义与反恐怖. 上海：上海人民出版社，2012：263
[6] 鲍勃・杰索普. 治理的兴起及其失败的风险：以经济发展为例的论述. 国际社会科学(中文版)，1999(1)：33
[7] 罗西瑙. 没有政府统治的治理. 剑桥大学出版社，1995：5
[8] 罗茨. 新的治理. 政府研究，1996(154)
[9] 格里・斯托克. 作为理论的治理：五个论点. 国际社会科学(中文版)，1999(2)
[10] 李湛军. 恐怖主义与国际治理. 北京：中国经济出版社，2006(3)：266
[11] 俞可平. 从统治到治理. http://www. gongfa. com/yukpzhili. htm
[12] 俞可平. 正在兴起的公民社会与治理的变迁. http://www. chinainnovations. org
[13] 王均平. 社区治安体系理论选择及模式研判. 北京：中国人民公安大学出版社，2010：91-95
[14] 俞可平. 治理与善治. 北京：社会科学文献出版社，2000：2
[15] 亚当・罗伯茨. “反恐战争”——从历史的角度看. 北京：中央编译出版社，2008：98
[16] 保罗・R. 皮拉尔. 恐怖主义与美国的外交政策. 王淮海，译. 北京：中国友谊出版公司，2003：31
[17] [美]罗纳德・德沃金. 至上的美德：平等的理论与实践. 冯克利，译. 南京：江苏人民出版社，2007：214-215
[18] 中国现代国际关系研究所反恐怖研究中心. 国际恐怖主义与反恐怖斗争. 北京：时事出版社，2001：55
[19] 高铭暄，赵秉志. 当代国际刑法的理论与实践. 长春：吉林人民出版社，2001：311
[20] 赵秉志. 国际恐怖主义犯罪及其防治对策专论. 北京：中国人民公安大学出版社，

2005:286
[21] 公安部政治部.犯罪学.北京:中国人民公安大学出版社,1997:151-152
[22] 范明强.社会学视野中的恐怖主义.北京:解放军出版社,2005:124
[23] 陈敏华.国际反恐形势的新变化及其对策思考.阿拉伯世界研究,2010(6):62
[24] 人民日报社论.努力实现新疆跨越式发展和长治久安.2010-05-20,http://news.xinhuanet.com/politics/2010-05/20/c_12124742.htm
[25] 高祖贵.恐怖主义不姓伊斯兰.环球,2004-10-01
[26] 北外中国马来语中心.马来西亚总理马哈蒂尔演讲集.北京:世界知识出版社,1999:68
[27] 车臣女是恐怖主义牺牲品.独立报(俄),2004-09-02
[28] 芬子.26 国文化部长在京倡议文化反恐.华夏时报,2003-12-05
[29] 阿里斯佩.文化的多样性、冲突与共存.北京:北京大学出版社,2001:38
[30] 马德普,等.普遍主义与多元文化.北京:人民出版社,2010:298
[31] 李伟.一场艰难的持久战.环球,2004-10-1
[32] 方金英.拉丹恐怖资金网内幕和世界金融反恐情况.国际资料信息,2002(2)
[33] 张满生.自杀性恐怖袭击的防范与治理研究.湖南公安高等专科学校学报,2008(1):103
[34] 胡联合.关于恐怖主义问题的西方传媒因素研究.社会科学战线,2004(6)